ETF투자

무작정 따라하기

ETF 투자 무작정 따라하기

The Cakewalk Series – ETF Investing

초판 발행 · 2009년 6월 15일
초판 5쇄 발행 · 2010년 12월 24일
개정판 발행 · 2013년 11월 20일
개정판 3쇄 발행 · 2016년 10월 17일
개정2판 발행 · 2017년 9월 15일
개정2판 4쇄 발행 · 2019년 6월 3일
개정3판 발행 · 2020년 2월 14일
개정3판 8쇄 발행 · 2021년 12월 24일
개정4판 발행 · 2024년 5월 30일
개정4판 2쇄 발행 · 2024년 8월 2일

지은이 · 윤재수
발행인 · 이종원
발행처 · (주)도서출판 길벗
출판사 등록일 · 1990년 12월 24일
주소 · 서울시 마포구 월드컵로 10길 56(서교동)
대표전화 · 02) 332–0931 | **팩스** · 02) 323–0586
홈페이지 · www.gilbut.co.kr | **이메일** · gilbut@gilbut.co.kr

책임편집 · 유나경(ynk@gilbut.co.kr) | **제작** · 이준호, 손일순, 이진혁
마케팅 · 정경원, 김진영, 김선영, 정지연, 이지원, 이지현, 조아현, 류효정 | **유통혁신** · 한준희
영업관리 · 김명자, 심선숙, 정경화 | **독자지원** · 윤정아

교정교열 · 김동화 | **디자인 및 전산편집** · 예다움
CTP 출력 및 인쇄 · 정민 | **제본** · 신정제본

©윤재수, 2024
ISBN 979-11-407-1001-0 13320
(길벗도서번호 070496)

정가 22,000원

독자의 1초까지 아껴주는 길벗출판사

• (주)도서출판 길벗 IT교육서, IT단행본, 경제경영, 교양, 성인어학, 자녀교육, 취미실용 www.gilbut.co.kr
• 길벗스쿨 국어학습, 수학학습, 어린이교양, 주니어 어학학습, 학습단행본 www.gilbutschool.co.kr

ETF 투자
무작정 따라하기

윤재수 지음

길벗

이제는 ETF가 대세!

2010년 이후 주식거래량이 답보를 거듭하는 동안 ETF(Exchange Traded Fund, 상장지수펀드) 거래량은 폭발적으로 늘어났습니다. 오랫동안 침체에 빠져 있던 코스피지수가 전고점(최근 52주 동안 최고가)을 회복했는데도 개별 종목에 투자한 투자자들이 여전히 손실을 회복하지 못하면서 많은 투자자가 ETF시장으로 발길을 돌렸기 때문입니다.

종목 선정에 자신감을 잃은 투자자들, ETF로 눈길을 돌리다!

개별 종목은 기대수익률이 높은 만큼 손실을 볼 위험도 높습니다. 얼마 전까지만 해도 실적이 좋았던 기업이 갑자기 적자전환 실적을 발표하는 경우도 있습니다. 내가 산 주식이 어느 날 갑자기 부도가 나고 관리 종목에 편입되거나, 급기야 시장에서 퇴출되는 쓴 경험을 해본 투자자들은 종목 선정에 자신감을 잃고 ETF 투자로 방향을 바꾸었습니다. 많은 투자자가 "그때 차라리 ETF를 샀어야 했는데"라고 말했고, 이런 투자자들이 오늘과 같은 ETF시장의 활황을 가져왔습니다.

ETF시장, 이렇게 달라졌다!

2009년 《ETF 투자 무작정 따라하기》가 출간된 이후 ETF시장은 상장 종목 수로 보나 거래량으로 보나 괄목할 만큼 성장했습니다. 이제 주식시장의 한 축으로 당당히 자리 잡았지요. 이번 개정판은 이런 변화에 부응하여 다음 4가지에 초점을 맞추어 작업했습니다.

첫째, 이제 ETF시장은 주식뿐 아니라 채권, 원자재, 통화 등 투자하는 기초 자산이 다양해졌습니다. 초판에는 없었던 ETF, 즉 레버리지와 인버스, 커버드콜과 같은 파생상품 ETF, 금·은, 농수산물과 같은 상품 ETF, 채권형 ETF 그리고 달러와 같은 통화에 투자하는 ETF 등 새로운 ETF를 자세히 소개했고, 해당 ETF의 투자 전략도 함께 실었습니다.

둘째, 시장수익률보다 높은 수익률을 보이는 주도업종과 인기 테마는 시기에 따라 변하기 마련입니다. 따라서 주도업종 ETF와 테마별 ETF를 최근의 흐름에 맞게 보완했습니다.

셋째, 날이 갈수록 인기를 더해가는 레버리지 ETF와 인버스 ETF에 대해서는 하나의 독립된 장을 만들어 구체적인 투자 전략을 소개했습니다. 레버리지 ETF는 주가보다 2배수로 등락하는 상품입니다. 또한 지수가 떨어지면 수익이 나는 것이 바로 인버스 ETF입니다. 레버리지와 인버스 ETF는 한국거래소에서 거래가 가장 많은 종목으로 부상했기에 이 책에 자세히 소개했습니다.

넷째, 그동안 ETF 투자자들이 궁금해하거나 질문이 많았던 사항들을 〈잠깐만요〉, 〈알아두세요〉 등을 통해 더 자세히 설명했습니다.

앞으로도 ETF시장은 끊임없이 확대·발전해나갈 것이며, 투자자들의 관심도 높아질 것입니다. 이 책에서 부족한 점은 계속해서 수정하고 보완해나갈 것입니다. 지금까지의 성원에 진심으로 감사드립니다.

윤재수

개미를 위한 가장 확실한 투자

ETF, 주식은 무섭고 고수익은 탐나는 사람들을 위한 상품!

"세기에 한 번 발생하는 경제위기다."

미국 연방준비제도이사회(FRB) 의장을 지낸 앨런 그린스펀(Alan Greenspan)은 작금의 세계 경제위기를 1929년 대공황 이후 가장 큰 금융공황으로 진단했습니다.

2007년 가을에 '서브프라임 모기지 부실'이라는 시한폭탄이 터지기 전까지만 해도 투자자들은 약 3년간 이어진 증시 활황을 만끽하고 있었습니다. 탐욕에 눈이 먼 월스트리트 사람들은 부실부동산 담보대출을 근거로 신용부도 스와프(CDS) 같은 2차 금융상품을 만들었습니다. 이 2차 금융상품은 시한폭탄이 되어 1세기 넘게 세계금융의 심장부 역할을 해온 월스트리트를 폭파한 뒤, 연이어 세계증시와 경제를 나락으로 빠뜨렸습니다.

이에 세계적으로 최대 규모를 자랑하던 투자은행, 상업은행, 보험회사들이 부도와 부실로 파산하거나, 정부의 공적자금을 지원받아 겨우 연명하는 신세가 되었죠. 세계 각국의 증권시장은 2007년 가을 고점에서 1년 반 만에 60~80% 폭락했으며, 투자자들은 갑작스러운 투자 손실로 패닉에 빠졌습니다. 그러나 증권시장의 역사는 말하고 있습니다.

"기회는 언제나 위기 뒤에 따라왔으며, 세기에 한 번 있는 위기는 곧 세기에 한 번 있는 절호의 기회다."

나라별·종목별로 우량주만 골라 투자하는 ETF

우리나라는 1997년 IMF 때 건국 이래 최대의 경제위기를 경험한 바 있습니다. 당시 종합주가지수가 1,000포인트에서 1998년 6월 278포인트까지 하락했으며, 거래소 상장기업 중 약 30%에 해당하는 기업이 부도와 부실로 증권시장에서 퇴출되었습니다. 주가는 다시 1,000포인트대를 회복했지만, 퇴출된 기업에 투자한 사람들은 손해를 만회할 기회조차 잃어버렸습니다. 만약 당시에 지금처럼 주가지수를 추종하는 ETF가 있었다면 투자자들은 치명적인 피해를 상당 부분 줄일 수 있었을 것입니다.

주식투자에 성공할 확률은 10% 미만, 대안은 바로 ETF!

개인투자자가 주식투자에서 수익을 내는 비율은 높지 않습니다. 정확한 통계는 아니지만, 개인투자자 중 수익 실현에 성공하는 주식투자자는 5~10% 정도밖에 되지 않는다고 합니다. 오랫동안 증권시장에 종사한 제 경험으로 비추어 봐도 투자에 성공하는 사람보다 실패하는 사람이 더 많다는 것만은 확실합니다. 그것은 '탐욕'과 '공포'라는 인간의 투자심리 때문입니다. 이 투자심리가 작용하면 기업의 가치를 따르는 합리적인 투자를 하기보다 자기도 모르게 터무니없는 신기루를 따라가게 됩니다. 그래서 수많은 투자자가 대박 종목을 쫓아 나비처럼 이 종목 저 종목에 투자해보지만, 결과는 늘 종합주가지수 수익률보다 좋지 못하죠. 어쩌면 그것이 인간의 한계일지도 모릅니다.

이러한 현상은 펀드투자도 예외일 수 없습니다. 주식형펀드의 평균수익률이 지수 평균수익률을 뛰어넘기 어렵다는 것은 과거의 실적이 증명해주고 있습니다. 그것은 펀드 운용자도 결국은 투자심리를 가진 사람이라는 점과 매년 1.5~3%씩 지급하는 수수료 때문입니다. 따라서 개인투자자들이 주식투자에서 안정적인 수익률을 거두고, 또 실패하더라도 살아남을 수 있는 금융상품은 주가지수를 개별 종목처럼 거래하는 ETF라고 할 수 있습니다.

ETF는 여러 종목의 주식을 한 바구니에 담아놓은 금융상품입니다. 마음에 드는 종목들만 모아놓은 ETF 종목을 고른 다음 주식처럼 거래하면 됩니다. 이는 소액으로 우량주에 분산투자하는 효과가 있습니다. 개별 주식처럼 배당금까지 분기별로 챙길 수 있습니다. 무엇보다 내 마음에 드는 좋은 펀드를 직접 골라 직접 매매하기 때문에 금융기관에 지불하는 수수료가 없고, 세금을 신경 쓸 필요도 없습니다. 이러한 장점 때문에 ETF야말로 개인투자자들에게 가장 적합한 투자 상품이라 할 수 있습니다.

전 세계가 주목하는 ETF시장

세계 금융시장에 ETF 바람이 거세게 불고 있습니다. 진원지는 미국으로, 세계증시에 상장되어 있는 ETF 시가총액의 70%를 미국이 차지하고 있습니다. 또한 최근에는 펀드에 유입되는 자금 중 70%가 ETF에 투자되고 있다고 합니다. 미국에 이어 유럽과 일본의 금융시장에서도 ETF 비중이 확대 일로에 있습니다.

우리나라는 2002년 10월 처음으로 ETF가 거래소에 상장되었습니다. 지금은 종목수가 800여 개를 웃돌고 거래도 급격히 증가하고 있으나, 선진국에 비하면 아직 걸음마 단계입니다. 그러나 앞으로도 다양한 종류의 ETF가 상장될 것이고, 그로 인해 ETF시장은 급격하게 확대될 것으로 전망됩니다. 따라서 미래 증권시장의 화두는 ETF에 있다고 해도 과언이 아닙니다.

이 책은 이미 출간된 《주식투자 무작정 따라하기》, 《차트분석 무작정 따라하기》와 같은 형식으로, 초보자들이 재미있게 읽고 쉽게 따라할 수 있도록 구성했습니다. 또한 꼭 필요한 핵심적인 이론과 기법을 빠짐없이 수록했습니다. 이 책과 더불어 《주식투자 무작정 따라하기》, 《차트분석 무작정 따라하기》를 함께 읽으면 시너지 효과가 날 것이라 생각합니다. 아무쪼록 이 책이 독자 여러분들이 주식투자를 할 때 실패를 줄이고 성공에 이르는 데 일조하길 바랍니다.

윤재수

넷 째 마 당

내 입맛에 맞는 ETF 종목 고르기

다섯째마당 ▶

고수익을 위한 ETF 매매시점 알아보기

여섯째마당

ETF 200% 활용 전략

권말부록

ETF의 구조와 지수 복제, 초기 가격

**첫째
마당**

ETF의 어머니,
인덱스펀드부터
알자!

주가가 올라도 즐겁지 않은 나투자씨

최근 몇 년 사이 증권시장이 상승세를 보였지만 나투자씨는 기분이 좋지 않았다. 대부분의 종목이 올랐는데 나투자씨가 매수한 LG전자 주가만 오르지 않았기 때문이다.

세계증시는 미국발 금융위기가 금융공황으로 확대되면서 2007년 10월 이후 약속이나 한 듯 거의 동시에 폭락했다. 세계증시의 격랑 속에서 한국증시도 예외는 아니었다. 2007년 11월 1일 장중에 2,085포인트를 찍은 종합주가지수(KOSPI)가 1년 만인 2008년 11월에는 50% 이상 하락한 900포인트 아래로 떨어졌다. 2008년 12월은 한 달 내내 이어진 주가 하락과 경기침체로 온 나라가 공포에 휩싸여 있었다.

그러나 나투자씨가 누구인가? IMF 위기를 맞이했을 때도 과감하게 투자해 수익을 거둔 사람이 아닌가. 어느 정도 시간이 지나자, 이번에도 하늘이 내려준 기회라는 생각이 들었다. 증권 책에 나오는 '모든 사람이 공포에 휩싸여 주식을 투매할 때 우량주를 매수해두면 나중에 크게 보답을 받을 것이다'라는 구절도 떠올랐다.

'어떤 종목을 고를까?'

대한민국을 대표한다는 IT 기업 삼성전자를 가장 먼저 생각해보았다. 마음에 들기는 했지만 78만원(액면분할 후 기준으로는 15,560원)이라는 주가가 너무 비싸게 느껴졌다. 반면 LG전자는 9만 8,000원으로 가격이 싸 보였다.

'같은 IT 종목인 삼성전자가 오르면 LG전자도 오르겠지. 가격이 싸니 삼성전자 살 돈이면 LG전자 주식을 8배나 더 많이 살 수 있잖아.'

나투자씨는 생각 끝에 LG전자 주식을 매수했다. 그러나 두 회사의 주가는 나투자씨의 기대와 반대로 움직였다. 삼성전자 주식은 상승을 지속한 반면, LG전자 주식은 오히려 하락했다.

주식을 매수한 지 10년이 지난 2020년 1월 주식 시세를 보던 나투자씨는 또다시 속이 상했다. 10년 동안 삼성전자는 15,560원(액면분할 후)에서 55,500원으로 무려 3.5배 이상 올랐지만, LG전자는 27% 이상 하락했기 때문이다.

삼성전자는 스마트폰으로 미국의 애플과 경쟁하며 세계시장을 석권한 반면, LG전자는 스마트폰 개발에 뒤늦게 뛰어들어 선발주자를 따라잡기 벅찼던 것이 그 이유였다. 나투자씨는 2,200여 종목이 상장되어 있는 주식시장에서 수익률이 올라갈 종목을 고르는 것이 얼마나 어려운 일인지 뼈저리게 느꼈다.

코스피는 2010년부터 2020년까지 10년 동안 31.1% 올랐다. 투자수익률을 비교해보면 삼성전자가 256.7%로 가장 높았고, 그 뒤를 이어 대형우량IT주로 구성되어 있는 ETF인 TIGER200IT가 74.4%, 코스피200 종목으로 구성되어 있는 KODEX200이 23.4%로 수익률이 높았다. 이러한 상황에서 LG전자만 27.6% 하락한 것이다.

상품별 투자수익률 비교

구분	2010년 10월 주가	2020년 1월 주가	등락률
삼성전자	15,560원	55,500원	256.7%
TIGER200IT(섹터 ETF)	13,299원	23,195원	74.4%
코스피	1,660	2,176	31.1%
KODEX200(대표 ETF)	23,869원	29,460원	23.4%
LG전자	98,200원	71,100원	−27.6%

* TIGER200IT 매수시점은 2011년 4월 6일 기준
* 삼성전자는 2018년 5월에 50분의 1로 액면분할함

'차라리 종합지수를 추종하는 시장대표지수 ETF를 고르거나 우량IT주를 모아 만든 ETF를 매수했다면 마음 편하게 투자수익을 거두었을 텐데. 이렇게 많은 종목의 주가가 상승했는데 내가 가진 종목은 수익률이 떨어지다니⋯⋯.'

나투자씨는 ETF를 사지 않고 괜히 힘들여 종목을 선정한 것이 너무나 후회가 되었다.

인덱스펀드가 뭐예요?

ETF는 인덱스펀드를 증권거래소에 상장하여 주식처럼 거래하는 금융 상품입니다. ETF는 인덱스펀드의 일종이므로, 이번 장에서는 인덱스펀드에 대해 알아봅시다.

ETF, 펀드와 주식의 장점만 모으다!

증권시장에 상장된 종목은 2,682개(코스피 839개, 코스닥 1,714개, 코넥스 129개)입니다(2024년 3월 10일 기준). 그 많은 종목 중에서 대박 종목을 고르기란 결코 쉽지 않습니다. 설령 대박 종목을 골랐다 하더라도 실력이라기보다는 운에 가깝다고 보아야 합니다. 자칫 종목을 잘못 선택하면 증권시장의 대세와 관계없이 낭패를 보는 경우도 있습니다.

주식형펀드도 상장기업만큼이나 많습니다. 우리가 흔히 말하는 펀드는 주식형펀드를 말합니다. 많은 펀드 중에서 수익률이 높을 것 같은 펀드를 선정하는 것은 주식을 고르는 것보다 더 어렵습니다. 어쩌면 열어봤자 좋을 것 없는 '판도라의 상자'와 다를 바 없을지도 모릅니다.

ETF는 나라별, 업종별 그리고 기업의 특성별로 목적과 취향에 따라 우량주만 골라 바구니에 담은 상품이라 할 수 있습니다. 우량주에 골고루 분산투자하는 펀드의 장점과 실시간으로 가격을 확인하며 매매할 수 있는 주식의 장점을 모두 가진 '일석이조의 금융상품'이지요.

큰 노력 없이도 시장평균수익률은 내는 인덱스펀드

ETF에 대해 더욱 자세히 알아보기 전에 ETF의 어머니 격인 인덱스펀드부터 살펴봅시다. 사실 인덱스펀드를 이해하면 ETF는 쉽게 이해할 수 있습니다. 인덱스펀드는 펀드수익률이 종합주가지수 같은 대표적 지수, 즉 인덱스수익률을 따라가도록 만든 펀드입니다.

투자자들은 누구나 높은 수익을 추구합니다. 주식으로 직접투자를 하는 투자자들은 대박 종목을 고르려고 노력합니다. 펀드에 투자하는 간접투자자들도 조금이라도 높은 수익률을 실현할 만한 펀드를 선택하려고 합니다. 어떤 펀드에 가입하는지에 따라 수익률이 크게 달라지기 때문입니다. 그에 반해 인덱스펀드는 시장평균수익률을 따라가는 펀드입니다. 따라서 수익률이 높은 펀드를 고르기 위해 따로 특별한 노력을 하지 않아도 됩니다.

알아두세요

종합주가지수(KOSPI)
Korea Composite Stock Price Index의 약자로 한국종합주가지수를 말합니다. 증권시장에 상장된 기업의 주식변동을 기준시점과 비교시점을 비교해 작성한 지표입니다.

인덱스(Index)
주식, 채권, 실물자산 등 여러 자산들의 가격 수준을 종합적으로 표시하는 지표를 일컫는 말입니다.

시장평균수익률
증권시장 전체의 평균수익률을 말합니다. 우리나라의 대표적인 시장평균수익률은 한국거래소에 상장된 모든 주식을 산출한 코스피수익률과 코스피 중 상위 200개 주식만 산출한 코스피200수익률입니다.

잠깐만요

판도라의 상자 같은 펀드투자

판도라는 그리스 신화에 등장하는 지상 최초의 여자로, '모든 선물을 받은 여자'라는 의미입니다. 제우스가 판도라를 땅으로 내려보낼 때 상자를 선물로 주며 절대로 열어보지 말라고 경고했지만, 호기심을 참지 못한 판도라는 제우스와 한 약속을 지키지 못하고 상자를 열었습니다. 그러자 상자 안에 있던 질병, 슬픔, 악, 범죄 등 인간을 불행하게 만드는 것들이 와르르 쏟아져 나왔고, 놀란 판도라가 급히 뚜껑을 닫자 '희망'만이 상자 안에 남았습니다. 이후 인간의 모든 고통과 슬픔에는 항상 희망이 함께하게 되었다고 합니다.

판도라의 상자는 인간이 어떤 고통의 순간에도 희망을 가지는 존재임을 보여주는 상징이자, 정말로 궁금하더라도 열어봤자 좋을 것 없는 물건을 상징합니다. 주식이든 펀드든 투자는 아무리 신중하게 시작해도 때때로 판도라의 상자를 여는 것과 같은 결과를 가져올 수 있습니다. 그 어떤 결과도 투자를 시작한 자신의 책임이라는 사실을 명심해야 합니다.

장기투자에는 인덱스펀드가 답이다

2004~2007년 펀드 열풍이 전국을 뜨겁게 달구었습니다. 100% 이상 투자수익을 실현하던 미차솔펀드(미래에셋 차이나솔로몬펀드의 약자)를 본 시중의 자금은 앞다투어 국내펀드와 해외펀드로 몰려갔습니다. 이러한 펀드들 중에는 특정 기간에 시장평균수익률보다 높은 성과를 거둔 것도 있었지만, 그 후 큰 손실을 본 것도 있었습니다. 단기간으로 보면 등락이 심했다는 뜻입니다. 결과적으로 장기간에 걸친 투자 성과에서 시장평균수익률을 이기지 못하는 펀드가 더 많았습니다.

1970년대에 이미 우리와 같은 경험을 한 미국인들은 아무리 노력해도 시장평균수익률을 이기지 못할 거라면, 차라리 지수수익률에 만족하는 편이 낫다고 생각했습니다. 그 결과 1970년대에 인덱스펀드가 탄생했습니다.

 알아두세요

S&P500지수

미국의 뉴욕증권거래소와 나스닥 시장에 상장되어 있는 종목 중 미국 내에 주소를 두고 있는 500종목을 대상으로 시가총액식으로 산출한 지수입니다. 미국경제와 산업을 대표하는 500개 회사로 구성되어 미국 전체 상장기업의 시가총액 80% 이상을 포함하며, 업종별로 고르게 분산되어 있어 기관투자자들이 상품 실적을 벤치마킹하기 위한 용도로 활용하고 있습니다.

뱅가드 S&P500 인덱스펀드

뱅가드그룹을 설립한 존 보글(John C. Bogle)이 1976년에 개발한 펀드입니다. 현재 뱅가드그룹은 120개가 넘는 펀드로 1조 달러 이상의 자산을 운용하는 세계적인 자산운용회사가 되었습니다.

인덱스펀드는 1971년 미국 웰스파고 은행이 최초로 내놓았습니다. 그리고 1974년 아메리칸 내셔널 은행이 개인투자자들을 위해 S&P500지수를 기초로 한 인덱스펀드를 출시하면서 일반인에게 알려지기 시작했습니다. 지금처럼 인덱스펀드가 널리 알려지게 된 데는 1976년 존 보글이 '뱅가드 S&P500 인덱스펀드'를 설립해 세계에서 가장 큰 규모의 펀드로 성장시킨 것이 결정적인 계기가 되었습니다.

뱅가드 S&P500 인덱스펀드를 만든 존 보글

이제 대세는 인덱스펀드

인덱스펀드는 도입 초기만 해도 투자 규모가 큰 기관투자자들이 주로 이용했을 뿐, 개인투자자에게는 그리 인기를 얻지 못했습니다. 그러다 1982년 이후 S&P500에 속한 대형주들이 장기 상승 추세를 보이고, 이에 기초한 인덱스펀드가 높은 수익률을 기록하면서 일반인들의 관심도 높아졌습니다.

1990년대에 꾸준히 성장세를 이어온 인덱스펀드는 2000년대에 들어서면서부터 기관투자자들뿐 아니라 개인투자자들에게도 폭발적인 인기를 얻고 있습니다. 대표적인 인덱스펀드인 뱅가드 S&P500은 자산 규모가 100조원이 넘는 세계적인 인덱스펀드가 되었습니다. 지금은 미국의 펀드자산 중 70% 이상이 인덱스펀드(ETF 포함)라고 합니다.

우리나라는 대한투자신탁에서 1991년 최초로 인덱스펀드를 설정·판매했으나, 인지도가 낮아 투자자들의 관심을 끌지 못했습니다. 그 후 1998년 유리자산운용이 새로 인덱스펀드를 선보이면서 일반투자자들에게 본격적으로 알려지게 되었습니다.

2001년 이후 인덱스펀드의 수와 설정 규모가 증가하기 시작했습니다. 하지만 2003년부터 증권시장이 장기상승기를 맞이하면서 시장수익률보다 높은 수익률을 실현하는 일반 펀드가 속출해 다소 침체되었습니다. 그러다 2016년을 기점으로 ETF에 대한 투자자의 관심이 높아지기 시작했습니다. 장기간의 증시침체기를 거치면서 개별 종목이나 액티브펀드에 투자하는 것보다 지수를 추종하는 인덱스펀드에 투자하는 것이 더욱 안전하다는 사실을 깨달은 것이지요. 지금은 일반 펀드에 비해 상대적으로 인덱스펀드의 수와 설정 규모가 증가하고 있습니다. 반면 액티브펀드는 증가율이 감소하는 추세입니다.

ETF 투자
무작정 따라하기

002

수익 지향 액티브펀드 vs. 안전 지향 패시브펀드

펀드는 크게 주식형펀드인 액티브펀드(Active Fund)와 인덱스펀드인 패시브펀드(Passive Fund)로 나눌 수 있습니다. 이번 장에서는 수익을 지향하는 적극적인 액티브펀드와 안전을 지향하는 소극적인 패시브펀드에 대해 알아봅시다.

시장보다 높은 수익을 추구하는 액티브펀드

펀드는 목표수익률을 어디 두는지에 따라 액티브펀드와 패시브펀드로 나뉩니다. 액티브펀드는 펀드매니저의 판단에 따라 시장평균수익률을 초과하는 수익률을 목표로 적극적 운용 전략을 씁니다. 일반적으로 주식형펀드라고 하면 액티브펀드를 말합니다. 펀드매니저는 크게 다음 3가지 전략으로 초과수익률을 추구합니다.

액티브펀드 운용 전략 1 — 마켓 타이밍 선택

펀드매니저는 증권시장의 대세를 판단하고 시장에 들어가야 할 때와 나와야 할 때를 결정합니다. 증권시장 대세 판단은 2개의 갭, 즉 GDP갭(GDP성장률 – GDP잠재성장률)과 Yield갭(주식투자 예상수익률 – 확정부 이자율)을 기준으로 판단합니다. 증시에 들어가야 할 때는 주식 비중을 늘리고 채권 등 안전자산의 비중을 줄입니다. 반면 증시에서 나와야 할 때는 주식 비중을 줄이고 채권 등 안전자산의 비중을 늘립니다. 흔히 말하는 전략적 자산배분입니다.

액티브펀드 운용 전략 2 ― 테마 선택

시장 상황에 따라 주식 내에서 업종, 스타일 등 특정 섹터의 비중을 조절하는 전략입니다. 대세상승기에는 시장을 주도적으로 선도하는 주도주가 있기 마련이고, 주도주는 경기 사이클이 정점에 이를 때까지 상승을 지속하는 경향이 있습니다. 또한 경기가 좋을 때는 성장주, 경기가 좋지 않을 때는 가치주 또는 배당주에 비중을 둡니다.

시대의 패러다임이 변하거나 유행할 때 또는 정부의 새로운 정책이 부각될 때는 그와 관련된 기업들이 섹터라는 기업군을 형성하고 시세를 분출하는 경우가 있습니다. 이럴 때는 펀드매니저가 시세를 주도하는 테마주를 찾아내 투자하기도 합니다.

액티브펀드 운용 전략 3 ― 종목 선택

시장지수나 업종지수에 비해 상대적으로 더 높은 수익이 기대되는 종목을 선정해 중점적으로 투자하는 전략입니다. 종목을 선정하는 방법은 크게 2가지로 분류합니다. 하나는 Top-down 방식으로 '경제 → 산업 → 기업' 순으로 대상을 분석하며 종목을 골라내는 방법이고, 다른 하나는 Buttom-up 방식으로 '기업 → 산업 → 경제' 순으로 대상을 분석하여 종목을 골라내는 방법입니다.

시장이 움직이는 대로 따라가는 패시브펀드

액티브펀드와 패시브펀드의 대결은 1950년대에 시작되었습니다. '월가의 전설적 영웅'이라 불리는 벤저민 그레이엄(Benjamin Graham)이 저서

알아두세요

성장주, 가치주, 배당주
성장주는 기업의 매출과 이익성장률이 높은 기업의 주식, 가치주는 현재 저평가되어 있어 성장가능성이 높은 기업의 주식, 배당주는 다른 기업보다 배당을 많이 주는 기업의 주식을 말합니다.

알아두세요

액티브펀드와 패시브펀드의 수익률
2010년 6월부터 2020년 6월까지 10년간 미국의 연평균수익률을 조사한 결과 대형주의 패시브펀드수익률은 13.8%, 액티브펀드수익률은 12.3%였습니다. 반면 소형주의 패시브펀드수익률은 12.0%, 액티브펀드수익률은 11.2%에 불과하여 액티브펀드수익률보다 패시브펀드수익률이 높았습니다.

《현명한 투자자》에서 저평가된 기업에 투자하는 '가치투자' 이론을 정립하면서 액티브 투자의 원형이 만들어졌습니다. 그러나 '퀀트 투자의 아버지'라 불리는 해리 마코위츠(Harry Markowitz)가 1952년에 발표한 논문에서 좋은 종목을 고르는 것보다 최적의 포트폴리오로 분산투자하는 것이 시장을 이기는 길이라고 주장하면서 논쟁이 시작되었습니다.

펀드매니저 입장에서는 펀드수익률이 시장평균보다 높아야 할 뿐만 아니라, 경쟁 펀드에 비해서도 상대적인 우위를 점해야 합니다. 그래야만 경쟁 펀드보다 많은 자금이 유입되기 때문입니다. 따라서 액티브펀드는 적극적이고 공격적으로 펀드를 운용하게 되고, 그 결과 잦은 매매로 매매수수료가 증가하는 등 펀드 운용비용이 많이 지출됩니다.

이에 반해 패시브펀드는 지수를 추종하는 소극적인 펀드이므로 지수와 펀드수익률 간 편차를 조정해주는 것 이외에 특별한 노력이 필요하지 않습니다. 따라서 펀드 운용비용이 저렴합니다. 인덱스펀드는 패시브펀드의 대표 상품이며, 그중에서도 ETF는 가장 소극적인 펀드입니다.

액티브펀드와 패시브펀드

구분	액티브펀드(주식형펀드)	패시브펀드(인덱스펀드)
목표수익률	지수 대비 초과수익률	벤치마크하는 지수의 수익률
운용 방식	• 적극적 자산운용 • 종목 선택 • 마켓 타이밍에 따른 잦은 매매	• 소극적 자산운용 • 추적오차 최소화 • 장기투자(Buy & Hold 전략)
운용 전략	• 자산 배분(주식 vs. 현금) • 종목 선정	• 포트폴리오 구성 • 차익거래
수익과 비용	• 금융기관: 고수익 • 투자자: 고비용(2% 이상)	• 금융기관: 저수익 • 투자자: 저비용(1% 이내)
특징	• 펀드별 수익률 편차가 크다 • 펀드 운용이 복잡하고 어렵다	• 펀드별 수익률 편차가 작다 • 펀드 운용이 투명하다
위험요인	공격적 운용으로 위험이 높다	추적오차만 조정하므로 위험이 낮다

알아두세요

벤치마크지수
펀드의 수익률 추적 대상이 되거나 비교의 척도가 되는 시장지수를 말합니다. 펀드 스타일에 따라 지수를 여러 개 선택할 수 있으며, 우리나라의 대표적인 벤치마크지수는 코스피200입니다.

추적오차(Tracking Error)
인덱스펀드는 펀드의 수익률이 지수수익률을 따라가는 것이 목표입니다. 펀드를 운용하다 보면 지수와 펀드의 순자산가치가 일치하지 않고 벌어지기도 하는데, 이를 추적오차라고 합니다.

장기투자에서 인덱스펀드가 주식형펀드보다 강한 이유

단기간이라면 액티브펀드인 주식형펀드의 수익률이 높습니다. 하지만 장기로 갈수록 액티브펀드의 수익률보다 인덱스펀드의 수익률이 좋은 경우가 많습니다. 이번 장에서는 장기투자에 적합한 인덱스펀드의 장점을 알아봅시다.

주식형펀드를 선호하는 사람들은 유능한 펀드매니저가 적극적으로 펀드를 운용하면 시장보다 높은 수익률을 실현할 수 있다고 주장합니다. 이에 반해 시장수익률을 따라가는 인덱스펀드가 유리하다고 주장하는 사람들은 그 배경으로 다음 2가지를 듭니다.

첫째, 장기간 시장을 이기는 액티브펀드는 없다

증권시장은 효율적 시장 가설이 작동하는 시장입니다. 효율적 시장 가설이 작동하는 한 초과수익률(시장수익률을 초과하는 부분)을 얻기란 불가능합니다. 주가변동은 술 취한 사람의 걸음걸이처럼 매우 불규칙해 예측할 수 없습니다. 특정 종목에 집중 투자함으로써 초과수익을 올릴 수 있다고 주장하는 액티브펀드는 일시적으로는 시장을 이길 수 있어도 장기적으로 보면 시장평균에 수렴할 수밖에 없습니다.

 알아두세요 ─

**랜덤워크 이론
(Random Walk Theory)**
술 취한 사람은 제멋대로 걷기 때문에 다음 발걸음의 방향을 예측할 수 없듯 주가도 예측할 수 없다는 이론입니다. 주가는 과거, 현재, 미래에 연속되지 않고 독립적으로 움직이므로, 과거 데이터를 기초로 만들어진 기술적 분석 기법으로 주가를 예측하는 것은 무의미하다는 주장입니다.

해마다 연말이 되면 각 경제연구소가 다음 해 증시 예측치를 발표하는데, 3개월이 채 지나기 전에 수정치를 내놓는 경우가 많습니다. 증권회사에 따라서는 연말 지수가 2,000이면 아예 '연중 최고 2,500포인트, 최저 1,600포인트'라고 발표하는 곳도 있습니다. 이와 같이 있으나 마나 한 예측치를 발표하느니 차라리 모르겠다고 말하는 것이 훨씬 더 낫지 않을까요? 일반 펀드 중에 시장을 앞서는 액티브펀드가 있는 것은 사실입니다. 그러나 5년, 10년 장기로 갈수록 시장을 이기고 높은 수익률을 내는 액티브펀드는 거의 없습니다.

둘째, 인덱스펀드는 비용이 더 저렴하다

일반 펀드의 비용은 연 1.5~3% 안팎인 반면, 인덱스펀드의 비용은 연 0.35~1.5%로 일반 펀드에 비해 저렴합니다. ETF의 비용은 더욱 낮아 0.15~0.5%밖에 되지 않습니다.

펀드의 비용이 높으면 수익을 갉아먹습니다. 유능한 펀드매니저를 유치하기 위해서는 억대의 높은 연봉을 지급해야 하고, 펀드를 적극적으로 운용하기 위해 자주 사고팔아야 하므로 매매수수료를 비롯한 각종

잠깐만요

오락가락하는 특정 종목보다 마음 편하게 시장 전체를 사세요!

효율적 시장 가설(Efficient Market Hypothesis)은 증권시장은 매우 효율적인 시장이기 때문에 이용 가능한 정보가 있을 경우 즉각적으로 주가에 반영된다는 가설입니다. 모든 정보가 시차 없이 주가에 반영된다면 남보다 빠르게 정보를 얻은 투자자가 이익을 볼 기회가 없어지고, 결과적으로 시장평균 이상의 초과수익은 불가능하다는 것이지요. 미래 예측이 불필요하다는 점에서 '랜덤워크 이론'과 상통합니다. 이 가설을 주장한 시카고대학의 유진 파머(Eugene Fama, 2013년 노벨경제학상 공동수상) 교수는 "시장은 누구도 예측할 수 없다. 따라서 특정 종목에 집중 투자하는 것보다 시장 전체를 사는 것이 더 유리하다"라고 말했습니다.

거래비용이 증가합니다. 또한 펀드자산을 키우기 위해 광고와 마케팅 비용이 들어갑니다. 그 많은 비용을 누가 다 부담할까요? 모두 투자자의 자산에서 빠져나갑니다.

일반 펀드의 경우 해마다 순자산금액의 2% 이상이 펀드유지 비용으로 지출됩니다. 설사 운용수익이 마이너스가 났다 해도 비용 지출에는 예외가 없습니다. 수익률 게임으로 본다면 펀드 판매회사, 운용회사, 수탁회사, 펀드매니저들은 반드시 이기는 게임을 하는 반면, 해마다 비용을 지출하는 투자자들은 지는 게임을 하는 셈입니다.
이에 반해 인덱스펀드는 지수 추적에 적합한 포트폴리오만 짜두면 되기 때문에 비용이 많이 들지 않습니다.

1.5% 수수료, 30년 투자 시 500만원 차이
일반 펀드와 인덱스펀드의 수수료 차이는 약 1.5%입니다. 이 정도 차이는 별것 아니라고요? 작은 듯하지만 1.5%가 500만원을 좌우할 수도 있습니다. 구체적으로 얼마나 차이가 나는지 살펴봅시다.
1.5% 차이가 10년이면 누적수익률 면에서 14.3% 차이가 발생하고, 20년이면 32.6%, 30년이면 54.0%나 차이가 발생합니다. 1,000만원을 투자할 경우 10년이면 143만원, 20년이면 326만원, 30년이면 540만원의 차이가 발생한다는 뜻입니다. 물론 이때 수익률은 복리로 계산합니다.

알아두세요

복리
단리와 달리 이자가 이자를 낳는 계산법입니다. 올해의 '원금+이자'를 다음 해의 원금으로 삼고 계속 이자를 붙이는 원리지요. 복리 계산식은 원금×(1+이율)$^{운용\ 기간}$입니다.

다음 표는 1,000만원을 투자했을 때 수익금액의 차이를 계산한 것입니다. 복리로 계산해보니 1.5%의 작은 차이가 엄청난 차이를 가져왔습니다. 만약 연간 투자수익률이 10%, 20%로 올라간다면 차이는 더 많이 벌어질 것입니다. 펀드의 순자산액이 증가할수록 펀드보수도 많아지니까요.

1,000만원 투자 시 수익금 차이

투자 기간	수익률 차이	1,000만원 투자 시 차액
5년	7.5%	75만원
10년	14.3%	143만원
15년	23.2%	232만원
20년	32.6%	326만원
25년	42.9%	429만원
30년	54.0%	540만원

* 누적수익률 기준이며, 수익금은 재투자를 전제로 복리로 계산

액티브펀드의 누적수익률 마술을 조심하세요!

누적수익률이란 펀드 설정 때부터 또는 일정한 시기 이후 지금까지의 수익률을 누계한 것을 말합니다. 종종 누적수익률이 수백 또는 수천%라는 말로 투자자들의 관심을 끄는 펀드가 있습니다. 그러나 누적수익률은 숫자의 마술일 뿐인 경우도 많습니다.

예를 들어 2008년에 설정되어 5년 동안 누적수익률이 500%라고 홍보하는 A라는 액티브펀드가 있습니다. 5년 전에는 설정금액이 1,000억원이었으나, 1년 전에 수익률이 높다는 소문이 나 9,000억원의 신규자금이 유입되어 현재 펀드 설정 규모가 1조원이 되었습니다. 그렇다면 이 1조원의 평균수익률은 얼마일까요? 1,000억원일 때는 분명히 수익률이 높았지만, 1조원이 되면 평균 가입금액을 기준으로 한 펀드수익률은 50% 이하 또는 마이너스일 수도 있습니다.

따라서 펀드수익률을 평가할 때는 3개월, 6개월, 1년, 3년, 5년 등 기간별 수익률도 동시에 보고 평가해야 합니다. 기간별로 꾸준하게 벤치마크지수를 상회해야 좋은 펀드라고 할 수 있습니다. 특히 해외펀드, 상품펀드, 섹터펀드 등의 수익률이 높다고 언론에 보도될 때는 과거 수익률을 기준으로 추종·매수하지 말아야 합니다. 수익률이 높았던 만큼 투자위험도 비례해 높아지기 때문입니다.

인덱스를 추종하는 ETF

ETF는 인덱스를 추종하는 상품입니다. 따라서 ETF 투자를 시작하기 전에 인덱스에는 어떤 종류가 있는지, 누가 만드는지, 어떻게 구성되는지를 알아야 합니다. 이번 장에서는 인덱스를 추종하는 ETF의 속성과 관심을 두어야 할 인덱스에는 어떤 것이 있는지 알아봅시다.

인덱스란?

인덱스는 흔히 '지수'라고 부릅니다. 우리나라 증권시장에서 가장 대표적인 지수는 코스피입니다. 코스피지수는 1980년 1월 3일 코스피시장에 상장되어 있는 모든 종목의 시가총액을 100으로 하여 출발했습니다. 코스피가 2,000이면 '1980년에 비해 주가가 대략 20배 올랐구나'라고 생각하면 됩니다. 따라서 코스피시장에 상장된 종목을 일일이 보지

잠깐만요

코스피시장과 코스닥시장, 뭐가 다른가요?

주식시장은 코스피시장(유가증권시장)과 코스닥시장으로 분류됩니다. 코스피시장은 삼성전자, 포스코, 현대차처럼 비교적 규모가 큰 대기업이나 우량 중견기업의 증권이 유통되는 시장입니다. 반면 코스닥시장은 코스피시장보다는 비교적 규모가 작은 중소기업과 벤처기업들이 주류를 이루며, 시가총액도 코스피시장의 10분의 1 정도밖에 되지 않습니다. 스포츠에 비유하면 코스피시장은 1군, 코스닥시장은 2군으로 볼 수 있습니다.

않아도 코스피만 보면 시장이 올랐는지 떨어졌는지 금방 알 수 있습니다.

증권시장의 다양한 지수들

증권시장에는 시장을 대표하는 시장대표지수, 업종을 대표하는 섹터지수, 특정 스타일을 따라 만든 스타일지수, 외국시장을 추종하는 해외지수, 채권가격을 추종하는 채권지수, 선물이나 옵션 같은 파생상품을 추종하는 파생상품지수, 원유나 금 같은 실물자산의 가격을 추종하는 상품지수, 달러나 엔화를 추종하는 통화지수, 특정 테마를 추종하는 테마지수 등이 있습니다.

그 많은 지수는 누가 만들까?

국내지수를 만드는 대표적인 기관은 한국거래소(KRX)와 에프앤가이드(FnGuide)입니다. 한국거래소는 모든 유가증권을 거래하는 한국 유일의 유가증권시장이며, 대부분의 지수가 이곳에서 만들어집니다. 주요 ETF의 대부분이 한국거래소 지수를 대상으로 합니다.

한국거래소가 발표하는 지수 중에서 ETF의 대상이 되려면 다음 3가지 요건을 충족해야 합니다.

- 지수를 구성하는 종목이 10개 이상일 것
- 지수를 구성하는 1개 종목이 전체 지수의 30%를 초과하지 않을 것
- 지수를 구성하는 종목 중 시가총액 순으로 85%에 해당하는 종목은 시가총액이 150억원 이상이고 거래대금이 1억원 이상일 것

또한 주식이 아닌 채권이나 원자재일 경우에는 다음 3가지 요건을 충족해야 합니다.

- 한국거래소에서 공정하게 형성된 가격일 것(한국거래소에서 형성된 가격이라 해도 가격 정보가 매일 제공되지 않거나, 가격 형성 과정이 불투명해 신뢰성이 떨어진다면 ETF의 추종 대상이 될 수 없음)
- 매일 신뢰 가능한 가격으로 발표될 것
- 공신력 있는 기관에 의해 산출되는 가격 또는 지수 정보일 것

 알아두세요

거래소 이외 지수 산출 기관

거래소 외에 다양한 지수를 만들어 제공하는 곳으로 증권정보업체인 에프앤가이드가 있습니다. 에프앤가이드는 상장기업에 관한 애널리스트의 분석 리포트를 제공합니다. 에프앤가이드가 발표하는 지수를 보려면 에프앤인덱스 홈페이지(www.fnindex.co.kr)에 접속하면 됩니다. KIS자산평가, 한국자산평가(KAP), WiseFn 등을 통해서도 확인할 수 있습니다. 해외기관에서 만든 지수 중 대표적인 것으로 미국의 다우지수와 나스닥지수, S&P지수가 있고, 세계적인 지수로 MSCI지수, FTSE지수 등이 있습니다. 해외의 다양한 인덱스 중에서는 S&P500지수가 가장 많이 활용됩니다.

시장대표지수인 코스피200

코스피200은 시장대표성, 업종대표성, 유동성 등을 고려하여 한국거래소에 상장된 종목 중에 시가총액이 높은 200개 종목으로 구성됩니다. 1990년 1월 3일 기준 시가총액 100으로 출발했습니다. 200개 종목의 시가총액이 시장 전체 시가총액의 85% 이상을 차지하여 코스피와 유사하게 움직인다고 생각하면 됩니다. 코스피200이 중요한 이유는 선물, 옵션, ETF 등 파생상품의 기준이 되는 지수이기 때문입니다.

ETF에는 코스피200을 추종하는 종목이 제일 많고 거래도 가장 활발합니다. 외국인이 한국증시에서 주식을 매수할 때도 코스피200 ETF를 사고 나서 개별 종목을 사고, 팔 때도 코스피200 ETF를 팔고 나서 개별 종목을 파는 경우가 많습니다.

다음은 코스피200에 대해 참고할 사항입니다.

- 시가총액은 유동주식의 수로만 계산한다. 유동주식이라 함은 거래되지 않은 비유동주식, 예를 들어 최대주주와 특수관계인 지분, 정부 지분, 우리사주, 자사주, 기타 매각이 제한된 지분을

빼낸 나머지 주식을 말한다.

- 한국거래소는 매년 6월 정기적으로 코스피200을 수정한다. 시장대표를 충실히 반영하도록 대표성이 떨어지는 종목은 빼고 새롭게 부상하는 대표성 종목을 편입한다.

- 시가총액을 주요 선정 기준으로 하기 때문에 소수 대형 종목의 등락에 따라 크게 영향을 받는다. 예를 들어 삼성전자가 코스피200에서 차지하는 비중이 약 20%나 되므로 삼성전자 한 종목이 오르면 다른 종목들이 하락해도 지수가 상승할 수 있다.

코스피200 이외 시장을 대표하는 지수들

 알아두세요

KRX100

KRX는 Korea Exchange의 약어로 한국거래소라는 뜻입니다. KRX100은 코스피시장과 코스닥시장을 아우르며, 한국을 대표하는 100개 우량 종목으로 구성되어 있습니다. 코스피2000이나 코스피1000이 코스피시장에 상장된 종목만을 대상으로 한다는 점에서 차이가 있습니다.

KRX100과 KRX300

각각 코스피시장과 코스닥시장에서 대표 종목 100종목 또는 300종목을 선정해 만든 지수로, 2000년 1월 4일 기준 1,000으로 시작했습니다.

코스피100와 코스피50

각각 코스피 시가총액 상위 100종목과 시가총액 상위 50종목으로 구성된 지수로, 2000년 1월 4일 기준 1,000으로 시작했습니다.

코스닥150

코스닥시장에 상장되어 있는 종목 중 시가총액 상위 150종목으로 구성된 지수로, 2010년 1월 4일 기준 1,000으로 시작했습니다.

이외에도 다양한 지수가 있는데, 모든 지수에 ETF 상품이 있는 것은 아닙니다. 한국거래소 홈페이지(www.krx.co.kr)에 접속하면 대표지수, 섹터, 스타일, 해외지수, 채권, 파생상품, 통화 등 다양한 ETF 상품을 볼 수 있습니다. 각 지수별 자세한 설명은 넷째마당 '내 입맛에 맞는 ETF 종목 고르기'를 참고하세요.

둘째
마당

개인투자자,
ETF로
시작하라!

ETF로 주식투자를 시작한 이새싹양

신입사원인 이새싹양은 학교 선배이자 직장 선배인 왕언니씨와 회사 밖에서 따로 만나기로 했다. 미래를 대비해 목돈을 마련하고자 매월 일정 금액을 저축하겠다고 결심했는데 어떻게 해야 할지 막막해 조언을 듣기 위해서였다.

"선배, 나도 이제 월급을 받으니 매달 얼마씩 저축하려고 하는데, 안전하면서 수익률도 높은 상품 좀 추천해주세요."
"이 세상에 안정성과 수익률, 두 마리 토끼를 다 잡을 수 있는 상품이 있겠니? 안 그래도 주식형펀드에 가입했다가 손해만 보고 있어서 엄청 속상해 죽겠다, 얘."
"펀드는 장기로 투자해야 한다고 하잖아요. 오래 가지고 있다 보면 수익이 날 거예요."
이새싹양은 괜히 선배의 아픈 곳을 건드린 것 같아 미안한 마음이 들었다.

"인내는 쓰지만 그 열매는 달다더니, 세상에는 달지 않고 떫기만 한 것도 있더라. 그건 그렇고, 돈을 모을 때는 은행 적금이 제일 안전하지. 하지만 요즘 워낙 저금리라 수익률은 조금 아쉬워. 요즘처럼 주가가 오르락내리락할 때도 괜찮은 적립식 주식형펀드에 가입하는 게 좋긴 한데, 그놈의 수수료가 만만치 않아서……."

"선배, 수수료가 얼만데 그래요?"

"주식형펀드는 수수료가 1년에 2% 정도야. 펀드에 가입할 당시에는 별것 아니라고 생각했는데, 1년에 2%면 대충 계산해도 3년이면 6%나 되잖아? 게다가 펀드 수익이 적금 이자보다 못해도 수수료는 예외 없이 떼거든. 또 이익이 나도 6개월 이전에 중도환매하면 환매수수료가 이익금의 30%나 되어서, 막상 이익이 났을 때 바로 환매도 못했어."

"수익이 나쁜데도 수수료를 떼는 건 너무하네요."

"펀드 수수료가 1년에 1.5%만 차이 나도 30년 뒤에는 수익률이 무려 54%나 차이 난다고 하더라고."

"수익을 내면서 저축하기 참 어렵네요."

"그래서 요즘은 ETF를 사고 있지."

이새싹양은 좀 더 자세히 듣기 위해 선배 쪽으로 바짝 붙으며 물었다.

"ETF라뇨? 선배, 그건 뭐예요?"

"ETF는 지수를 따르는 펀드의 장점과 주식의 장점을 합친 상품이야. 증권시장에 상장된 펀드인데, 지수가 오르고 내리는 것에 비례해 주가가 움직이지. 일반 주식과 똑같이 매매할 수 있어. 개별 종목이 아니라 지수를 산다고 생각하면 돼. 주식처럼 배당도 주고. 무엇보다 중도환매수수료가 없어서 단기에 많이 오르면 마음대로 팔 수도 있어."

이새싹양은 많은 종목이 가득 들어 있는 큰 바구니를 머릿속에 그리며 말했다.

"시장이 오른 만큼 투자수익이 난다고 생각하면 되겠군요."

"그런 셈이지. 일정한 금액으로 ETF를 장기간 매수해두면 시간이 지날수록 수익이 많이 나는 목돈이 될 거야. 신입사원일 때 이런 이야기를 해주는 선배가 있다는 걸 행운이라고 생각해."

"선배, 고마워요. 저는 ETF라는 게 있는지도 몰랐어요. 제가 부자가 되면 선배 덕분이라고 생각할게요."

두 사람은 크게 웃었다.

ETF가 뭐예요?

이번 장에서는 ETF라는 금융상품의 실체와 특징을 본격적으로 알아봅시다.

ETF는 우리말로 '상장지수펀드'라고 합니다. 즉 거래소(Exchange)에 상장되어 일반 주식과 똑같이 거래되는(Traded) 인덱스펀드(Index Fund)입니다.

ETF는 지수를 추적하는 인덱스펀드이면서, 증권시장에서 자유롭게 매매할 수 있으므로 주식이기도 합니다. 다시 말해 ETF는 펀드의 장점과 주식의 장점을 뽑아서 만든 금융상품입니다.

2023년 12월 말 기준으로 우리나라에 상장된 ETF 종목수는 812개, 순자산액은 121조원, 참여 자산운용사는 26개에 달합니다. 주식과 인덱스펀드는 투자전문가들을 대상으로 한 설문조사에서 '지난 20년간 가장 혁신적인 금융투자상품 중 하나'라는 찬사를 얻기도 했습니다.

우리나라뿐 아니라 전 세계적으로 그 규모를 키워가고 있는 ETF에 대해 좀 더 자세히 알아볼까요?

 알아두세요

ETF를 사고파는 것부터 따라하고 싶다면?

둘째마당은 ETF의 기초 개념을 익히는 마당입니다. ETF를 사고파는 것부터 따라하고 싶다면 셋째마당으로 곧바로 가셔도 됩니다. 하지만 나중에라도 기본 개념은 꼭 익혀두세요.

ETF는 지수와 함께 움직이는 지수연동 펀드!

ETF는 상장지수펀드입니다. 상장지수에는 국내지수와 해외지수가 있습니다. 국내지수에는 시장을 대표하는 코스피200, KRX100 등과 업종별, 기업의 재무유형별, 테마별 그리고 채권 등 다양한 지수가 있습니다. 해외지수에도 주식, 채권, 상품 등을 추적하는 다양한 지수가 있지요. ETF는 이들 지수를 추적하는 펀드로 거래소에 상장되어 있습니다. ETF 상품이 등장한 초기에는 주식지수를 추적하는 ETF가 주류를 이루었는데, 지금은 채권, 통화, 부동산, 원유, 금·은과 같은 상품 등 다양한 지수를 추적하는 ETF로 확대·발전되어 가고 있습니다.

펀드는 입금과 환매 시 하루에 한 번 공시되는 '기준가격'에 따라 가격이 결정되지만, ETF는 증권시장에서 수요와 공급에 의해 가격이 결정됩니다. 일반 주식처럼 매수자가 많으면 주가가 상승하고, 매도자가 많으면 주가가 하락합니다. 물론 그러면서도 주가지수와 별개로 움직이지는 않고 지수를 추적하며 움직입니다. 추적하는 지수가 상승하거나 하락하면 그 비율만큼 가격이 상승 또는 하락한다는 뜻입니다.

잠깐만요

오늘 ETF를 팔면 현금 출금은 2일 후에

ETF는 주식과 마찬가지로 거래할 수 있습니다. 주식의 경우 주문을 내 체결되면 수도결제는 3일째 되는 날 이루어집니다. 예를 들어 월요일에 주문을 내 체결되면 수요일에 매도자의 계좌에서 주식이 빠져나가고 현금이 들어옵니다. 그러므로 현금이 필요한 ETF 투자자는 최소한 2일 전에 ETF를 팔아야 합니다. 이는 영업일 기준이므로 공휴일이나 일요일은 포함되지 않습니다. 반대로 오늘 매수하면 2일 후인 모레 주식이 계좌에 들어옵니다.

매매체결이 확인되면 곧바로 주문이 가능합니다. 예를 들어 오전 10시에 낸 매수주문이 체결되었다고 확인되면 즉시 매도 주문을 할 수 있습니다. 따라서 하루에 제한 없이 매수·매도가 가능합니다. 그렇다고 매매를 자주 하면 수수료가 만만치 않게 나가니 유의하세요.

인덱스펀드 같은 ETF, 거래 방식은 주식과 같다

ETF는 일반 주식처럼 거래소에 상장되어 있으므로 종목마다 코드번호가 부여됩니다. 증권회사를 통해 거래할 수도 있고, 홈트레이딩 시스템(HTS)으로 투자자가 직접 거래할 수도 있습니다. 기타 계좌 개설, 거래시간, 매매 방법, 증거금율, 신용, 상·하한가제도, 결제 방법 등 모든 면에서 주식과 똑같습니다.

펀드는 환매 시 현금화가 되기까지 4~7일 정도 걸리는 반면, ETF는 주식처럼 사고팔 수 있어 2일이면 현금화가 가능합니다.

✏️ **알아두세요**

증거금과 증거금율
증거금은 계약자가 결제일에 선물거래 약속 이행을 담보하기 위해 납부하는 금액입니다(선물거래에 대한 설명은 51쪽 〈잠깐만요〉를 참고하세요). 증거금율에는 현금주문을 낼 때 필요한 '위탁증거금율'과 신용주문을 낼 때 필요한 '신용증거금율'이 있습니다.

상·하한가제도
우리나라의 경우 전일 종가의 30%를 상·하한선으로 하여 그 이내에서만 움직이도록 하고 있습니다.

잠깐만요

헷갈리기 쉬운 E로 시작하는 금융상품들

ETN(Exchange Traded Note, 상장지수증권)

ETF처럼 주식, 채권, 원자재 등 기초지수를 추종하는 상품으로, 거래소에 상장되어 사고팔 수 있는 상장지수채권을 의미합니다. 국내주식형 ETN은 비과세입니다. 해외주식과 주식 이외의 해외 종목은 매매차익에 대해 배당소득세(15.4%)가 발생하고, 거래세는 없습니다.

ETF와 ETN은 어떤 차이점이 있을까요?

첫째, ETN은 주식, 채권, 원자재 등 기초지수의 수익률을 추종한다는 점에서 ETF와 동일하나 파생결합증권이라는 점이 다릅니다.

둘째, ETF는 일반 주식과 같이 만기일이 없는 상품이지만 ETN은 만기일이 있습니다.

셋째, ETF는 자산운용사가 발행하고, ETN은 증권사가 발행합니다. ETN의 경우 증권사의 신용으로 발행하기 때문에 증권사가 파산하면 원금을 회수할 수 없습니다.

넷째, ETF는 10종목 이상으로 구성됩니다. 그러나 ETN은 국내형 5종목 이상, 해외형 3종목 이상으로 구성됩니다. 따라서 ETN이 조금 더 다양한 구조와 종목으로 상품을 발행할 수 있습니다.

ELD(Equity Linked Deposit, 주가연계예금)

투자금액을 정기예금 형태로 운용하고, 예금의 일부 또는 이자를 주가와 연계된 상품(예를 들어 ETF, 주식, 주식연계 파생상품)에 투자해 추가 수익을 추구하는 금융상품입니다. 원금이 보장되어 안정성이 높은 반면 수익률이 낮습니다. 은행에서 취급하며 예금자보호법이 적용됩니다.

ELF(Equity Linked Fund, 주가연계펀드)

투자금액 중 일정 금액을 안정성이 높은 채권에 투자하고, 여기서 발생하는 이자 또는 원금의 일부를 증권회사가 발행하는 ELS에 투자해 추가 수익을 추구하는 상품입니다. 채권 수익률에 따라 펀드수익률이 영향을 받아 원금이 보장되지 않습니다. 주로 자산운용회사가 발행하고 발행인의 신용에 의존하므로 예금자보호법 대상이 되지 않습니다.

ELS(Equity Linked Securities, 주식연계증권)

3가지 상품, 즉 채권, 주식, ELW를 적절히 조합해 특정 조건에 맞으면 수익률이 발생하도록 설계한 금융상품입니다. 만약 100이라는 투자자금이 있다면 60~70%는 안정성이 높은 국공채 등에 투자해 일정률의 원금을 보장합니다. 나머지는 옵션, ELW 등에 투자해 10% 안팎의 수익률을 추구합니다.

ELS는 주가가 많이 오른다고 수익이 많이 나는 구조가 아니며, 일정 기준(40~70%) 이상 폭락하지 않으면 채권보다 높은 수익률을 얻을 수 있습니다. 그러나 기준 이상 폭락하면 원금 손실이 발생하므로 원금이 보장되지 않는다는 사실을 알아두어야 합니다. 시장이 박스권에서 움직일 때는 추가 수익을 얻을 수 있지만, 주가변동폭이 클 때는 손실 위험이 높습니다. 원금보장형 ELS도 있지만 상대적으로 수익률이 낮습니다. 증권회사에서 발행하고 발행사의 신용에 의존하므로 예금자보호법 대상이 되지 않습니다.

ELW(Equity Linked Warrent, 주식워런트증권)

코스피200 또는 특정 종목(예를 들어 삼성전자, 포스코 등)을 사전에 정한 미래 시기에 미리 정한 가격으로 사거나 팔 수 있는 권리가 주어진 증권을 말하며, 일종의 옵션이라 할 수 있습니다. 주가가 상승할 때 살 수 있는 권리를 '콜워런트'라 하고, 주가가 떨어질 때 팔 수 있는 권리를 '풋워런트'라 합니다. 옵션의 일종이므로 고위험·고수익 상품입니다. ELS와 ELW는 상품 내용이 복잡하므로 확실히 알고 투자해야 합니다. 내용을 잘 모르고 투자했다가 큰코다칠 수 있으니 조심하세요.

 알아두세요

DLS

Derivatives Linked Securities의 약자로 이자율, 통화(환율), 실물자산(금·은, 원유, 구리, 곡물), 신용위험(기업신용등급, 파산) 등 기초자산의 변동과 연계하여 투자손익이 결정되는 파생결합상품입니다. 예를 들어 금 가격을 기초자산으로 3개월 만기에 예상수익률을 5%로 하고 95%(또는 90%) 원금을 보장한다는 내용의 금융상품입니다.

ETF가 개인투자자에게
안성맞춤인 6가지 이유

지수를 추적하는 펀드의 특성과 주식의 특성을 모두 가진 ETF는 주식처럼 쉽게 매매할 수 있으면서 개별 종목 투자에 따르는 위험을 줄여주므로 개인투자자에게 매력적인 금융상품이라 할 수 있습니다. 이번 장에서는 ETF의 어떤 점이 개인투자자에게 안성맞춤인지 알아봅시다.

첫째, 적은 금액으로 우량주에 분산투자할 수 있다

10만원 안팎의 소액으로 한국증시 대표지수는 물론 세계 주요 증시에도 투자할 수 있다는 것은 분명 커다란 장점입니다.

ETF는 1주 단위로 매매할 수 있습니다. 1주 가격은 대체로 1~5만원입니다. 예를 들어 코스피200을 추종하는 ETF 단 1주를 매입하더라도 우리나라 대표 우량주 200개 종목에 분산투자하는 것과 같은 효과가 있습니다. 종목을 사는 것이 아니라 시장을 사는 셈이지요.

특정 종목에 투자할 경우 해당 기업의 영업실적이 악화되거나 파산하는 등 악재가 발생하면 예상치 못한 손실을 경험할 수 있습니다. 그러나 다수 종목으로 구성된 ETF에 투자할 경우에는 개별 종목에서 발생하는 위험을 피할 수 있습니다. 다시 말해 ETF에는 부도가 없다고 볼 수 있습니다.

둘째, 투자비용이 저렴하다

ETF도 펀드의 일종이므로 연 0.15~0.5%의 펀드 운용비용이 있습니다. 그러나 일반 펀드 연 1.5~3%, 인덱스펀드 연 0.35~1.5%에 비하면 매우 저렴합니다. 이 비용은 아무것도 아닌 것 같지만, 5년, 10년, 20년 정도로 투자 기간이 길어지면 펀드수익률에 큰 영향을 미칩니다. 그 차이가 얼마나 큰지는 앞에서 이미 확인했습니다(32쪽 참고).

또한 ETF는 예기치 못한 경제 상황의 악화나 개인적인 사유가 발생할 경우 언제든지 매도하여 현금화할 수 있습니다. 일반 펀드는 가입 이후 일정 기간 이내에 환매할 경우 중도환매수수료를 부담해야 합니다. 보통 3개월 이내 환매 시 수익금의 70%를 수수료로 내야 하고, 펀드에 따라서는 6개월 이내에 환매하는 경우에도 중도환매수수료를 부과합니다.

물론 ETF 역시 매각할 때는 주식처럼 매매수수료(0.014~0.5%)를 부담합니다. 반면 주식과 달리 증권거래세(0.25%)는 면제됩니다.

알아두세요

중도환매수수료
3개월이나 6개월 등 펀드에서 정한 최소 투자 기간 이내에 펀드를 환매할 경우 투자자가 지불하는 일종의 벌금을 말합니다. 이는 초단기 투자를 억제함으로써 펀드 운용에 안정을 기하고, 환매에 따른 사무 처리 비용을 충당하기 위한 것입니다.

셋째, 투자수익률 면에서 유리하다

개별 종목에 투자할 때는 알아야 할 것이 많습니다. 우선 주식시장의 흐름을 예측해야 하며, 구체적인 종목을 선정하고 매매시점을 찾아야 합니다. 기관투자자와 달리 개인투자자가 기업에 관한 분석 자료나 정보를 얻기란 쉬운 일이 아닙니다. 회사마다 특수성이 있고 상장된 종목 수도 많기 때문입니다. 자칫 그릇된 정보에 현혹되어 종목을 잘못 선정하면 큰 피해를 볼 수도 있습니다.

개인투자자들의 평균적인 투자수익률은 항상 시장수익률보다 낮습니다. 확률적으로 개인투자자가 지수수익률 이상의 수익을 낼 가능성은 10%에도 미치지 못합니다. 따라서 주식투자를 전문적으로 연구하는 소수의 전문가를 제외한다면, 나머지 대부분의 투자자는 종합주가지수를 추적하는 ETF에 투자하는 것이 실패를 줄이고 성공투자에 이르는 지름길이라 할 수 있습니다.

참고로, 이상적인 투자 형태는 ETF에 50% 이상 투자하고 나머지 자금으로 개별 종목에 투자하는 것입니다. ETF는 시장 방향만 판단하면 되므로 투자 판단이 쉽고 위험이 낮습니다. 적립식 투자자나 장기투자자라면 방향성도 크게 신경 쓸 필요가 없습니다.

넷째, 펀드 운용이 투명하다

ETF의 가격은 대상 지수의 움직임을 충실히 반영할 뿐만 아니라, 펀드를 구성하고 있는 현물주식바스켓의 내역과 순자산가치를 매일 공표하기 때문에 상품 운용이 투명합니다. 일반 펀드는 운용 결과를 6개월이 지나야 운용보고서 형식으로 투자자에게 알려줍니다. 투자 성과가 부진한 펀드의 경우 투자자가 알지도 못하는 사이에 펀드매니저가 바뀌기도 합니다. 성과가 지나치게 좋은 경우도 마찬가지입니다. 이는 비행기 추락 사고 이후에 블랙박스로 사고 원인을 찾는 것과 다름이 없어 펀드 운용이 투명하지 못하다고 할 수 있습니다.

무엇보다 ETF는 TV나 신문 같은 매스컴에서 보도되는 주가지수만 보아도 투자수익률을 쉽게 알 수 있습니다.

다섯째, 배당수익까지 얻을 수 있다

ETF는 현물주식으로 구성된 주식바스켓입니다. 따라서 바스켓 속에 들어 있는 개별 종목이 배당하면 배당금을 모아두었다가 펀드 운용에 들어가는 비용을 공제하고, 남은 금액이 있을 경우 분배금으로 지급합니다. 펀드에 따라 다소 차이가 나지만 보통 1월, 4월, 7월, 10월 마지막 날에 개인별 증권계좌에 현금으로 입금됩니다.

그럼 최근에 분배금을 얼마나 지급했는지 KODEX200을 기준으로 알아볼까요?

 알아두세요

KODEX200

주식시장을 대표하는 200여 개의 종목으로 구성되며, 코스피200을 똑같이 추적하는 삼성자산운용의 ETF 상품입니다. 2002년 10월 한국 최초로 상장된 ETF라는 상징성이 있지요. ETF 상품명의 KOSEF, TIGER, KODEX 등은 운용사별 ETF 브랜드명을 말합니다. 대표적인 운용사로는 삼성자산운용(KODEX), 미래에셋자산운용(TIGER), 한국투자신탁운용(ACE), 우리자산운용(KOSEF), KB자산운용(KBSTAR), 대신자산운용(GIANT) 등이 있습니다.

KODEX200 분배금 지급현황표

기준일	주당배당금(원)	기준일	주당배당금(원)
2021.1.29	50	2022.7.29	70
2021.4.30	670	2022.10.31	105
2021.7.30	55	2023.1.31	75
2021.10.29	85	2023.4.28	445
2022.1.28	60	2023.7.31	75
2022.4.29	500	2023.10.31	100

* 자료: 삼성자산운용(2021~2023년)

 알아두세요

주당순자산가치에 대한 설명은 130쪽 〈잠깐만요〉를 참고하세요.

주문이 가능한 시간과 영업일

ETF는 주식이므로 모든 거래 방법이 주식 거래와 동일합니다. 주식형펀드의 경우 가입과 환매 등의 주문이 대부분 온라인으로 24시간 가능합니다. 그러나 증권시장 개장 시간(9:00~15:30)에 국한되는 경우도 있습니다. 펀드마다 몇 시에 주문을 내느냐에 따라 결제기준일과 환매기준일도 달라집니다. 그러므로 펀드거래를 할 때는 펀드별로 제공되는 '매매 안내'를 반드시 확인해볼 필요가 있습니다. 본문에 소개한 거래기준일은 대표적인 예시입니다.

여섯째, 실시간으로 쉽게 매매할 수 있다

ETF는 주식과 똑같은 방법으로 거래되므로 일반 주식을 매매해본 사람이라면 누구나 쉽게 거래할 수 있습니다. 주식처럼 장중에 투자자가 거래가격, 주가지수, 주당순자산가치(NAV) 등을 실시간으로 확인하고 매매할 수 있습니다. 정규 시간인 9:00~15:30에 실시간으로 주문이 가능할 뿐만 아니라, 시간외주문도 18시까지 할 수 있습니다.

국내 주식형펀드에 가입할 때는 15시 이전에 가입하면 당일 종가로 결정되는 기준가격으로, 15시 이후에 입금을 신청하면 다음날 종가로 결정되는 기준가격으로 입금이 됩니다. 환매 후 돈을 찾을 때는 15시 이전에 신청하면 2영업일 기준가로 4영업일에, 15시 이후에 신청하면 3영업일 기준가로 4영업일에 돈이 들어옵니다.

예를 들어 월요일 15시 이후에 펀드를 환매하면 수요일 기준가로 계산하여 목요일에나 통장에 돈이 들어옵니다.

따라서 펀드는 최소한 하루 또는 그 이상의 기간에 가격을 모른 채 구입과 환매가 이루어집니다. 더구나 해외펀드라면 더욱 늦어져 3~4일 이후 기준가격으로 결정되기도 합니다. 만약 주가가 급변할 때라면 하루 동안에도 수익률이 10% 이상 차이가 날 수도 있습니다.

잠깐만요

현물주식과 파생상품은 어떻게 다른가요?

현물주식

현물주식은 회사의 자산을 나타내는 권리증서를 말합니다. 주식을 보유한 주주에게는 주주총회에 참석해 발언하거나 의결에 참석할 권리, 이익이 발생했을 때 배당받을 권리, 회사가 망했을 때 잔여재산을 분배받을 권리, 신주(새로 발행한 주식)를 받을 권리 등이 있습니다.

선물과 옵션

파생상품은 현물주식을 기본자산으로 하여 2차로 만들어진 금융상품으로, 대표적인 것이 '선물'과 '옵션'입니다. 선물거래란 미래 일정한 시점에 정해진 가격으로 결제가 이루어질 것을 전제로 하는 거래를 말합니다. 그리고 옵션거래란 미래 일정한 시점에 정해진 가격으로 살 수 있는 권리(콜옵션) 또는 팔 수 있는 권리(풋옵션)를 매매하는 것을 말합니다. 이들은 미래에 결제가 이루어질 것을 전제로 하므로 주식처럼 주주에게 주어지는 각종 권리와 의무가 없습니다. 예를 들어 주주총회 참석 및 표결권, 배당받을 권리, 회사 청산 시 잔여재산 청구권 등의 권리가 없습니다.

ETF도 다수의 종목을 바스켓으로 묶어 2차로 만든 지수라는 점에서는 일종의 파생상품이라고 할 수 있으나, 그 바스켓 속에 현물주식이 들어 있다는 점에서 일반 파생상품과 다릅니다. 즉 바스켓 속에 들어 있는 개개의 현물주식에는 일반 주식에 부여되는 권리와 의무가 모두 들어 있습니다. 다만 권리와 의무의 행사를 개인투자자가 아니라 ETF를 설정한 기관투자자나 자산운용회사가 대신합니다.

선물과 옵션거래는 현물주식 하락의 위험을 회피하기 위한 용도로 생겨났지만 지금은 세계적으로 투기적인 요소가 매우 강한 시장이 되었습니다.

그러나 ETF는 투자자가 원하는 시점에 원하는 가격으로 실시간으로 매수와 매도를 할 수 있어 쉽고 자유롭습니다. 단, 매도하고 돈을 찾을 때 2일이 소요된다는 점은 앞서 언급했으니 알고 있겠지요?

지금까지 말한 ETF의 장점을 정리해보면, ETF야말로 전문 지식과 시간이 부족한 개인투자자가 손쉽고 마음 편하게 투자하기에 가장 적합한 금융상품이라 할 수 있습니다. 특히 주식 초보자가 실패를 줄이면서 증권시장을 공부할 때 ETF만 한 상품이 없습니다.

개인투자자의 ETF 보유 목적

ETF 보유 목적	비중
절세 효과	55%
낮은 비용의 펀드 구조	46%
분산투자	39%
시장 전체에 대한 투자	37%
섹터 및 인덱스 매매	35%
실시간 거래	26%

* 자료: 한국거래소(중복 응답 가능)

그럼 ETF의 특징을 정리하는 의미에서 인덱스펀드, 주식형펀드와 비교한 표를 다시 한번 확인해보세요.

투자상품별 비교

구분	ETF	인덱스펀드	주식형펀드
종류	패시브펀드	패시브펀드	액티브펀드
투자 성향	소극적	소극적	적극적
목표수익률	지수추종수익	지수추종수익	지수초과수익
운용 전략	• 포트폴리오 구성 • 차익거래	포트폴리오 구성	• 자산배분(주식/현금) • 종목 선정
상장 및 유동성	• 증권시장 상장됨 • 실시간 거래	• 상장 안 됨 • 거래가 불편함	• 상장 안 됨 • 거래가 불편함
투명성	실시간 시세 확인	투명성 중립	일정 기간 후 정기적 확인만 가능
위험	시장평균	시장평균	공격적 운용으로 기대수익이 높지만 위험도도 높음
운용보수	0.1~0.4%	0.35~1.5%	1.5~3.0%
중도환매수수료	없음	3~6개월 내 환매 시 이익금의 30~70%	
수익에 대한 세금	없음(해외 및 상품 ETF만 배당소득세 15.4%)	배당 및 이자 소득세 15.4%	

장점이 많은 ETF, 적극적으로 홍보하지 않는 이유

이렇게 장점이 많은 ETF를 그간 금융투자회사가 적극적으로 홍보하지 않은 이유는 마진이 적기 때문입니다. 백화점에서 마진이 높은 상품을 전면에 배치한 뒤 고객들에게 먼저 권하는 것과 동일한 이유지요. 펀드로 들어오는 보수를 보면 일반 펀드는 1.5~3%, 인덱스펀드는 0.35~1.5%인 데 반해, ETF는 0.15~0.5%에 불과합니다.

또 한 가지 이유는 한국의 투자자들은 유행에 매우 민감하기 때문입니다. 아직도 부동산 펀드, 중국펀드, 브릭스펀드 등 특정 펀드에 집중 투자하여 한 번의 투자로 대박을 노리는 투자자가 많습니다. 그러나 앞으로 대박을 노리는 펀드가 성공하는 경우는 흔치 않을 것입니다. 이런 측면에서 요즘에는 ETF를 중점적으로 미는 운용사가 많습니다.

ETF 투자 무작정 따라하기

007

세계는 지금 ETF를 주목하고 있다!

이번 장에서는 ETF시장이 전 세계적으로 빠르게 발전할 수밖에 없는 배경과 현황을 알아봅시다.

ETF, 어떻게 생겨났나?

ETF가 세계 최초로 소개된 것은 1976년 〈파워 펀드 구매하기 – 새로운 종류의 금융상품(The Purchasing Power Fund, A New Kind of Financial Intermediary)〉이라는 논문에서였습니다. 닐스 하칸손(Nils Hakansson)이 고안해낸 신규 상품이었지요.

하지만 ETF가 실질적으로 탄생한 것은 1988년입니다. 미국증권거래소(AMEX) 직원이었던 네이선 모스트(Nathan Most)가 창고 물품보관증이 실물의 이동 없이 증서 형태로만 거래되는 것에 착안해 개발했습니다.

미국증권거래소와 캐나다 토론토증권거래소(TSX)가 공동으로 상품을 만들어 상장을 추진했으나, 미국의 승인이 늦어지는 바람에 1990년 3월 토론토증권거래소에 먼저 상장되었습니다. 그래서 세계 최초의 ETF는 1990년 3월 캐나다증권거래소에 상장된 TIPS(Toronto 35 Index Participation Units)입니다. 그 후 ETF시장은 미국을 중심으로 전 세계적으로 급성장해왔습니다.

세계 ETF시장을 선도하는 미국

미국에서 최초로 상장된 ETF는 스탠더드앤드푸어스500종합지수위탁증권(SPDR: S&P Depositary Receit)으로 1993년 1월에 상장되었습니다. S&P500지수를 추적하는 펀드로, '스파이더'라고도 부릅니다. 현재 순자산 규모로 세계에서 가장 큰 ETF 중 하나로 알려져 있습니다.

SPDR S&P500 이후 나스닥100지수를 추적하는 QQQ와 다우존스산업평균지수를 추적하는 DIA(Dow Jones Industrial Average ETF, 흔히 '다이아몬드'라고 부름)가 차례로 상장되었습니다. 지금은 뉴욕증권거래소 전체 주식거래량 중 ETF 거래량이 40%에 육박하는 수준에 이르렀습니다.

미국의 ETF시장은 초기에는 투자자들의 관심을 끌지 못했지만, 1997년부터 비약적으로 발전했습니다. 세계 ETF시장 규모는 10조 747억달러에 이르며 종목수는 10,251개입니다(2024년 1월 말 기준). 세계 ETF시장에서 미국이 절대다수를 차지하며 시장을 선도하고 있습니다. 미국의 ETF시장은 2005년 이후 지금까지 더욱 확대·발전하고 있으며, 최근에는 펀드자금 유입액의 70% 이상이 ETF로 들어오고 있습니다.

 알아두세요

레버리지 ETF
변동성을 즐기는 공격적인 투자자들을 위한 ETF 상품입니다. 레버리지는 비율에 따라 1.5배, 2배, 3배 등 여러 가지 유형이 있습니다. 국내 레버리지 ETF는 대부분 2배수로 동작하도록 설계되어, 주가가 상승하면 단기간에 높은 수익을 낼 수 있습니다.

미국의 ETF시장이 이토록 괄목할 만한 발전을 이룬 배경은 국가별 지수, 레버리지 ETF 등 다양한 지수가 많이 개발된 것과 더불어, 주가지수 이외에 채권, 통화, 금, 원유 등 다양한 상품 ETF가 상장되어 거래가 활발하게 이루어졌기 때문입니다.

세계 ETF시장은 미국이 선도하고 있습니다. 글로벌 ETF시장에서 미국의 3대 자산운용사가 세계 운용자산의 70% 이상을 차지하고 있으며, 미국 ETF시장의 84.9%를 점유하고 있습니다.

미국의 Big3 자산운용사 현황

자산운용사	브랜드명	상품수(개)	운용자산(달러)	시장점유율(%)
블랙록 (BlackRock)	iShires	352	9.3조	34
뱅가드그룹 (Vanguard)	Vanguard	80	7.7조	23
스테이트스트릿 (STATE STREET)	SPDR	142	3.5조	11

* 자료: ETFGI(2023년 12월 말 기준)

미국 다음으로는 영국과 독일이 상당한 비중을 차지하고 있습니다. 미국, 영국, 독일이 전 세계 ETF시장의 3분의 2를 차지하고 있지요.

미국 ETF 투자는 시가총액 상위 종목부터!

미국증시에서 ETF 종목을 선정하려면 우선 시가총액 상위 종목을 선정하는 것이 무난합니다. 미국증시가 세계증시를 대표하고 또 장기간 우상향하므로 장기투자에 적합하기 때문입니다.

 알아두세요

해외 ETF 정보사이트
1. ETF 닷컴(www.etf.com): ETF 기본 정보 제공
2. ETF DB(etfdb.com): 인기 ETF 검색
3. ETF 채널(www.etfchannel. com): 개별 종목이 어떤 ETF에 어떤 비중으로 들어가 있는지 검색

미국 시가총액 상위 ETF

순위	티커	명칭	추종	운용사	보수(%)	순자산액 (억달러)
1	SPY	SPIDER S&P500 ETF TRUST	대형주500	스테이트 스트릿	0.09	5,037
2	IVV	iSares Core S&P500 ETF	대형주500	블랙록	0.03	4,449
3	VOO	Vanguard S&P500 ETF	전 종목	뱅가드	0.03	4,156
4	VTI	Vangard Total Stock Market	전 종목	뱅가드	0.03	3,762
5	QQQ	Invesco QQQ Trust	대형주	인베스코	0.20	2,544

6	VEA	Vanguard FTSE Developed Market	미국 제외 선진국시장	뱅가드	0.05	1,262
7	VUG	Vanguard Growth ETF	대형성장주	뱅가드	0.04	1,164
8	IEFA	iShares Core MSCI EAFE ETF	북미 제외 선진국시장	블랙록	0.07	1,164
9	VTV	Vanguard Value ETF	대형가치주	뱅가드	0.04	1,110

* 2024년 2월 29일 기준

선두 각축을 벌이고 있는 아시아 ETF시장

아시아에서는 중국(홍콩 포함), 일본, 한국, 싱가포르 4개 증권시장이 아시아 시장 선두자리를 놓고 각축을 벌이고 있습니다. 아시아에서는 홍콩증권거래소에 'TraHK'라는 ETF가 최초로 상장되었습니다.

한국은 중국과 일본에 이어 세계 8위, 아시아에서는 3위를 차지하고 있습니다.

ETF의 기초자산은 주식 이외에도 채권, 외환, 원자재, 상품 등으로 다양하게 확대되고 있습니다. ETF의 종류도 산업별, 기업의 크기별, 기업의 가치별 등으로 확대되어 날이 갈수록 새로운 형태의 ETF가 출시되고 있습니다.

 알아두세요

섹터지수

반도체, IT, 조선, 은행, 증권 등 특정 업종에 소속된 기업들로 바스켓이 구성된 지수를 말합니다. 넷째마당 15장에서 자세히 설명합니다.

스타일지수

기업의 특성 또는 기업의 성과 형태가 유사한 주식 집단으로 구성된 지수를 말합니다. 넷째마당 16장에서 자세히 설명합니다.

세계 경제위기 후 ETF에 관심 급등

우리나라에서는 2002년 10월 코스피200과 코스피50을 추종하는 4개의 ETF가 최초로 상장되었습니다. 초기에는 기관투자자와 외국인투자자가 주된 거래 주체였고, 개인투자자들에게는 별 관심을 끌지 못했습니다. 그러다 2006년 섹터지수와 스타일지수가 상장되면서 종목수와 거래량이 많아졌고, 그로 인해 개인투자자들의 관심이 높아졌습니다.

2007년 하반기부터는 미국발 금융위기로 증권시장의 변동성이 높아지면서 개인투자자들의 ETF에 관한 관심이 급증했습니다.

2008년 말 76조원이던 주식형펀드가 10년 후인 2018년에는 48조원으로 줄어 10년간 36% 감소(해외주식형펀드는 -60%)한 반면, 같은 기간 국내 ETF시장은 4조원에서 21조원으로 590%나 증가했습니다. 이는 투자자들의 관심이 주식형펀드에서 ETF로 이동하고 있음을 보여줍니다.

ETF는 해마다 괄목할 만한 성장을 거듭하여 종목수 812개, 순자산액 121조원으로 한국증시에서 중요한 부분을 차지하고 있습니다(2023년 12월 말 기준). 일평균 거래대금도 4조원을 넘어 활발하게 거래가 이루어지고 있습니다. 이렇게 거래량이 급증한 것은 개별 종목의 변동성이 높아지면서 개인투자자들이 안정적인 지수에 주목했기 때문입니다. 또한 2배수로 움직이는 레버리지 ETF가 등장한 후 개인투자자들이 레버리지 ETF를 단기매매하는 경향이 나타났기 때문이기도 합니다.

점점 늘어나는 ETF 개인투자자

개인투자자의 ETF 투자 비중은 2010년 이전에는 2% 미만이었으나 2011년 이후 급증하여 2023년 12월에는 39%에 이르렀습니다. 앞으로도 ETF에 대한 개인투자자들의 관심은 더욱 높아질 것이며, 거래량도

잠깐만요

ETF에 외국인 투자 한도가 있나요?

IMF 직후인 1998년 외국인 투자 한도 제한이 완전 철폐되었습니다. 극단적으로 말하면 외국인이 주식을 100% 소유하는 것도 가능하다는 뜻입니다. 다만 국가의 기간산업, 공공시설에 해당하는 종목에는 제한이 있습니다. 외국인의 투자 제한이 있는 종목을 보면 한국가스공사는 30%, 한전, SKT, KT, 대한항공 등 전력통신 산업에 해당하는 종목은 49%입니다. 주식바스켓인 ETF에는 외국인 투자 제한이 없습니다.

크게 증가할 것으로 예상됩니다.

투자 주체별 ETF 거래 비중

투자 주체	비중	투자 주체	비중
개인	39.0%	기관	16.5%
외국인	20.7%	유동성 공급자	23.7%

* 자료: 한국거래소(2023년 12월 기준)

ETF 순자산액과 종목수 추이

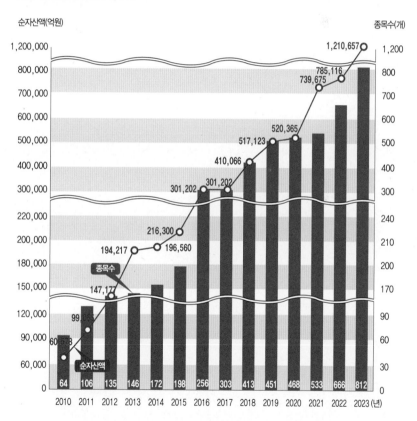

셋째 마당

ETF 매매, 무작정 시작하기

3만원으로 한국시장 전체에 투자한 오현명씨

오현명씨는 오랜만에 친구들을 만나 이야기를 나누었다. 대화는 경기가 예전 같지 않다는 이야기와 투자에 관한 이야기로 흘러갔다. 한 친구가 말했다.

"증권투자를 안 할 수도 없고, 어떻게 해야 할지 모르겠어. 주식을 골라도 내가 산 종목은 꼭 떨어진단 말이지."

오현명씨가 말했다.

"펀드도 마찬가지야. 우리나라 펀드 수가 몇 개인지 알아? 자그마치 9,000개가 넘어. 주식형펀드만 해도 1,400개 가까이 되는데, 그 많은 펀드 중에서 좋은 펀드를 고르기란 결코 쉬운 일이 아니야. 과거 수익률만 보고 펀드에 가입했다가는 큰코다친다고."

"그래서 말인데, 어떻게 투자하면 좋을까? 너는 그 분야 전문가잖아. 좀 알려주라."

곁에 있던 다른 친구가 간청했다. 잠시 뜸을 들이던 오현명씨가 입을 열었다.

"전문가는 무슨. ETF라고 있긴 한데……."

"ETF라니, 그게 뭐야? 자세히 좀 설명해봐."

"ETF는 증권거래소에 상장되어 주식처럼 거래되는 인덱스펀드야. 예를 들어 우리나라 대표지수인 코스피200을 추적하는 ETF의 경우 수익률이 종합주가지수인 코스피와 거의 동일하게 움직이게 되어 있지."

친구 중 하나가 놀라면서 말했다.

"그럼 코스피200 ETF를 사면 종합주가지수를 산 것과 동일한 효과가 있다는 말이야?"

"맞아. 그래서 ETF는 종합주가지수만 봐도 내 종목이 올랐는지 떨어졌는지 금방 알 수 있어. 개별 종목이 아니라 지수에 투자하기 때문에 판단이 쉽고, 그런 한편 투자위험은 줄어들지."

"와! 그런 게 있었단 말이야? 맞아, 나도 종목을 잘못 골라 낭패를 본 적이 있어. 삼성전자를 사려다가 가격이 비싸 같은 업계인 LG전자를 샀거든. 지수는 올랐는데 LG전자는 주가가 많이 떨어져서 속이 많이 상했지. 그건 그렇고 주식처럼 거래가 된다는 건 무슨 뜻이야?"

"HTS나 스마트폰으로 언제 어디서나 주식처럼 거래할 수 있다는 뜻이야. 주가 상승에 확신이 있으면 신용거래도 할 수 있고, 반대로 주가 하락에 확신이 있으면 주식을 빌려서 파는 대주거래(86쪽 참고)도 가능해. 무엇보다 1년에 몇 번씩 통장에 바로 들어오는 현금배당이 짭짤하지."

한 친구가 다시 물었다.

"에이, 그럼 너무 비싸서 우리 같은 소액투자자는 그림의 떡 아니야? 거래단위는 얼마인데?"

"거래단위는 1주야. 요즘 코스피200 ETF가 1주에 26,000원 전후니까 3만원만 있으면 1주를 사고도 남지. 전에는 기관투자자들과 외국인투자자들이 ETF를 주로 거래했는데, 요즘은 개인투자자 비중이 늘어서 50%를 넘어가고 있대. 미국은 주식 관련 펀드에 들어오는 자금 중 70%가 ETF로 들어온다고 하더라고."

"투자 방식이 이렇게 변하고 있었는데 나만 모르고 있었구나."

새로운 사실에 감탄하던 한 친구가 말을 이어갔다.

"3만원으로 코스피 우량 200주에 분산투자라니! 네 말을 들으니 금방 부자가 될 것 같아. 아니지, 부자가 되려면 이렇게 술을 마실 게 아니라 술값 아껴서 ETF를 사야겠구나!"

오현명씨가 웃으며 대꾸했다.

"그것 참 좋은 생각이다. 그렇지만 오늘만 예외로 하자!"

오현명씨와 친구들은 유쾌하게 웃으며 술잔을 힘차게 부딪쳤다.

ETF 계좌 개설하기

ETF 거래를 하기 위해 계좌를 개설하는 것은 일반 주식 거래 시 계좌를 개설하는 것과 동일합니다. 따라서 증권계좌가 있다면 기존 계좌를 이용해 거래하면 됩니다. 증권계좌가 없다면 다음 3단계 절차에 따라 신규로 계좌를 개설하세요.

1단계: 증권회사 선택하기

먼저 증권회사를 선택하세요. 대외적으로 신용도가 높고 전산 시스템이 잘 되어 있는 곳이 좋겠죠? 모든 증권회사에서 모든 종목의 ETF를 거래할 수 있습니다. 그러나 신용거래, 대주거래, 대량거래를 할 경우에는 지정판매회사가 아니면 주문이 원활하게 처리되지 않는 경우도 있으니 참고하세요.

은행에서도 증권계좌를 개설할 수 있습니다. 증권회사 홈페이지에서 연계된 은행을 조회한 뒤 가까운 은행 지점을 방문해 계좌를 개설하세요.

 알아두세요

신용거래와 대주거래를 하는 방법은 86쪽을 참고하세요.

지정판매회사는 어떻게 알 수 있나요?
자산운용회사 웹사이트에 접속하면 ETF 종목들이 있습니다. 해당 종목에 들어가면 지정판매회사, 기준가, 설정 규모, PDP(구성 종목과 비율), 연간 비용, 배당금 지급 방법 등을 볼 수 있습니다.

2단계: 계좌 개설하기

증권회사를 선택했다면 주민등록증이나 운전면허증 등 실명 확인이 가능한 서류와 거래인감(서명도 가능)을 지참하고 가까운 영업점을 방문해 계좌를 개설하세요. '계좌등록신청서'와 '투자자정보확인서' 등을 작성해 제출하면 계좌를 개설할 수 있습니다. 돈은 나중에 입금해도 되므로 돈이 없어도 계좌 개설이 가능합니다.

계좌가 개설되면 은행처럼 통장을 주지 않고 대신 증권카드를 줍니다. 집이나 사무실에서 거래하고 싶다면 홈트레이딩 시스템(HTS)을 신청하세요. 창구 직원이 시크리트카드(보안카드)를 따로 줄 것입니다.

요즘에는 스마트폰으로 계좌를 개설하면 수수료 면제나 이율 혜택을 주는 경우가 많습니다. 계좌 개설을 희망하는 증권사에서 진행 중인 이벤트를 꼭 확인해보세요.

잠깐만요

금융기관을 선택할 때 참고할 것들

계좌 개설은 증권회사뿐 아니라 은행에서도 가능합니다. 수수료는 은행이 싸고, 서비스는 증권사가 유리합니다. ETF를 HTS로 거래 시 수수료는 증권사가 대략 0.25%이고, 은행은 0.015%입니다. 100만원을 거래하면 증권사에는 2,500원을, 은행에는 150원을 수수료로 내는 셈이지요. 은행에 계좌를 개설했다 하더라도 주문, 체결 및 기타 자료 처리는 연계된 증권사를 통해 이루어집니다. 수수료는 증권사마다 다릅니다. 삼성, 신한, 한국, 하나, HMC, LIG 등 대형 증권사는 100만원 거래 시 2,500~3,000원 수준으로 높은 반면, KTB, 동양종금, 키움, 이베스트, 미래에셋 같은 곳은 은행과 비슷한 수준인 150~300원으로 낮은 편입니다. 증권사의 수수료가 은행보다 높은 이유는 무엇일까요? 증권사에서는 투자 판단에 참고가 되는 각종 분석 자료를 제공해줍니다. 또한 증권사가 제공하는 CMA를 이용한 종합자산관리서비스를 받을 수도 있습니다. 구체적으로 증권사 CMA 계좌는 은행의 수시입출금 계좌에 돈을 넣어두는 것보다 이자율이 높습니다. 또한 '자동매수서비스'라는 것이 있어 주식을 사면 자동으로 CMA 계좌에서 출금되고, 주식을 팔면 자동으로 CMA 계좌에 입금되도록 약정할 수 있습니다. 종합적으로 고려해볼 때, 주식과 ETF를 중장기로 투자할 경우에는 수수료가 다소 비싸더라도 분석력이 우수한 대형사를 선택하는 것이 좋고, ETF만 매일 또는 하루에 수차례 매매하는 데이트레이더일 경우에는 수수료가 싼 곳이 유리합니다.

거래대금 100만원당 주요 증권사 수수료 비교

(단위: 원)

증권회사명	증권사 계좌			은행연계 계좌	
	오프라인	HTS	스마트폰	HTS	스마트폰
KTB투자증권	4,990	150	150	150	150
키움증권	3,000	150	150	150	150
이베스트투자증권	4,800	150	150	150	150
신영증권	4,492	992	992	992	141
부국증권	4,500	1,000	1,000	1,000	1,000
IBK투자증권	5,000	1,000	1,000	1,000	1,000
미래에셋증권	4,900	1,400	1,400	140	140
교보증권	4,990	1,990	1,990	1,990	640
동부증권	4,492	1,992	1,992	232	232
한양증권	4,973	2,173	1,000	2,173	1,000
대신증권	4,972	2,372	1,973	110	110
하이투자증권	4,972	2,372	2,372	2,372	2,372
NH투자증권	4,970	2,440	2,470	140	140
한화투자증권	4,410	2,470	1,500	2,470	1,500
유진투자증권	5,000	2,500	1,500	150	1,500
SK증권	5,000	2,500	2,500	150	2,500
유안타증권	5,000	2,500	1,000	140	1,000
KB증권	4,970	2,573	1,937	150	1,200
메리츠종금증권	4,981	2,881	221	2,881	221
하나금융투자	4,970	2,970	2,970	140	140
삼성증권	4,973	2,973	2,973	2,973	2,973
신한금융투자	4,990	2,990	1,890	2,990	1,890
현대차투자증권	4,981	3,081	1,981	3,081	1,981
한국투자증권	4,973	3,273	3,273	142	142

* 자료: 금융투자협회
* HTS 기준 수수료 내림차 배열
* 위 수수료 금액은 일반 수수료 기준이고, 실제 적용되는 수수료율은 거래 조건, 고객등급, 협의 사항, 이벤트
  적용 등에 따라 회사별로 차이가 있으니 자세한 사항은 증권사 홈페이지를 확인하는 것이 좋습니다. 증권사를
  선택할 때는 수수료뿐 아니라 증권사별로 제공되는 서비스 등을 종합적으로 고려할 필요가 있습니다.

3단계: HTS 이용하기

HTS를 이용하려면 먼저 ID를 등록해야 합니다. 계좌를 개설한 증권회사 홈페이지에 접속해 '회원가입' 메뉴를 열고 접속 비밀번호를 입력해 ID를 등록하세요. ID 등록을 마치면 공동인증서 발급 화면이 나타납니다. 이용자 ID, 접속 비밀번호, 주민등록번호를 입력하고 공동인증서를 발급받으세요. 이 과정에서 공동인증서 비밀번호를 등록합니다.

공동인증서 발급이 완료되면 로그인 화면이 열립니다. 'HTS 다운로드' 메뉴를 클릭하세요. 이제 HTS 설치가 완료되었습니다. '주식' 메뉴를 클릭하고 ETF 종목을 찾아보세요.

공동인증서 발급 시 주의 사항

공동인증서를 발급받을 때 범용인증서를 선택하면 발급수수료를 내야 합니다. 증권용으로만 사용할 거라면 발급수수료가 없는 용도제한용 인증서를 발급받으세요.

대용증권

유가증권의 활용도를 높이고 원활한 유통을 위해 현금 대신 사용할 수 있는 유가증권을 말합니다. 대용증권의 요건은 ①지정기준일(매월 첫째 월요일 5일 전)로부터 소급해 30일간 거래량이 발행주식의 0.1% 이상인 상장기업, ②공공법인이 발행한 증권, ③상장채권, ④수익증권의 경우입니다. 감리 및 관리 종목과 매매 거래정지 종목은 대용증권에서 제외됩니다.

대주(貸株)

신용과 반대되는 용어로 주식을 빌리는 것을 말하며, 주식을 빌리지 않고 매도하는 공매도와 구분됩니다. 주가가 하락할 것으로 전망되면 투자자가 증권회사로부터 주식을 빌려 매도하고, 주가가 하락하면 도로 매수해 차익 실현 후 빌린 주식을 상환하는 제도입니다. 대주를 취급하지 않는 증권사도 있고, 취급하는 증권사라도 언제나 되는 것이 아니므로 거래 증권회사에 확인해보세요.

잠깐만요 | 신용거래를 하려면?

신용거래를 하려면 증권회사 영업점에 본인이 직접 방문해 신용계좌를 개설해야 합니다. 기존 위탁계좌가 있다면 신용계좌약정서에 자필로 서명하면 개설됩니다. 계좌에 100만원 이상 입금되어 있으면 누구나 신용계좌를 개설할 수 있으며, HTS로도 개설이 가능합니다.

신용증거금은 보통 50%이고, 대용증권이 있을 경우 현금이 25%만 있어도 주문이 가능합니다. 그러나 대주는 100% 현금이 필요합니다(증권회사에 따라 다소 차이가 있을 수 있습니다). 신용거래를 하는 방법은 여섯째마당 26장에서 설명하겠습니다.

HTS 설치하기

① HTS를 이용하려면 먼저 ID를 등록해야 합니다. 물론 계좌가 없다면 먼저 계좌를 개설해야 합니다. 계좌를 개설한 증권회사 홈페이지에 접속하세요. 'ID 등록' 메뉴를 연 뒤 증권계좌번호와 비밀번호를 입력하고 본인 확인을 거쳐 ID를 등록하세요.

② ID 등록을 마치면 공동인증서를 발급해야 합니다. 이용자 ID, 접속 비밀번호, 주민등록번호 등을 입력해 공동인증서를 발급받으세요. 이 과정에서 공동인증서 비밀번호를 등록해야 합니다. HTS를 이용할 때 필요하므로 잊어버리지 않도록 따로 메모해두세요. 또 HTS를 이용하다 장애를 일으키는 경우가 종종 있으므로 계좌 개설 증권회사의 콜센터 전화번호를 적어 모니터에 붙여두는 것도 좋은 방법입니다.

③ 이제 HTS 프로그램을 다운받아 설치해야 합니다. '트레이딩 → 트레이딩 채널안내 → 홈트레이딩' 메뉴를 클릭한 뒤 다운로드를 클릭하세요. 왼쪽 하단의 'HTS/MTS 다운로드'를 바로 클릭해도 됩니다.

④ '다음', '설치' 버튼을 눌러 설치를 진행하세요.

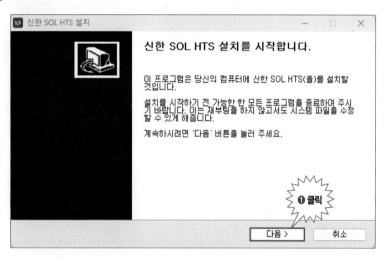

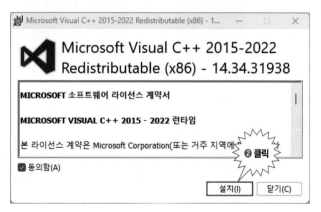

⑤ 바탕화면의 바로가기 아이콘을 더블클릭하면 HTS를 실행할 수 있습니다. 이용자 ID, 접속 비밀번호, 공동인증서 비밀번호를 입력한 뒤 '로그인' 버튼을 누르세요.

⑥ HTS 프로그램이 실행되어 다음과 같이 나타납니다. 이제부터 HTS를 사용할 수 있습니다.

스마트폰으로 ETF 거래하기

스마트폰으로 거래하는 것을 'MTS(Mobile Trading System) 거래'라고 합니다. 스마트폰이 보급되면서 스마트폰을 이용한 주식 거래가 점점 증가하고 있으며, 어디에서나 실시간 ETF 거래가 가능합니다. 스마트폰으로 ETF를 거래하는 방법에 대해 알아봅시다. 여기서는 안드로이드 기준으로 설명하겠습니다.

① 스마트폰으로 주식을 거래하려면 HTS와 똑같이 계좌를 개설하고 ID와 공동인증서를 등록해야 합니다. 이미 HTS 거래를 하고 있다면 HTS 계좌의 ID를 그대로 사용하면 됩니다.

② 먼저 스마트폰의 플레이스토어에서 해당 증권사의 애플리케이션을 검색하여 설치한 뒤 실행합니다.

③ 스마트폰에서 주식을 거래하기 위해서는 공동인증서를 등록해야 합니다. 신한금융투자의 경우 '메뉴 → 인증센터 → 공동인증서 → 인증서 가져오기 (PC/폰 → 폰)'로 들어가면 인증번호 12자리가 뜹니다. 이 번호는 반드시 기억해두어야 합니다.

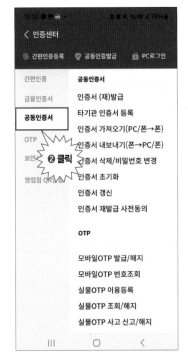

④ 이제 공동인증서가 저장된 PC에서 신한금융투자 홈페이지에 접속합니다. '인증센터 → 스마트폰 인증서 복사 → PC-스마트폰 인증서 복사 → 스마트폰/태블릿PC에 인증서 내보내기'를 선택하세요. 작은 창이 뜨면 PC에서 사용하는 인증서를 선택한 뒤 인증서 비밀번호를 입력합니다. 그리고 다음 단계에서 스마트기기 창에 떴던 인증번호 12자리를 입력하고 '인증서 가져오기'를 누릅니다.

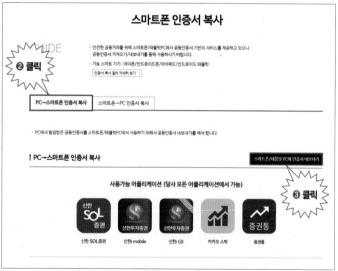

⑤ 이후 로그인하여 HTS와 같이 메뉴창을 누른 뒤 주식, 투자 정보 등을 실행하면 됩니다.

ETF 투자 무작정 따라하기

009 ▶ HTS로 ETF 시세 보기

HTS를 이용하면 집에서 편히 앉아 ETF 매수, 매도 등을 할 수 있습니다.

 알아두세요

편의상 화면은 저자가 근무했던 곳이라 익숙한 신한금융투자의 HTS를 이용했습니다. 증권회사마다 HTS 시스템이 조금씩 다릅니다. 그러나 그 차이가 미미하므로 요령만 익혀두면 다른 증권사 HTS를 사용하는 데 큰 불편함은 없을 것입니다.

홈트레이딩 시스템 살펴보기

ETF 시세를 보는 방법은 일반 주식 시세를 보는 법과 똑같습니다. HTS에 로그인하면 여러 메뉴가 있습니다. 맨 앞에 있는 '주식'을 클릭하면 여러 항목이 나오는데, 그중에서 '현재가/주가추이 → 현재가'를 클릭합니다. 그러면 '현재가' 창이 뜹니다.

								LP	매도	호가	매수	LP
현 재 가		29,340 ▼	190	-0.64%				0	39	29,380		LP ▼
전 일 가		29,530 ▲	295	1.01%				0	209	29,375		
현NAV/괴리(율)		29,430	-90	-0.31%				0	11	29,370	5MA	
추적지수		289.38 ▼	1.85	-0.64%								
거래량/거래강도	1,465,853		5,533,809	148.87%				5,000	5,005	29,365		
시가총액/주식수	93,791		(억원)/	320,050,000				5,000	5,547	29,360		
시 가		29,305	-0.76%	09:00:26				2,500	8,017	29,355		
고 가		29,340	-0.64%	11:14:47				12,499	30,253	29,350		
저 가		29,150	-1.29%	09:38:54				20,016	44,171	29,345		
상 한 가		38,385 ↑	8,855	29.99%				9,893	22,442	29,340		
하 한 가		20,675 ↓	8,855	-29.99%				0	1	29,335		
주수/대용/과표	320,050,000		23,620	8,276.44						29,330	23,999	0
외국계매매(3일)	-3,133,045		-6,678,731	-4,139,333						29,325	40,508	17,480
기관매매(3일)	184,913		-615,037	-478.721						29,320	38,900	12,499
순자산총액(억)	94,768		추적지수	코스피 200						29,315	25,020	2,500
매도	매도량	증가	%	매수	매수량	증가	%			29,310	138	0
신한금융	327,420	863	22	한국증권	408,514	4,550	28			29,305	105	0
한국증권	326,763	2,446	22	신한금융	351,425	1,169	24			29,300	71	0
삼성증권	255,026	0	17	NH투자증	189,608	136	13			29,295	5,128	5,000
키움증권	176,091	1,496	12	미래에셋	149,795	20	10			29,290	55,343	5,000
KB증권	97,845	41	7	CLSA증	115,000	0	8			29,285	1,018	0
시간		현재가	등락		체결량			54,908	115,695	74,535	190,230	42,479
11:15:28		29,340 ▼	190		18				0	시간외	0	
11:15:27		29,330 ▼	200		363			52주최고		30,140	2019/12/27	-2.65%
11:15:27		29,335 ▼	195		9			52주최저		25,125	2019/08/06	16.78%

'현재가' 창에서 종목명을 치거나 코드번호를 입력하면 '현재가' 창이 나타납니다. 대표적 ETF 종목인 KODEX200 종목으로 ETF 시세 보는 방법을 알아봅시다.

정보 069500 ☐ 🔍 E.e KODEX 200 ｜ 체결 매도 매수 정정 취소 잔고 차트

현 재 가	29,340 ▼	190	-0.64%
전 일 가	29,530 ▲	295	1.01%
현NAV/괴리(율)	29,430	-90	-0.31%
추적지수	289.38 ▼	1.85	-0.64%
거래량/거래강도	1,465,853	5,533,809	148.87%
시가총액/주식수	93,791	(억원)/	320,050,000
시 가	29,305	-0.76%	09:00:26
고 가	29,340	-0.64%	11:14:47
저 가	29,150	-1.29%	09:38:54
상 한 가	38,385 ↑	8,855	29.99%
하 한 가	20,675 ↓	8,855	-29.99%
주수/대용/과표	320,050,000	23,620	8,276.44
외국계매매(3일)	-3,133,045	-6,678,731	-4,139,333
기관매매(3일)	184,913	-615,037	-478,721
순자산총액(억)	94,768	추적지수	코스피 200

매도	매도량	증가	%	매수	매수량	증가	%
신한금융	327,420	863	22	한국증권	408,514	4,550	28
한국증권	326,763	2,446	22	신한금융	351,425	1,169	24
삼성증권	255,026	0	17	NH투자증	189,608	136	13
키움증권	176,091	1,496	12	미래에셋	149,795	20	10
KB증권	97,845	41	7	CLSA증	115,000	0	8

시간	현재가	등락	체결량
11:15:28	29,340 ▼	190	18
11:15:27	29,330 ▼	200	363
11:15:27	29,335 ▼	195	9

LP	매도	호가	매수	LP
0	39	29,380		LP
0	209	29,375		
0	11	29,370	5MA	
5,000	5,005	29,365		
5,000	5,547	29,360		
2,500	8,017	29,355		
12,499	30,253	29,350		
20,016	44,171	29,345		
9,893	22,442	29,340		
0	1	29,335		
		29,330	23,999	0
		29,325	40,508	17,480
		29,320	38,900	12,499
		29,315	25,020	2,500
		29,310	138	0
		29,305	105	0
		29,300	71	0
		29,295	5,128	5,000
		29,290	55,343	5,000
		29,285	1,018	0
54,908	115,695	74,535	190,230	42,479
	0	시간외	0	
	52주최고	30,140	2019/12/27	-2.65%
	52주최저	25,125	2019/08/06	16.78%

❶ 코드번호

KODEX200의 코드번호는 '069500'입니다. 모든 ETF 종목에는 주식과 같이 고유한 코드번호가 있습니다. 코드번호를 모르면 옆에 있는 돋보기 그림(🔍)을 클릭해 종목을 찾을 수 있습니다.

❷ 증거금율

증거금율에는 현금주문을 낼 때 필요한 '위탁증거금율'과 신용주문을 낼 때 필요한 '신용증거금율'이 있습니다. 상장기업의 재무건전성에 따라 A~D로 나누고 증거금을 차등해서 적용하는데, 증권회사마다 구분하는 기준과 증거금율이 다릅니다. 이곳을 클릭하면 주문을 낼 때 최소 필요자금인 증거금율이 나옵니다. 증거금율은 현금일 경우 30%, 대용증권이 있을 경우 15%의 현금이 필요합니다(증권회사에 따라 조금씩 차이가 날 수도 있습니다). 예를 들어 다른 주식을 대용으로 사용할 경우, 1,000만원어치 KODEX200 주식 매수주문을 내려면 150만원만 있으면 됩니다. 매수주문이 체결되면 2일 이내에 나머지 850만원을 입금해야 합니다.

신용으로 매수주문을 낼 때는 50%(또는 40%)의 현금만 있으면 됩니다. 나머지는 증권회사 또는 증권금융에서 자동으로 대출되는 금액으로 충당됩니다. 하지만 신용투자는 위험이 높으므로 원칙적으로 이용하지 않는 것이 좋습니다.

❸ 현재가, 전일가, 현NAV/괴리(율), 추적지수

- 현재가란 실제 가격을 의미합니다. 어느 시점의 실제 가격이냐 하면, 바로 직전에 체결된 가격을 말합니다. 전일가는 어제 마지막으로 체결된 가격입니다.

- NAV는 투자기업 자산의 총시장가치에서 부채를 뺀 금액입니다. 일반적으로 NAV는 투자자가 펀드를 되팔 때 받는 가격으로 측정합니다.

- 괴리란 해당 ETF의 NAV와 그 ETF의 현재가 차이를 말합니다. 괴리율(괴리÷NAV)이 크다는 것은 현재 거래되고 있는 ETF의 현재가와 본연의 가치인 NAV 간에 가격 차이가 크다는 뜻입니다. 괴리율이 낮을수록 해당 ETF가 저평가되어 있다고 보면 됩니다.

- ETF는 속성상 상품을 만들 때 추종하는 추적지수가 있습니다. 예를 들어 KODEX200의 추적지수는 코스피200입니다.

❹ 거래량/거래강도

오늘 거래량과 전일 거래량을 표시하고, 전일 대비 거래량 증감률을 거래강도로 나타냅니다.

❺ 시가총액/주식수

시가총액이란 주식시장의 규모가 어느 정도인가를 나타내는 지표입니다. 따라서 다른 금융자산과의 비교, 주식시장의 국제 비교에도 유용하게 사용할 수 있습니다. 시가총액은 주식수×발행주식수로 계산합니다.

❻ 시가, 고가, 저가

각각 하루 중 처음 시작한 가격, 최고가, 최저가를 표시합니다.

❼ 상한가, 하한가

상한가, 하한가 모두 30%입니다.

❽ 주수/대용/과표

- 주수: 오늘 현재 총발행주식을 표시합니다.

- 대용: 증권의 담보가치를 말합니다. 보통 6일간의 평균시세를 기준으로 하여 시세의 70%로 거래소에서 공시합니다.

• 과표: 이자배당이 있을 경우 연간 과표기준입니다.

⑨ 외국계매매(3일)

3거래일간 외국인 매매를 가리킵니다. 장중에는 외국계 창구를 이용한 거래량을 말합니다.

⑩ 기관매매(3일)

3거래일간 은행, 보험, 투신, 증권사 등 기관의 매매 동향을 나타냅니다.

⑪ 순자산총액(억)

자산총액에서 부채총액을 차감한 금액입니다.

⑫ 거래원별 거래 동향

오늘 현재 증권회사별 거래량을 말합니다.

 알아두세요

예약주문

바쁠 때는 예약주문을 활용하세요. 내가 원하는 가격과 수량을 특정일 또는 특정 기간에 유효하게 주문을 낼 수 있습니다.
주문창에서 '특수주문' 또는 '예약주문' 창을 클릭하면 됩니다.
예약주문이 가능한 시간은 16:00~익일 08:00, 특정일 1회 예약은 09:00~익일 08:00입니다.

잠깐만요

정규 증권거래 시간 외에도 거래할 수 있나요?

정규 증권거래 시간은 9:00~15:30입니다. 증권시장에는 '시간외시장'이라는 것이 있는데, 이는 정규 증권거래 시간 이외의 시간에도 매매할 수 있도록 돕기 위해 만들어졌습니다.

8:30~8:40에는 10분간 전일종가 기준으로, 15:40~16:00에는 당일종가 기준으로 주문을 낼 수 있으며, 상대가 있으면 거래가 이루어집니다. 16:00~18:00에는 10분 단위로 종가 대비 ±10% 범위 내에서 단일가격으로 거래가 이루어집니다.

주문창에 마우스를 올려놓으면 다양한 주문 형태가 나타나며, 시간외거래는 반드시 '시간외거래' 창을 이용해야 합니다.

시간	매매 형태	체결가격
8:30~8:40	장전 시간외거래	전일종가
8:40~9:00	장 시작 동시호가	단일가격
9:00~15:30	정규매매(접속매매)	지정가
15:20~15:30	장 마감 동시호가	단일가격
15:40~16:00*	장후 시간외거래	당일종가
16:00~18:00	시간외거래(10분 단위 단일가)	당일종가 대비 ±10%

* 주문은 15:30부터 가능

⑬ 시간별 거래 동향

시간별 현재가, 등락, 체결량을 나타냅니다.

⑭ 호가

매도, 매수 각각 10개의 호가와 수량을 표시합니다. 주문을 낼 때는 호가와 수량은 참고만 하고 지나치게 구애받지 않는 것이 좋습니다. 간혹 허수주문도 있기 때문입니다.

⑮ 시간외주문

시간외주문 수량을 표시합니다. 주식과 마찬가지로 8:30~8:40 그리고 15:30~18:00에 시간외매매를 할 수 있습니다.

⑯ 52주 최고가와 최저가

52주 동안 최고가와 현재가 대비 등락률, 최저가와 현재가 대비 등락률을 표시합니다.

 알아두세요

허수주문

매수 세력이 강하다는 것을 보여주기 위해 매수주문을 내거나, 매도 세력이 강하다는 것을 보여주기 위해 매도주문을 내고, 체결이 될 것 같으면 정정하거나 취소하는 것을 말합니다. 실제 매매체결이 되는 주문이 아닌 시세에 영향을 미치기 위해 내는 주문이므로, 대량으로 또는 반복적으로 하면 '불건전 시세 조종'으로 처벌을 받습니다.

무작정 따라하기

내 입맛에 맞게 화면 만들기

▼ 예제   HTS 화면을 내 입맛대로 보기 편하게 구성해보겠습니다.

▼ 해설   다음 화면은 저자가 임의로 배치해본 KODEX200의 화면입니다. 현재가, 그래프, 주문창, 투자정보 창들을 띄워놓으면 시세를 보면서 매매하기에 편리합니다. KODEX차이나 ETF의 경우 홍콩증시 그래프를, KODEX일본 TOPIX100 ETF의 경우 니케이지수 그래프를 올려놓으면 편리합니다.

 알아두세요

화면을 자기 입맛대로 구성하는 방법은 《주식투자 무작정 따라하기》에 자세히 설명해두었습니다.

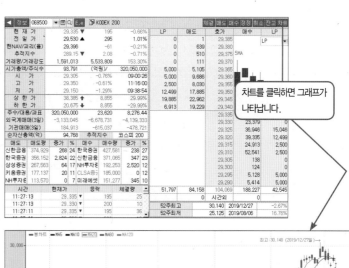

좀 더 많은 정보가 있는 현재가종합 창

'현재가' 창 이외에도 '현재가종합' 창이 있습니다. 본인의 취향에 따라 선택해 사용할 수 있습니다. 현재가종합 창을 활용하면 좀 더 많은 내용을 볼 수 있습니다.

'주식 → ETF종합 → ETF종합화면'을 선택하세요. 종합화면에서는 일자별 거래, 차트, ETF 전 종목 주가, 종합주가지수 등을 함께 볼 수 있습니다.

무작정
따라하기

투자를 위해 니케이증시 보는 법

▼ 예제

다음은 KODEX일본TOPIX100(101280)의 매매를 가정하고 꾸며본 화면입니다. KODEX일본TOPIX100의 종합화면, 원/엔 환율 화면을 동시에 배치하면 주가 동향을 예측할 때 도움이 됩니다.

▼ 해설

화면을 보면 엔화 환율이 상승(엔화가치 하락)할 때 주가가 하락하고, 엔화 환율이 하락(엔화가치 상승)할 때 주가가 상승한 것을 확인할 수 있습니다. 해외투자 시에는 주가지수뿐 아니라 환율까지 신경 써야 합니다.

🖊 **알아두세요**

KODEX일본TOPIX100 ETF에 대한 자세한 설명은 217쪽을 참고하세요.

환율 창 보는 방법
증권회사별로 HTS 화면이 다른데, 신한금융투자의 HTS에서는 '해외주식 → 환전 → 환율동향' 메뉴를 선택하면 됩니다.
일본 증권시장은 거래 시간이 한국 증시와 동일합니다. 따라서 일본 증시와 환율을 동시에 보면서 매매할 수 있습니다.
중국 상하이증시는 우리 시간으로 10:40에 시작하고, 홍콩증시는 11:00에 시작하므로 실시간으로 거래가 겹치는 시간이 짧습니다.

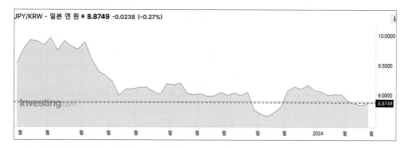

* 자료: KODEX일본TOPIX100 종합화면(2024년 2월 29일)

* 자료: 엔/원 환율 동향(2023년 2월~2024년 2월)

ETF 종목 검색하는 방법

 알아두세요 ———

발행회사별 ETF 종목 명칭

예 KODEX자동차(091180)

· KODEX = 삼성자산운용 브랜드 명칭

· 자동차 = 자동차 지수를 추적한다는 뜻

· 091180 = 코드번호

ETF 종목을 찾는 방법은 다음과 같습니다. 코드번호를 알면 종목 창에 코드번호를 입력하면 됩니다.

① 코드번호를 모를 경우

'주식 → ETF종합 → ETF종목검색'을 클릭합니다. 찾고 싶은 종목이 '자동차'라면 상단 작은 검색창에 '자동차'라고 입력하고 검색합니다. 스마트 검색창이 뜨면서 결과가 나오면 여기서 원하는 종목을 선택하세요.

② 추적지수를 코스피200으로 하는 종목을 찾고 싶은 경우

'주식 → ETF종합 → ETF종목검색'을 클릭해 종목검색창을 연 뒤, 추적지수 항목에서 코스피200에 체크하고 '조회' 버튼을 누릅니다. 오른쪽에 해당 종목명들이 나타납니다.

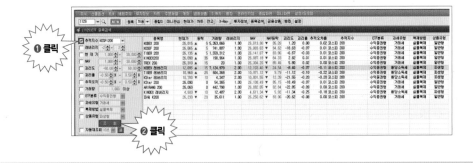

ETF 투자
무작정 따라하기

010

ETF 매매 방법과 결제제도

ETF를 매매하는 방법은 주식시장에서 일반 주식을 매매하는 방법과 동일합니다. 즉 일반 주식과 동일한 방식으로 매매하고 결제하면 됩니다. 현재가를 보고 주가가 올라갈 것으로 전망되면 매수주문을 내고, 주가가 하락할 것으로 전망되면 매도주문을 냅니다. 이번 장에서는 ETF 매매 방법과 결제제도에 대해 살펴봅시다.

매매 시간

앞서 언급했듯 정규매매 시간은 9:00~15:30입니다. 시간외매매로 장전 시간외거래(8:30~8:40), 장후 시간외거래(15:40~16:00), 시간외거래(16:00~18:00)가 있는 것도 주식과 동일합니다. 주문창에 마우스를 올려놓으면 시간에 따라 다양한 주문 형태가 나타납니다. 시간별 매매 형태와 체결가격은 79쪽 〈잠깐만요〉의 표를 참고하세요.

호가단위

ETF는 5원 단위로 호가주문을 낼 수 있습니다. 참고로, 주식은 주가 수준별로 호가단위가 다릅니다. 5,000원 미만은 5원, 5,000원~1만원 미만은 10원, 1~5만원 미만은 50원, 5~10만원 미만은 100원, 10~50만원 미만은 500원, 50만원 이상은 1,000원입니다. 호가단위가 맞지 않으면 주문이 들어가지 않습니다.

매매수량 단위

코스피시장 및 코스닥시장과 마찬가지로 1주 단위로 ETF를 매매할 수 있습니다.

하루 가격 제한폭

상하 30%입니다. 전날 가격에서 30% 오르면 상한가, 30% 내리면 하한가라고 합니다. 그러나 ETF는 개별 종목과 달리 지수를 추종하는 것이 대부분이라 상하한가로 등락하는 경우는 매우 드뭅니다.

주문의 종류

지정가주문, 시장가주문, 조건부 지정가주문, 최유리 지정가주문, 최우선 지정가주문 등 다양한 주문 방법이 있는 것도 주식과 동일합니다. 자세한 내용은 88쪽 〈잠깐만요〉를 참고하세요.

가격의 결정

8:30~9:00, 15:20~15:30에는 동시호가 방식으로 단일가로 결정되고, 그 외 시간에는 접속매매로 가격이 결정되는 것도 주식과 동일합니다.

신용과 대주, 공매도

ETF도 주식과 마찬가지로 신용과 대주를 할 수 있습니다. 신용은 보유하고 있는 현금 이외에 추가로 금융기관으로부터 융자를 받아 ETF를 매수하는 것을 말합니다. 이 경우 증권회사로부터 융자받는 것을 '자기융자'라 하고, 증권금융으로부터 융자받는 것을 '유통융자'라 합니다. 어느 경우나 투자자 입장에서는 마찬가지입니다. 예를 들어 주가가 상승할 것이라는 확신이 드는데 보유 현금이 500만원밖에 없다면 500만원 융자를 받아 1,000만원에 해당하는 ETF를 매수할 수 있습니다. 융자금

알아두세요

가격 제한폭 15%에서 30%로 확대

가격 제한폭이란 투자자를 보호하기 위해 종가 기준으로 일정 비율 이상 오르내릴 수 없게 하는 제도를 말합니다. 이 제도가 2015년 6월 15일부터 상하 15%에서 30%로 확대되었습니다.
미국, 유럽 등 선진국은 가격 제한폭이 없으며 자본시장의 발달 정도가 낮을수록 가격 제한폭이 좁습니다.

알아두세요

공매도

주가 하락이 예상될 경우 주식을 보유하지 않은 투자자가 주식을 장기보유하고 있는 기관으로부터 빌려서 매도한 뒤 주가가 떨어지면 환매수해 차익을 실현하고 빌린 주식을 상환하는 투자 방법입니다. 흔히 대차거래라고 하는데, 외국인과 기관이 주로 활용하고 있으며 개인 비중은 매우 낮습니다. 정부는 외국 기관투자자 중에 불법공매도(무차입공매도)가 다수 발각된 것을 계기로 2023년 11월 6일부터 2024년 6월 30일까지 유동성공급자를 제외하고 공매도 전면 금지 조치를 취했습니다. 공매도 주문의 전산화 등 불법 공매도가 없어지면 공매도가 재개될 것입니다.

액 500만원에 대해서는 매월 말에 이자를 지급해야 합니다.(이자는 현금이 있는 경우 자동으로 빠져나갑니다.) 상환 기간은 보통 3개월인데, 해당 기간 안에 매도하든지 아니면 현금으로 상환하면 됩니다.

대주는 주가 하락이 예상되지만 보유하고 있는 ETF가 없을 때 ETF 주식을 빌려서 매도하는 것입니다. 신용과 반대되는 방식이며 '대주주문' 창을 통해 매매합니다. 3개월 이내에 반드시 ETF 주식을 매수해 상환해야 하기 때문에, 예상과 달리 주가가 상승하면 손해를 보게 되므로 초보자는 신용과 대주거래를 해서는 안 됩니다.

신용은 모든 증권회사에서 신용계좌가 있는 경우 원칙적으로 허용하고 있습니다. 그러나 대주는 증권회사마다 취급 여부를 확인해야 합니다. 현재 대주거래가 가능한 곳은 신한금융투자, 미래에셋증권, 유안타증권, 키움증권 등 일부 증권회사로 한정되어 있습니다. 참고로 레버리지, 인버스 ETF는 신용 및 대주거래가 불가합니다.

 알아두세요

레버리지 ETF와 ETN 거래에 필요한 교육 및 기본예탁금

레버리지를 거래하려면 사전교육을 받아야 합니다(2020년 9월 7일부터 시행).
- **교육사이트**: 금융투자교육원 (www.kifin.or.kr)
- **기본예탁금**: 최초 레버리지 거래등록계좌 1,000만원(채무불이행자 3,000만원)

잠깐만요

동시호가제도란?

호가란 주식을 사고팔기 위해 가격과 수량을 제시하는 것입니다. 매도를 원하는 사람이 부르는 가격이 매도호가이고, 매수를 원하는 사람이 부르는 가격이 매수호가입니다. 동시호가제도는 주문을 모두 모아 같은 시간에 주문이 접수된 것으로 간주해 시간우선 원칙은 무시하고 가격우선 원칙과 수량우선 원칙만으로 단일한 가격에 거래를 체결시키는 제도입니다. 보통 주식시장에는 장이 시작하거나 끝날 때 주문이 몰립니다. 이 시간에는 어떤 주문이 먼저 들어왔는지 가리기 힘들기 때문에 장 개시 전(8:30~9:00)과 마감 전(15:20~15:30) 두 차례에 걸쳐 동시호가제도를 실시합니다. 또한 거래가 중단되었다가 다시 시작할 때도 실시합니다.

결제일

거래가 성립된 날로부터 영업일 기준으로 2일째 되는 날 ETF를 매도한 사람의 계좌에는 현금이 들어오고, 매수한 투자자의 계좌에는 주식이 입고됩니다.

다양한 주식 매매주문 방법

지정가주문

투자자가 수량과 가격을 지정해서 내는 주문으로, 일반적으로 이용하는 주문 방법입니다. 주문이 시세와 맞지 않으면 정정주문을 내거나 취소주문을 내기도 합니다.

시장가주문

투자자가 수량만 지정하고 가격은 현재 시장에 형성되어 있는 시세로 내는 주문을 말합니다. 시장가로 매수주문을 내면 매도주문이 있을 경우 매도주문 가격으로 우선 매수되고, 시장가로 매도주문을 내면 매수주문이 있을 경우 매수주문 가격으로 우선 매도됩니다. 급하게 매매해야 하는 경우에 주로 이용합니다. 그러나 확실하게 매매되는 대신 불리한 가격에 매매가 체결되는 경우가 많으므로 특별한 경우에만 이용하는 것이 좋습니다.

조건부 지정가주문

투자자가 장중에 지정가주문을 냈으나 지정된 가격으로 체결되지 않았을 경우 장 마감 동시호가에 시장가주문으로 전환되는 주문입니다.

최유리 지정가주문

투자자가 수량만 지정하고 가격은 매수주문의 경우에는 최우선 매도호가의 가격으로, 매도주문의 경우에는 최우선 매수호가의 가격으로 지정되는 주문입니다.

최우선 지정가주문

매수주문의 경우 최우선 매수호가로, 매도주문의 경우 최우선 매도호가로 지정되는 주문입니다.

초보 ETF 투자자는 지정가주문을 원칙으로 하되, 예외적으로 시장가주문과 조건부 지정가주문을 활용하는 것이 좋습니다.

ETF 매매의 장점 총정리

- 실시간으로 매수, 매도가 가능합니다.

- 투자 기간 동안 분배금이 있을 경우 투자수익이 증가합니다.

- 일반 주식 거래에 있는 증권거래세 0.3%가 면제됩니다.

- 매매차익에 대해서는 세금이 부과되지 않습니다(주식형 ETF의 경우).

유동성공급자제도란?

주식시장에서는 ETF 거래를 활성화하기 위해 유동성공급자제도(LP: Liquidity Provider)를 두고 있습니다. 이는 매수호가와 매도호가의 호가 간격, 즉 스프레드 비율이 1%를 초과할 경우 5분 이내에 양방향 호가를 100주 이상 의무적으로 제출하도록 하는 제도입니다.

스프레드 비율(%) = (최우선 매도호가 − 최우선 매수호가) ÷ 최우선 매수호가 × 100

예를 들어 1만원에 매도주문과 9,800원에 매수주문이 나와 있을 경우 스프레드 비율(%)은 (10,000 − 9,800) ÷ 9,800 = 2.04%입니다.

스프레드 비율이 1% 이상이므로 매도호가보다 낮은 호가를 내든, 매수호가보다 높은 호가를 내 98원(9,800원의 1%) 이내의 갭이 생기도록 주문을 내야 합니다. 유동성 공급자가 의무적으로 호가를 제출해야 하는 시간은 9:10~14:50까지입니다.

거래가 활발한 ETF 종목은 주가가 순자산가액과 유사하게 움직이기 때문에 투자자가 매매주문을 실행할 때 불이익을 볼 확률이 적습니다. 그러나 거래가 활발하지 못한 종목의 경우, 주가와 순자산가액 사이에 간격이 벌어져 있을 때 주문하면 불리한 가격으로 매매가 체결될 수 있습니다. 유동성공급자제도는 이러한 폐단을 없애고 원활한 매매가 이루어질 수 있도록 돕는 역할을 합니다.

ETF 사고팔기

ETF를 매매할 때 주문을 내는 방법은 일반 주식 거래와 동일합니다. 여
기서는 HTS로 ETF 주문 내는 방법을 알아봅시다.

① 매수주문

주문창에는 일반주문창과 특수주문창이 있습니다. 특수주문에는 여러
계좌에 동시에 주문을 내는 계좌일괄주문, 수량분할주문, 예약주문 등
이 있습니다. '현재가' 창에서 '매수'를 클릭하면 미니 주문창이 뜹니다.

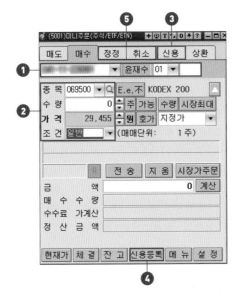

❶ 거래에 사용할 계좌를 선택하고 비밀번호를 입력합니다.

❷ 매수할 종목과 수량, 가격, 거래 조건을 지정합니다.

❸ 신용거래는 '융자'를 클릭한 뒤 필요한 개인정보를 입력합니다.

❹ HTS로 신용계좌를 등록할 때는 '신용등록'을 클릭해 필요한 개인정보를 입력하면 됩니다.

❺ 주문을 정정하려면 '정정' 또는 '취소'를 클릭하고 수량 또는 가격을 입력하면 됩니다.

② 매도주문

매도주문은 매수주문과 방법이 같습니다. 현재가 창에서 '매도'를 클릭
하거나 매수주문 창에서 '매도'를 클릭하면 됩니다.

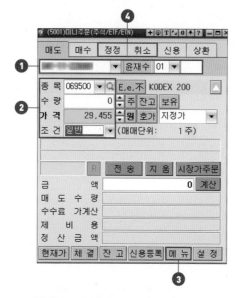

❶ 계좌번호와 비밀번호를 입력합니다.

❷ 매도할 종목과 수량, 가격, 거래 조건을 지정합니다.

❸ 대주거래는 '메뉴' 창을 열고 '대주거래'를 클릭합니다.

❹ 주문을 정정 또는 취소하려면 '정정' 또는 '취소'를 클릭하고 수량이나 가격을 입력하면 됩니다.

③ 체결 확인

'체결'을 클릭하면 다음과 같은 체결창이 떠 체결된 것을 확인할 수 있습
니다. 체결창은 주문창에 있습니다.

④ 잔고 확인

'현재가' 창 또는 주문창을 열면 '잔고' 메뉴가 있습니다. 클릭하면 종목별 잔고와 평가금액 그리고 손익 등이 있는 잔고 현황이 나타납니다.

잠깐만요

주문 낼 때 주의 사항

분할매수/분할매도를 하자

ETF를 사고팔 때는 주식매매와 마찬가지로 여러 번 나누어서 하는 것이 좋습니다. 물론 하락 추세로 전환될 때는 신속하게 전량을 팔아야 하는 경우도 있습니다. 그러나 매수할 때는 원칙적으로 분할매수를 해야 합니다. 분할하는 방법은 며칠에 걸쳐 분할하는 방법과 하루 중에 시간대로 분할하는 방법이 있습니다. 하루 중에 분할할 경우에는 장중에 매수하되, 매수량의 반은 종가에 매수해야 실수를 줄일 수 있습니다. 주식을 매도할 시간은 많지 않지만 매수할 시간은 얼마든지 있다는 것을 유념하기 바랍니다.

주문 낼 때 한 번 더 확인하자

HTS로 거래할 때는 착오가 없도록 유의해야 합니다. 특히 매수주문 창(빨간색)과 매도주문 창(파란색)을 잘못 클릭해 매도와 매수가 바뀌는 경우가 흔하니 주의하기 바랍니다. 또 마음이 급한 나머지 1,000주를 10,000주로, 10,000주를 1,000주로 잘못 입력하는 경우도 종종 있습니다. 조금 늦더라도 입력한 뒤 한 번 더 확인하는 것을 습관화해야 합니다. 초보투자자 중에 주문 실수를 하지 않는 사람은 매우 드물다는 사실을 기억하세요.

100만원 투자했을 때 투자손익과 거래수수료

▼ 예 제 100만원을 투자해 HTS로 KODEX200 ETF를 주당 20,000원에 50주 매수했습니다. 그런데 지수가 올라 ETF 주가를 보니 26,000원이어서 전량 매도했습니다. 이 경우 투자손익과 거래수수료는 얼마나 될까요?

▼ 해 설 먼저 투자손익을 알아봅시다.

① 매수금액: 1,000,000원(주가 20,000원 × 50주 = 1,000,000원)

② 매도금액: 1,300,000원(주가 26,000원 × 50주 = 1,300,000원)

③ 투자손익: 300,000원(② − ①)

즉 수수료를 공제하기 전 기준으로 30만원의 수익이 발생했습니다.

매매수수료를 계산해봅시다.

구분	거래금액	수수료	수수료율
매수	−1,000,000원	−2,500원	0.25%
매도	+1,300,000원	−3,250원	0.25%
계	+300,000원	−5,750원	

* 수수료는 대형 증권사 기준이며, 싼 곳은 0.015%도 있습니다.

매매수수료 공제 후 순이익은 다음과 같습니다.

> 투자수익 300,000원 − HTS 이용 매매수수료 5,750원
> = 순이익 294,250원(투자수익률 29.4%)

ETF 거래수수료와 세금은 얼마나 낼까요?

ETF 거래 시 증권회사에 내는 거래수수료는 주식과 동일합니다. 그러나 ETF를 매도할 때 붙는 0.25%의 거래세는 없습니다.

투자수익에 대한 세금은 국내주식형인지 기타 상품인지에 따라 다릅니다.

국내주식형 ETF의 경우

매매차익에는 세금이 없습니다. 다만 배당을 받을 경우 배당소득세(배당금의 15.4%)가 있습니다. 배당소득이 타 금융소득과 합산하여 2,000만원을 초과할 경우 금융종합과세 대상이 됩니다.

국내주식형을 제외하고 국내증시에 상장된 모든 ETF의 경우
(파생상품형, 채권형, 해외주식형, 원자재상품형 등)

• 매매차익, 배당 등의 수익이 있을 경우 소득세(15.4%) 부과 대상입니다. 그리고 타 금융소득과 합산하여 2,000만원을 초과할 경우 금융종합과세 대상이 됩니다.

• **과표금액 및 세액 산출 방법**: '매매차익(매도금액 – 매수금액)'과 '과세기준가매도시점 – 매수시점' 중 적은 금액에 배당소득세 15.4%를 부과합니다.

• **보유 기간 과세 방법**: 결산기를 두고 있는 펀드의 경우, 결산기에 분배금이 발생하면 소득세(15.4%)를 부과합니다. 결산기가 따로 없거나 결산기에 분배금이 발생하지 않았을 경우, 예를 들어 5년 보유 후 매도할 경우 위의 과표세액에 대하여 소득세가 부과되고, 타 금융소득과 합산하여 2,000만원이 넘을 경우 금융종합과세 대상이 됩니다.

배당에 관한 정보는 개별 ETF 종목 공시란을 보거나 ETF를 발행한 자산운용사 홈페이지에 들어가면 확인할 수 있습니다.

ETF 투자
무작정 따라하기

011

적립식투자, 펀드보다 ETF가 낫다!

ETF 역시 적립식으로 투자할 수 있습니다. 이번 장에서는 적립식투자의 장점을 알아봅시다.

매월 일정한 날, 정해둔 금액으로 투자하기

정기정립식 ETF 투자 방법이란, 기간을 정해두고 매월 정기적으로 일정한 금액에 ETF를 매수하는 것입니다. 예를 들어 매월 급여일에 10만 원씩 코스피200 ETF를 매수하는 것이지요.

은행예금은 원금에 일정액의 이자가 붙을 뿐이지만, 주식인 ETF는 가격이 수시로 변동되는 상품이기 때문에 적립식으로 투자하면 달러평균법 효과로 매수가격이 평준화되는 장점이 있습니다.

 알아두세요

**달러평균법
(Dollar Cost Averaging)**
매입단가평준화. 소액투자자들에게 적합한 투자 방법으로, 특정 주식에 일정 금액을 정기적으로 장기간 투자하는 방법입니다. 달러평균법으로 주식을 사면 매입 시기가 분산되어 대규모 매입 시 생길 수 있는 위험을 방지할 수 있고, 주가가 상승할 때는 평균매입단가가 낮아지는 장점이 있습니다.

꼭지에서 사고 바닥에서 팔기 쉬운 개인투자자

누구나 주가가 낮을 때 매수하고 높을 때 매도하고 싶지만, 그렇게 쉽게 되지 않는 것이 현실입니다. 주가가 올라갈 때는 계속 올라갈 것 같아 추격매수하고 싶고, 주가가 하락할 때는 계속 하락할 것 같아 주식을 팔고 싶어지는 것이 인간의 심리입니다.

그 결과 많은 사람이 주가가 고점일 때 주식을 사는 실수를 되풀이하곤 합니다. 이는 주가가 꼭지일 때 거래량도 최고를 기록하는 것을 보면 알 수 있습니다. 그러나 달러평균법으로 ETF를 사면 주가가 떨어지더라도 심리적인 흔들림 없이 주식을 살 수 있고, 동시에 최고점에 주식을 많이 사는 실수를 예방할 수 있습니다.

마음 편하게 투자하고 싶다면 적립식이 최고!

특히 다음 사항에 해당하는 투자자라면 정기적립식 ETF 투자가 적합합니다.

- **목돈 마련이 필요한 급여생활자:** 투자를 위한 종잣돈을 만들려면 소액, 정기적립식으로 ETF를 매수하는 것이 좋다.
- **증권에 대해 잘 알지 못하거나 시간 여유가 없는 경우:** 시장 대세만 확인하면 ETF 종목을 고르기 위해 특별히 연구할 필요가 없다.
- **마음 편하게 투자하고 싶은 경우:** 매월 동일 금액으로 투자하도록 정해두면 그날그날의 가격 변동에 일희일비할 이유가 없고, 주가변동을 신경 쓸 필요도 없다.

달러평균법의 혜택을 받으려면 매월 일정한 날 정해둔 금액으로 투자해야 효과가 있습니다. 다음 표는 주가가 8,000원에서 12,500원 사이에서 등락할 때 매월 10만원씩 투자해 ETF를 매수한 투자자와 매월 10주씩 ETF를 매수한 투자자의 투자 결과를 나타낸 것입니다. 매월 일정한 금액으로 투자했을 때 평균매입단가가 낮은 것을 확인할 수 있습니다.

	1월	2월	3월	4월	투자금액	보유주식	평균매입단가
주가	10,000원	12,500원	8,000원	10,000원			
매월 10만원 투자	10주	8주	12.5주	10주	40만원	40.5주	9,876.5원
매월 10주 매수	10만원	12.5만원	8만원	10만원	40.5만원	40주	10,125원

적립식으로 장기투자하면 수익이 날 수밖에 없는 이유

ETF에 적립식으로 투자하더라도 증권시장 대세가 상승 추세여야 높은 투자수익을 기대할 수 있습니다. 증권시장 대세가 하락 추세일 때는 ETF도 별 수 없이 손해를 볼 수 있습니다. 그러나 ETF가 출시된 후 지금까지는 ETF에 장기투자할 경우 다른 상품에 비해 상대적으로 수익이 높았습니다. 그 이유는 다음과 같습니다.

첫째, 증권시장이 장기적으로 상승 추세였다

다음은 약 30년간의 코스피지수 그래프입니다. 굴곡이 심한 등락을 보이지만, 장기적으로 우상향 추세를 보이고 있습니다. 어느 국가든 그 나라를 대표하는 종합주가지수는 우상향이 대부분입니다.

장기 상승 추세를 보이는 코스피지수 그래프

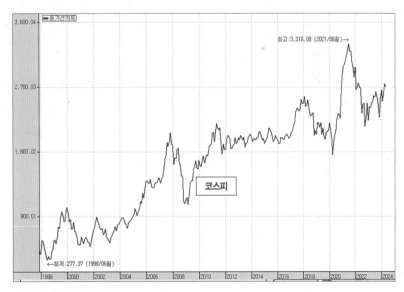

* 1998년~2024년 4월 4일 기준

시장대표지수가 장기적으로 상승할 수밖에 없는 이유는 증시에서 부실기업은 끊임없이 퇴출시키고 우량기업은 상장시키기 때문입니다. 이런 특징은 우리나라 대표 우량주로 구성되는 코스피200에서 더욱 두드러지게 나타납니다. 개별 종목에서는 사망, 중상이 발생해도 종합지수만은 결코 죽지 않습니다.

IMF 때도 약 30%에 해당하는 기업이 시장에서 퇴출되어 사라졌지만, 코스피만큼은 다시 일어나 상승 추세를 이어갔습니다. 거래소에 상장되어 한때는 높은 주가를 형성했던 1970년대 건설회사들, 1980년대 투자금융과 종합금융회사들 그리고 1990년대 말 닷컴과 바이오라는 이름의 수많은 벤처기업이 부도나 부실로 퇴출 또는 인수·합병되어 증시에서 사라졌습니다.

1953년 한국거래소가 개설된 이후 지금까지의 통계를 보면, 증권시장에 상장되었다가 이름이 없어진 기업의 수는 현재 상장되어 있는 기업의 수보다 더 많습니다. 퇴출된 기업에 투자한 투자자들은 투자 손실로 많은 고통을 겪어야만 했습니다. 퇴출 기업 하나하나가 개인투자자들의 무덤 그 자체였다고 할 수 있습니다.

많은 투자자가 대박을 꿈꾸며 개별 종목에 투자하지만, 20년 이상 장기 투자한 결과 투자자에게 부를 안겨준 종목은 전체 상장기업 중 5% 이내입니다. 이 5% 종목을 골라낼 수 있는 투자자는 소수에 불과하고요. 증권시장이 장기적으로 상승 추세를 보인다는 말은 어디까지나 지수에 해당하는 것이지, 개별 종목에 해당하는 말은 아닙니다. 종목보다 지수인 ETF에 투자하는 것이 안전하다고 하는 이유가 바로 여기에 있습니다.

둘째, ETF는 펀드지만 주식처럼 배당을 준다

상장된 코스피200 ETF는 연평균 배당수익률이 1.5~2%에 달합니다. 투자자에게 배당은 주가 상승 이외에 얻는 덤이라고 할 수 있습니다.

이상적인 방법은 적립식+임의식 투자

꾸준히 적립식으로 투자하다 기회가 왔을 때 추가 자금을 과감하게 임의식으로 투자하는 것이 이상적입니다. 주가가 오를 때는 끝없이 상승할 것 같고, 떨어질 때는 한없이 추락할 것 같은 것이 증권시장의 속성이지요. 그래서 투자자들이 극단적으로 한쪽 방향으로 쏠리는 현상이 나타납니다.

장기적으로 적립식투자를 하다 보면 '이때가 바로 주식을 살 때'라는 육감이 올 때가 있습니다. 그때는 보통 일반투자자들이 주가 하락으로 고통스러워하거나 모든 전문가가 증시 전망을 어둡게 볼 때입니다.

1953년 5월 증권거래소가 문을 연 이후 약 60년의 코스피 역사를 돌이켜보면, 증권시장에 위기가 닥쳐 주가가 폭락한 다음에는 예외 없이 큰 폭의 주가 상승이 있었습니다. 1997~1998년 IMF 금융위기(코스피 73.7% 하락), 2008년 미국발 금융위기(코스피 57% 하락) 그리고 2020년 상반기 코로나 팬데믹(코스피 36.4% 하락) 때에도 코스피는 다시 일어나 상승했습니

 알아두세요 ─────

코스피의 역사에 대해 좀 더 자세히 공부하고 싶다면 《돈이 보이는 주식의 역사》를 읽어보세요.

잠깐만요

ETF도 펀드나 랩으로 간접투자할 수 있어요!

정액적립식 투자를 할 때 적금처럼 자동으로 ETF가 매수되는 것은 아닙니다. 본인이 날짜를 정하고 그 날짜에 매수주문을 내 매수해야 합니다. HTS를 이용해 정해진 날 종가에 단일가로 주문을 내면 별 어려움 없이 쉽게 매수할 수 있습니다.

직접투자가 불편하거나 부담스럽다면 증권사에서 출시한 '적립식 ETF펀드' 또는 'ETF 랩'에 투자하거나 은행 금전신탁을 이용하면 됩니다. 물론 본인이 매수하는 것과 달리 별도로도 운용보수를 1% 수준으로 부담해야 합니다. 그래도 '주식형 랩'의 수수료가 2~3%인 것에 비하면 싼 편입니다.

은행의 ETF 신탁상품은 대체로 코스피200을 추종하며 거치식 또는 적립식으로 투자하는 구조입니다. 신탁이다 보니 만기도 5~10년 정도로 길어 부득이하게 장기투자를 할 수밖에 없는 구조입니다.

ETF펀드에는 미래에셋증권이 출시한 'ETF 자산배분 TDF'가 있습니다. 이는 ETF와 채권의 혼합펀드로 ETF 비중이 높은 2045형과 ETF보다 채권 비중이 높은 2025형으로 나뉩니다. ETF 랩의 예로는 키움증권이 출시한 '하이브리드 ETF 랩'이 있습니다.

다. 시간이 흐른 뒤에 보면 '그때가 기회였구나!'라는 생각이 드는 것이지요.

모든 사람이 두려워할 때가 주식을 싸게 살 수 있는 때입니다. 그런 시기는 자주 오지 않습니다. 하지만 길게는 10년에 1번, 짧게는 1년에 2~3번 반드시 기회가 오기 마련입니다. 특히 경제적 충격을 주지 않는 대형 사건과 대형 사고로 주가가 단기에 급락한 경우를 보면, 주가가 사건 발생 이전 수준으로 회복하는 데 대체로 1개월도 걸리지 않았습니다.

다음 표에서 예로 든 것은 경제적 사건이라기보다는 예기치 못한 단순 사고의 성격이 짙습니다. 그러나 IMF 금융위기(1997~1998년), IT 버블(2000~2001년), 신용카드 대란(2002~2003년), 미국발 금융위기(2007~2009년) 등과 같이 실물경제에 영향을 미친 대형 사건들은 주가하락폭도 깊고 회복 기간도 길었습니다.

하지만 단순한 사건이든 경제위기든, 증권시장에서 절호의 기회는 언제나 위기 뒤에 따라왔습니다. ETF 투자를 하면서 대형 사고만 기다릴 수는 없습니다. 대세가 상승 추세든 하락 추세든, 주가는 일정한 사이클을 가지고 움직이므로 이 사이클을 적절히 이용해야 합니다.

대형 사건과 주가

사건(사건 발생일)	하락률	회복 기간
10·26 사태(1979.10.26)	-9.5%	12일
5·18 광주항쟁(1980.5.17)	-4.8%	14일
장영자 사건(1982.5.8)	-9.0%	10일
페르시아만 사태(1990.8.2)	-17.5%	30일
금융실명제 실시(1993.8.12)	-9.3%	7일
9·11 테러(2001.9.11)	-14.2%	30일
제2연평해전(2002.6.29)	-34.1%	114일
연평도 포격(2010.11.23)	-2.5%	8일

잠깐만요

ETF 상품의 내용을 제대로 알려면?

해당 상품을 출시한 자산운용회사 홈페이지에 들어가면 ETF의 개요, 추적지수, 총비용, 기준가, PDF, 환율, 투자 방법 등이 자세히 나와 있으니 잘 살펴보기 바랍니다. 특히 '상품설명서'와 '약관'을 자세히 읽어보기 바랍니다.

사실 설명서와 약관은 분량이 너무 많아 모두 읽어보기가 힘듭니다. 그래도 최소한 다음에 나오는 내용만이라도 반드시 확인하고 투자를 결정해야 합니다.

- 추적지수가 무엇인지 확인하는 일이 첫째입니다. 자신이 목표로 하는 추적지수가 맞는지 확인합니다.
- PDF를 확인하고, 바스켓에 어떤 종목이 어떤 비율로 들어 있는지 확인합니다.
- 기준가격이 지수를 잘 추적하고 있는지 확인합니다.
- 과거 수익률을 확인합니다. 과거 수익률은 어디까지나 과거 실적에 불과합니다. 따라서 지난 기간의 등락요인을 알아보아야 합니다.
- 펀드비용을 확인합니다. ETF는 총비용이 연간 0.15~0.50% 수준입니다.
- 투자위험등급을 확인합니다. 투자등급은 보통 1~5등급으로 구분되며, 1등급은 위험도가 가장 높음을, 5등급은 위험도가 가장 낮음을 표시합니다. ETF는 기본적으로 주식투자 상품이라 고위험·고수익을 추구하기 때문에 대부분 위험도가 높은 1등급 또는 2등급에 해당합니다.

ETF 투자수익률 계산해보기

▼ 예제

100만원의 여유자금이 생긴 K씨는 ETF를 사기로 했습니다. ETF는 적은 금액으로도 투자할 수 있고, 수익률도 은행예금보다 유리할 것이라 판단했기 때문입니다. 마침 2,600포인트까지 올랐던 코스피가 미중 무역전쟁으로 2,082포인트로 떨어졌고, 코스피200을 추적하는 ETF KODEX200의 시세도 27,705원으로 떨어져 있었습니다.

'1년간 끌어온 미중 무역협상이 조만간 타결될 것이라는 보도가 연일 나오는 걸 보니, 지금이야말로 투자의 적기가 아닐까?'

K씨는 2019년 10월 16일 기준 2,082포인트인 코스피가 1년 후 2020년 10월에는 2,482포인트(52주 고점)까지 상승할 것이라고 예측했습니다.

만약 K씨의 예측이 적중한다면 1년 뒤 KODEX200의 주가와 투자수익률은 얼마나 될까요?

▼ 해설

코스피가 2,082포인트에서 2,482포인트로 상승했을 때 상승률은 19.2%[(2,482 − 2,082) ÷ 2,082 × 100]입니다. 2019년 10월 16일 276.32인 코스피200도 코스피와 등락을 같이한다고 생각하면 329.37이 될 것입니다. 즉 코스피가 19.2% 올랐으니 코스피200도 19.2% 오르고, 코스피200을 추적하는 KODEX200은 33,024원(27,705 × 1.192)이 될 것입니다. 투자수익률을 정확히 계산해볼까요? (코스피가 7.7포인트 등락할 때마다 코스피200은 대략 1포인트 등락합니다.)

매수금액: 997,380원

100만원으로 KODEX200 ETF를 몇 주 살 수 있는지 계산해봅시다.

- 1,000,000원 ÷ KODEX200 주가 27,705원 = 36.09주

소수점 아래 주식은 없으므로 36주를 매수할 수 있습니다. 따라서 투자 금액은 997,380원(27,705원 × 36주)입니다.

매도금액: 1,188,864원

- KODEX200 주가 33,024원 × 36주 = 1,188,864원

투자수익: 191,484원(투자수익률 19.2%)

- 1,188,864원(매도금액) − 997,380원(매수금액) = 191,484원

투자수익률은 19.2%(191,484원 ÷ 997,380원 × 100)입니다.

거래수수료: 5,465원

대형 증권사 HTS 수수료 기준, 매수·매도 시 각각 0.25%를 적용하며, 거래세는 없습니다.

- 매수 시 거래수수료: 2,493원(997,380 × 0.25%)
- 매도 시 거래수수료: 2,972원(1,188,864 × 0.25%)

예상 지급배당금: 18,000원

주당 예상배당금 500원(과거 KODEX200의 세후 연평균 배당금액 기준) × 36주

순수익: 202,819원

- 191,484원(투자수익) − 5,465원(거래수수료) + 16,800원(지급배당금) = 202,819원

100만원 투자 시 1년 후 예상 투자수익률: 20.4%

개인퇴직연금계좌를 이용한 ETF 적립투자

100세 시대를 맞아 은퇴자금 또는 노후 목돈 마련을 위해 꼭 필요한 개인퇴직연금계좌(IRP)와 ETF를 활용하는 방법을 알아봅시다.

100세를 대비하는 은퇴 준비 필수품, IRP

직장인과 자영업자는 현업 중에 은퇴 후 노후 준비를 해야 하는 줄은 알지만 '저축할 여유자금이 없어서' 또는 '금리도 낮은데 장기간 저축하기가 부담스러워서' 등의 이유로 저축을 하지 못하는 것이 현실입니다. 근로자가 자발적으로 금융기관에 저축하는 비율은 50% 미만에 불과하고, 저축금액도 많지 않습니다.

본인 의사와 관계없이 자동으로 가입해야 하는 적립금에는 퇴직금과 국민연금, 2가지가 있습니다. 퇴직금은 1년마다 1개월의 급여가 적립되고, 국민연금은 월 급여의 9%(본인부담 4.5%, 회사부담 4.5%)가 적립됩니다. 퇴직금은 중간 정산을 받거나 퇴직할 때 일시금으로 받을 수도 있지만 안정된 노후를 대비해 퇴직연금제도에 가입하는 것이 좋습니다.

2023년 말 통계에 따르면 퇴직연금에 가입한 근로자 수는 730만명으로, 전체 가입 대상 근로자의 51%에 달하며 적립금액은 378조원입니다.

문제는 연금의 운용 방식입니다. 퇴직연금 가입자의 가입 형태를 보면 퇴직급여가 사전에 확정되어 있는 확정급여형(DB)이 21.7%이고, 운용 성과에 따라 수령액이 달라지는 확정기여형(DC)이 65.2% 그리고 개인형 IRP가 6.0%입니다(2022년 말 기준, 통계청).

그러나 금액을 기준으로 보았을 때 총적립금 중 DB형은 57.3%인 반면 DC형은 24.9%로 매우 낮고, IRP도 0.4%에 불과합니다. DB의 연금수익률이 물가상승을 감안하면 마이너스 수익률인데도 높은 비중을 차지하는 것은 비정상적이라 할 수 있습니다.

퇴직연금수익률을 높이는 방법은?

미국, 호주, 캐나다 등의 경우 퇴직연금수익률이 연 5~7%인 것에 비해 한국의 퇴직연금수익률은 1% 내외로 너무나 저조합니다. 왜 이렇게 큰 차이가 날까요?

연금자산 중 주식투자 비중이 낮기 때문입니다. 연금자산에서 주식 관련 상품이 차지하는 비중을 보면 미국이 60% 이상, 호주가 51% 이상인 반면 한국은 2%에 불과합니다. 퇴직연금 가입자들은 대부분 원리금보장형을 선호하고 실적배당형을 기피합니다. 그 이유는 첫째는 손실에 대한 두려움이 앞서고, 둘째는 자산관리에 무관심하며, 셋째는 증권시장, 특히 ETF에 대하여 무지하기 때문입니다.

노후 퇴직연금 수준을 높이려면 퇴직금은 절대 손실이 나서는 안 된다는 사고의 틀에서 벗어날 필요가 있습니다. 코스피 그래프를 보세요. 과거 수십년간 등락을 거듭해왔지만 장기적으로 우상향 그래프를 그리고 있음을 확인할 수 있습니다. 앞으로도 코스닥지수는 우상향을 이어나갈 것입니다. 지수가 우상향인 것은 국내뿐 아니라 세계증시도 마찬가지입니다.

종목 선정은 어려움이 많지만, 지수는 그렇지 않습니다. 거래소가 끊임없이 부실기업은 퇴출시키고 우량 종목을 신규로 상장시키는 물갈이 작업을 하기 때문입니다. 이러한 지수에 투자하는 가장 좋은 방법이 바로 ETF 투자입니다.

IRP의 3가지 특징

첫째, 연 900만원 세액공제

연 1,800만원까지 납입할 수 있으나 900만원을 초과한 납입금에 대해서는 세액공제 혜택이 없습니다. 따라서 연금저축에 가입하더라도 먼

잠깐만요

IRP를 이용한 ETF 투자가 답이다

IRP에 가입하여 ETF를 적립식으로 투자하면 원리금보장형보다 수익률을 높일 수 있습니다. 무엇보다 연 700만원의 세액공제를 받을 수 있는 점이 가장 큰 장점입니다.
IRP는 Individual(개인별로), Retirement(퇴직금을 넣어두는), Pension(연금계좌)의 약자입니다. 기존에 퇴직연금계좌가 있는 경우에는 별도로 퇴직연금을 하나 더 든다고 생각하면 됩니다.

IRP 계좌 가입 자격

근로자, 개인사업자, 임대사업자, 공무원, 교사 등 소득이 있는 사람이면 모두 가능합니다. 퇴직자의 경우 퇴직금 수령 60일 이내에 가입할 수 있습니다.

IRP 계좌 개설이 가능한 금융기관

은행, 증권회사, 보험회사에서 개설 가능합니다. 다만 연금계좌로 ETF를 거래하려면 8개 증권회사(미래에셋증권, 삼성증권, 신한금융투자, NH투자증권, 한국투자증권, KB증권, 하이투자증권, 대신증권)에서만 가능합니다.

계좌 개설 시 필요 서류

퇴직연금가입확인서, 소득증명원(국세청), 건강보험자격득실확인서, 재직증명서, 근로소득원천징수영수증, 사업자등록증, 근로계약서 중 하나만 있으면 됩니다. 스마트폰으로도 가입이 가능합니다.

저 IRP에 연 900만원을 넣고 나머지를 연금저축에 가입하는 것이 유리합니다. 연소득이 5,500만원 이하인 사람의 경우 연 900만원을 IRP에 넣으면 148만 5,000원을 세액공제받을 수 있으니, 대단한 상품이라고 할 수 있죠. 그렇다고 세금이 완전히 면제되는 것은 아니고 연금을 수령할 때 3.3~5.5%의 연금소득세율을 적용받습니다. 이런 절세 혜택 때문에 최근 IRP 가입자 수가 크게 증가하고 있습니다.

연금저축과 IRP

구분	연금저축	IRP	비고
세액공제 한도	연 600만원	연 900만원	
공제율	13.2~16.5% (연소득 5,500만원 이상은 13.2%)	13.2~16.5% (연소득 5,500만원 이상은 13.2%)	
공제액 한도	400만원	700만원	
납입 한도	연 1,800만원	연 1,800만원	연금저축과 IRP 합산하여 연 1,800만원
투자 가능 상품	• ETF • 실적배당상품(펀드)	• ETF • 실적배당상품, 원리금보장 상품	ETF로 포트폴리오 구성
연금 수령 요건	• 만 55세 이상 • 가입 기간 5년 이상	• 만 55세 이상 • 가입 기간 5년 이상 • 연금 수령 최소 기간 10년	천재지변 등 부득이한 경우 IRP의 연금 수령 최소 기간은 5년

둘째, 투자상품 및 투자 방법

ETF와 원리금 지급상품 및 실적배당형 상품도 투자가 가능하나 개별 종목 주식투자는 투자금의 40%까지만 가능합니다. ETF 투자 시에는 매월 정한 날짜에 일정한 금액을 자동이체되도록 한 뒤 다음 방법 중 하나를 선택해 투자할 것을 추천합니다.

코스피200 ETF인 KODEX200 100% 투자	코스피 40%, 코스닥 20%, 해외지수(미국 20%, 중국 20%)

ETF 추천 종목

구분	종목명	코드번호	기초지수	자산운용사
국내	KODEX200	069500	코스피200	삼성자산
	KODEX코스닥150	229200	코스닥150	삼성자산
미국	TIGER미국S&P선물(H)	143850	미국S&P500지수	미래에셋자산
중국	TIGER차이나CSI300	192090	중국CSI300지수	미래에셋자산

* 주문은 예약주문을 이용하되 하루 중 저가 매수가 쉽지 않으므로 종가매매 주문을 활용하는 것이 편리합니다.

해외주식 ETF 스마트폰

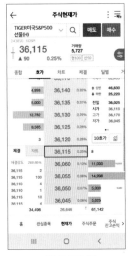

해외주식 현재가

해외주식 매수주문

해외주식 매도주문

셋째, 연금 수령 조건

IRP는 만 55세 이후, 가입 후 10년이 지나야 수령할 수 있으므로 IRP에 가입한 자금은 없는 셈 치고 노후에 찾을 각오로 납부해야 합니다. 만약 IRP에 가입하고 세액공제 혜택을 받은 후에 중도해지하면 그동안 세제 혜택을 받은 금액과 운용수익을 합친 금액에 대해 16.5%를 적용한 기타소득세를 부담해야 합니다. 따라서 중도에 일부라도 해약할 일이 있을 것 같다면 금융기관만 달리하여 한도 범위에서 2~3개 계좌로 나누어 납입도 가능합니다.

TDF/TIP ETF: 연금펀드를 ETF로 거래

앞서 개인퇴직연금계좌에 가입하고 적립식으로 장기투자하면 안전하면서도 수익률을 높일 수 있다고 이야기했습니다. 그러나 현실적으로 개인이 직접 자산을 설계하고, 투자하는 것은 결코 쉬운 일이 아닙니다. 이에 자산운용사가 대신 개인의 노후자금을 마련하는 방법을 설계해주거나 관리해주는 ETF가 출시되었습니다. 연금펀드를 주식처럼 매매할 수 있는 ETF입니다.

TDF(Target Date Fund)

투자자의 예상 은퇴시점을 목표시점으로 잡고, 그에 맞추어 운영하는 펀드입니다. 은퇴 전 노후자금을 마련하는 상품으로 자리 잡고 있으며, 2018년 8월부터 퇴직연금자산을 100%까지 TDF에 투자할 수 있도록 규정이 바뀌어 성장하고 있는 ETF입니다. 2024년 퇴직연금 전체 시장 규모가 455조원에 이를 것으로 추정되고 있는데, 이 중 상당한 자금이 TDF 상품으로 들어올 가능성이 있습니다.

TDF는 '목표시점까지 알아서 굴려 주는 펀드'이므로 상품 뒤에는 목표로 하는 시점, 즉 연도가 표시되어 있습니다. 주식 중에서 선진국, 신흥국, 인프라, 부동산, 리츠 등 대체투자가 가능하며 전 세계 주식과 채권 등 글로벌 자산에 폭넓게 투자하여 다양한 수익을 추구합니다. TDF의 운영 전략인 '글라이드 패스'는 은퇴시점까지 자산 비율의 변화가 비행기의 활강 경로와 비슷하여 붙여진 이름으로, 비행기가 연착륙하듯 자산운용도 안정적으로 유지한다는 의미입니다. 초기에는 위험자산의 비율을 높여 공격적으로 자산을 운용하고, 중기 이후에는 자산 증식과 보존을 동시에 추구하며 채권 등 안전자산 비중을 높이는 전략입니다. 다만 퇴직연금의 성격상 장기투자를 해야 하는데 주식처럼 쉽게 매매할 수 있다는 것은 단점입니다.

TIF(Target Income Fund)

'목표로 하는 소득이 있는 펀드'라는 뜻입니다. 은퇴 직전에 있는 사람 또는 은퇴자를 대상으로 하며, 일상생활을 위한 현금흐름에 초점을 맞춘 상품입니다. 은퇴 후에는 일을 하지 않기 때문에 자산을 지키면서 배당 등 일정한 생활자금이 나올 수 있는 금융상품이 필요합니다.

물가상승률에 따른 자산 보전을 위해 배당주, 부동산펀드, 리츠, 글로벌 채권 등에 투자하여 원금은 유지 또는 상승시키며, 이자와 배당을 따로 받아 현금흐름을 창출합니다. TIF의 운용 전략인 '윌리엄 벤젠의 4% 룰'은 연 지출액의 25배를 모으면 평생 일하지 않고 살 수 있음을 의미합니다. 예를 들어 은퇴 후 월 300만원의 생활비가 필요한 사람의 경우, 9억원(월 300만원 × 12개월 × 25년)만 있으면 여생 동안의 현금흐름이 해결될 것입니다.

TDF/TIF ETF

상품명(코드)	기초지수	보수(%)	자산운용사
KODEX TDF2030액티브 (433970)	S&P Dow Jones Indices가 산출하여 발표하는 Samsung Korea Target Date 2030 Index를 비교지수로 하여 신탁재산을 운용. 투자 목적 달성시점을 2030년으로 설정	0.20	삼성자산
KODEX TDX2040액티브 (433980)	투자 목적 달성시점을 2040년으로 설정	0.25	삼성자산
ARIRANG TDF2030 액티브(433850)	Morningstar Korea Lifetime Allocation Moderate 2030 Index를 비교지수로 하여 투자 신탁재산을 운용. 2030년을 투자 목적 달성시점으로 설정	0.14	한화자산
ARIRANG TDF2050 액티브(433870)	투자 목적 달성시점을 2050년으로 설정	0.18	한화자산
ARIRANG TDF2060 액티브(433880)	투자 목적 달성시점을 2060년으로 설정	0.20	한화자산
히어로즈TDF2030액티브 (435530)	S&P Dow Jones Indices LLC가 산출하여 발표하는 Dow Jones Target 2030 Index를 기초지수로 하는 액티브 상장지수. 국내외 주식, 채권, 대체자산 등에 자산배분 전략. 투자 목적 달성시점을 2030년으로 설정	0.30	키움투자자산
히어로즈TDF2040액티브 (435540)	투자 목적 달성시점을 2040년으로 설정	0.34	키움투자자산
히어로즈TDF2050액티브 (435550)	투자 목적 달성시점을 2050년으로 설정	0.38	키움투자자산
TIGER글로벌멀티에셋 TIF액티브(440340)	INDXX멀티에셋인컴을 기초지수로 한 탄력적인 자산배분 전략	0.55	미래에셋자산

ETF 투자자가 꼭 지켜야 할 5가지 투자 원칙

이번 장에서는 ETF를 거래하면서 꼭 지켜야 할 투자자의 마음가짐에 대해 알아봅시다.

제1원칙, ETF를 정확히 알고 투자하라

2007년 묻지마 펀드 가입으로 많은 투자자가 손실을 보고 고통을 겪은 기억이 지금도 생생합니다. 2008년 10월에는 국내펀드 1년 평균 수익률이 -50%, 해외펀드는 -65%에 이르기도 했습니다. 그제야 많은 투자자가 잘 모르면서 유행을 따라 펀드에 투자한 결과가 얼마나 쓰디쓴지 깨닫게 되었습니다. 세계 금융위기로 인한 여파도 있었지만, 무분별한 펀드 가입이 많았던 것도 사실입니다.

> **잠깐만요**
>
> ### 자산운용사가 파산하면 내가 산 ETF는 어떻게 될까?
>
> ETF는 법적 구조상 '집합투자신탁(펀드)'에 해당합니다. 집합투자신탁의 자산은 수탁은행이라고 부르는 은행에서 위탁을 받아 보관·관리합니다. 만약 ETF를 출시한 자산운용사가 파산하면 수탁은행에 있던 투자자의 자산은 현금화되어 투자자에게 돌아갑니다. 수탁은행은 은행 고유자산과 신탁자산을 구분하여 별도로 보관하게 되어 있어 자산을 보관하고 있는 수탁은행이 파산하더라도 투자자의 자산은 다른 수탁은행으로 이관되어 안전하게 보관됩니다. 그러나 ETF는 운용 성과에 따라 수익이 결정되는 상품이므로 원금이 보장되지 않는다는 점을 알고 있어야 합니다.

ETF는 인덱스펀드이기는 하지만 역시 펀드의 일종이므로 상품의 내용을 잘 알고 투자해야 합니다. 갈수록 다양한 ETF 종목이 출시되고 있습니다. 시장을 대표하는 주식형 또는 채권형 ETF를 제외한 특수 ETF, 예를 들어 금·원유와 같은 원자재 ETF의 경우 등락폭이 큰 반면, 향후 전망을 예상하기가 쉽지 않으므로 반드시 상품 내용을 충분히 검토한 뒤 투자를 결정해야 합니다.

제2원칙, ETF로 손해볼 수도 있다는 점을 명심하라

ETF는 개별 종목 투자나 펀드투자에 비해 장점이 많은 금융상품입니다. 그러나 ETF도 어디까지나 주식이므로 손실을 볼 위험도 있다는 것을 알고 투자해야 합니다. 다시 말해 ETF는 좋은 상품이기는 하지만, 결코 수익을 보장해주는 상품은 아닙니다.

미국을 비롯한 선진국에서는 전체 시장에 장기투자한 경우 은행예금보다 투자수익률이 높았습니다. 그러나 어디까지나 과거의 실적일 뿐, 증권시장에서 미래 예측은 불확실합니다. 따라서 ETF 투자에 앞서 손실 가능성에 대비한 대책을 생각해둘 필요가 있습니다. 대책에는 다음과 같은 것들이 있습니다.

자기 분수를 정확히 알고 투자할 것

주식투자의 실패 원인 중 첫 번째는 무리한 투자를 한 경우입니다. 자기 자신의 경제 현실을 충분히 검토하고 자신이 허용할 수 있는 손실의 범위를 미리 생각해두어야 합니다. 생계의 기초가 되는 전 재산을 투자한다든지, 어떠한 일이 있어도 손실을 보아서는 안 되는 돈으로 투자해서는 결코 성공할 수 없습니다.

장기 여유자금으로 투자할 것

자금을 빌려서 투자해서는 안 됩니다. 아파트 중도금이나 계약금처럼 자금의 사용 기간이 짧은 경우에도 투자에 성공할 수 없습니다. 마음이 조급한 투자자는 마음이 느긋한 투자자에게 주식이든 ETF든 돈을 잃게 되어 있는 것이 투자의 철칙입니다.

특히 초보투자자는 소액으로 시작하세요. 초보자가 증권시장을 배우면서 투자하기에 가장 안성맞춤인 상품이 바로 ETF입니다. 여유자금이 없나요? 그렇다면 적립식으로 ETF에 투자하세요. 소액으로 목돈을 만들기에는 적립식 ETF만 한 금융상품을 찾기 어렵습니다.

알아두세요

적립식 ETF 투자
적립식 ETF 투자에 대해서는 셋째마당 11장에서 자세하게 설명했습니다.

제3원칙, 목표수익률을 낮춰라

ETF 투자로 대박을 터뜨리고 싶나요? 그렇다면 ETF 투자를 그만두는 것이 좋습니다. ETF는 대박 종목이 아닙니다. 분산투자로 안전성이 높은 반면, 시장평균수익률에 만족하는 상품이기 때문입니다. 무리하게 목표수익률을 높여 잡으면 신용매매, 미수매매를 하게 되고, 스스로 마음 편한 투자에서 멀어지고 행복도 함께 달아나 버립니다.

단기에 큰 수익을 노리고 레버리지가 높은 미수매매나 신용거래의 유혹에 빠져서는 안 됩니다. 미수매매나 신용거래는 장기투자가 아니므로 스스로 위험에 노출시키는 행위입니다. 물론 고수의 투자자라면 신용거래를 적절히 활용할 수도 있습니다. 하지만 그럴 경우에도 대세 판단이 확실한 때에 한해 한시적으로 이용해야 합니다.

알아두세요

미수매매
매수주문을 낼 때는 우선적으로 매수할 금액의 40%가 매수증거금으로 있어야 합니다. 따라서 보유현금의 2.5배까지 주문이 가능한데, 이와 같은 주문을 미수매매라고 합니다. 주문이 체결되면 부족한 금액을 수도결제일까지 입금해야 합니다. 만약 미수로 매수했는데 결제일까지 입금하지 않으면 증권회사에서 결제일 다음날 반대매매(하한가로 매도주문을 내버리는 것)를 하기 때문에 불이익이 발생할 수 있습니다.

제4원칙, 단기 등락을 신경 쓰지 마라

앞서 인덱스펀드에 대해 살펴보았듯, 지수를 추적하는 펀드가 일반 펀드보다 평균적으로 높은 수익을 거둘 수 있었던 이유는 '저렴한 비용'과 '분산투자' 그리고 '장기투자'에 있습니다. 단기적으로는 개별 종목이나 일반 액티브펀드가 인덱스펀드를 앞서는 경우가 흔합니다. 그러나 지금까지의 기록으로 보면 시간이 갈수록, 즉 5년, 10년 이상 장기투자를 할수록 인덱스펀드가 유리했습니다.

조그마한 수익에 좋아할 일도, 조금 손해가 났다고 기분 나빠할 일도 아닙니다. 주가가 어떻게 될까 하는 고민에서 벗어나 마음 편하게 투자할 수 있다는 것만으로도 큰 수확이라고 할 수 있으니까요. 따라서 주가를 보면서 하루 종일 컴퓨터 앞에 앉아 있을 이유가 없습니다. 그리고 레버리지 ETF와 같이 예외적으로 데이트레이딩을 해야 하는 경우를 제외하고는, 일반 ETF 종목을 데이트레이딩하려고 한다면 이미 절반은 실패로 시작한 것이나 다름없습니다.

알아두세요

데이트레이딩(Day Trading)
하루에도 여러 번 주식을 사고팔아 초단기 시세차익을 노리는 투자 기법입니다. 데이트레이딩은 대세하락기에는 손해를 볼 확률이 높고, 대세상승기에는 상대적으로 수익률이 떨어집니다.

제5원칙, 계좌를 관리하라

은행의 일반적인 예금계좌는 잔고와 이자율 정도만 확인해두면 됩니다. 그러나 증권계좌는 자산가치가 수시로 변하므로 증권투자를 하는 사람이라면 자신의 계좌를 수시로 점검해보아야 합니다. 특히 시장수익률보다 초과수익률을 목표로 하는 핵심/주변 투자 전략으로 ETF에 투자하는 경우라면 계좌 관리가 매우 중요합니다.

'계좌를 관리한다'라는 말의 의미는 계좌의 평가금액을 확인해보고 종목별 비중을 점검해본다는 뜻입니다. 만약 보유 종목 중에서 특정 스타일 ETF, 해외지수 ETF, 원자재 ETF, 개별 종목 등에 좋지 않은 변화가 발생하면 일단 현금화한 뒤 자산배분을 다시 검토해야 합니다. 계좌를 관리한다고 해서 매시간, 매일 점검하는 것은 아니고, 2~3일에 한 번 또는 일주일에 한 번 정도 점검해보는 것이 좋습니다.

알아두세요

핵심/주변 투자 전략
여섯째마당 25장에서 자세하게 설명합니다.

평가금액을 확인하는 방법
HTS로 증권회사 홈페이지 화면을 보면 '계좌잔고', '계좌평가금액', '손익평가' 등의 창이 있습니다. 그 창들을 확인하고 일자별로 노트에 기록해보면 계좌를 관리하는 데 도움이 됩니다.

내 입맛에 맞는 ETF 종목 고르기

ETF도 종목을 잘 골라야 돈이 된다!

재테크에 관심이 많은 세 친구가 만나 최근 화제가 되고 있는 ETF에 대해 이야기를 나누었다.

A: 나는 주식투자를 할 때 종목을 고르는 게 너무 어려워서 요즘 코스피 200을 추종하는 ETF에 관심이 많아.

B: 맞아. 주식은 자칫 종목을 잘못 고르면 생각지도 못한 낭패를 보는 경우가 있지만, 시장지수를 추종하는 ETF는 그런 위험은 없으니까. 개별 주식만큼 단기 등락폭이 크지는 않지만 장기투자하면 안정적인 수익을 실현할 수 있을 거야. 코스피 월봉 그래프를 봐. 일시적인 하락은 있었지만 과거 수십 년간 우상향을 보이고 있잖아.

A: 하지만 노려볼 수 있는 수익률이 개별 주식보다 낮은 것도 사실이야.

C: 조금 더 높은 수익을 내고 싶다면 레버리지 ETF도 괜찮아. 오를 때도 떨어질 때도 2배수로 주가가 움직이는 ETF지. 만약 시장이 하향세라면 지수가 하락할 때 주가가 상승하는 인버스 ETF를 매수하면 돼. 레버리지 ETF의 위험을 줄여줄 수도 있고, 하락세가 크다면 인버스 ETF로 수익을 낼 수도 있지.

A: 레버리지, 인버스 ETF? 그런 것도 있었구나. 하지만 2배수라면 오를 때는 좋지만 하락할 때는 신경이 많이 쓰이지 않을까? 단기매매자라면 몰라도 나는 그냥 느긋하게 거래하는 게 좋은데.

B: 나는 더 안전한 투자를 하고 싶어. 채권 ETF는 어때? 국공채 ETF라면 손해 보는 경우가 극히 드물다고 들었거든. 정기적으로 이자도 나온

다고 하고.

A: 채권? 그건 큰 자금을 가진 사람들이 거래하는 것 아니야? 우리 같은 소액투자자가 채권을 어떻게 거래해!

B: 그게 내가 채권 ETF에 관심이 있는 이유야. 10만원 이하의 작은 금액으로도 주식처럼 얼마든지 채권 거래를 할 수 있어.

C: 지금처럼 글로벌 악재가 많은 시기에는 채권 ETF가 대안이 될 수 있을 것 같아. 그래도 ETF도 어디까지나 주식인데, 채권이 뭐야? 주식 관련 ETF를 사야지. 국내주식이 부진하다면 해외주식 ETF가 대안이 될 수 있어.

안정적인 투자를 선호하는 B가 솔깃하다는 눈빛으로 귀를 세우며 물었다.

B: 해외주식 ETF?

A: 해외시장의 지수를 추종하는 ETF를 말하는 거지? 나라마다 상승세나 하락세가 달라서 국제 사회에 대한 공부가 좀 필요할 것 같은데.

C: 맞아. 국내증시에 상장되어 있는 미국 S&P500지수 ETF와 중국 차이나CSI300지수 ETF가 대표적인데, 세계증시를 선도하는 미국 대표 종목 500개로 구성된 S&P500지수가 세계인의 최대 관심 종목이지. 성장성을 보고 투자하려면 중국 ETF를 사는 것도 괜찮고.

B: 해외주식 ETF도 거래 방법은 국내주식과 동일해?

C: 응. 스마트폰으로도 모든 거래가 가능해.

A: 통화, 부동산 그리고 석유, 금 같은 원자재 ETF도 있다던데.

B: 통화나 원자재 같은 것도 말만 들어서는 좋을 것 같긴 한데, 왠지 공부해야 할 게 많을 것 같아.

C: 맞아. 특정 상품이나 자산에 투자하는 ETF는 변동성이 큰 편이라 해당 상품이나 자산에 대한 지식이 많아야 유리하지. ETF도 주식처럼 자기가 잘 아는 상품을 골라야 해.

이야기를 나눈 끝에 복잡한 건 질색인 A는 시장대표지수 ETF에, 안정성을 추구하던 B는 최근 성장세를 보인 나라들을 떠올리며 해외지수 ETF에, 공격적인 투자를 추구하는 C는 파생상품 ETF에 조금 더 투자해보기로 마음먹었다. 몇 개월 후 세 친구가 다시 모였다. 이번에는 섹터(업종) ETF와 테마 관련 ETF가 주된 화제였다.

C: 해외지수 ETF 투자 성과는 어때? 어느 나라에 투자했어?

B: 일본의 지수 ETF에 투자했어. 도쿄증권거래소에 상장된 일본의 대표 우량주 100개 종목으로 구성된 KODEX일본TOPIX100이라는 종목이었지. 일본 정부는 증권시장 활성화를 위해 2023년 3월 '기업 밸류업 프로그램'을 시행했어. 그 결과 최근 1년 넘게 증시가 상승했고 니케이지수가 사상 최고치인 40,000선을 돌파했어.

A: 해외지수 ETF는 환율의 영향을 받지 않나?

C: 맞아. 해외지수 ETF에 투자할 때는 주가도 중요하지만, 환율 예측도 정말 중요해. 일본을 예로 들면 엔화가치가 떨어지거나 높아지는 것으로 실질적인 수익률이 달라질 수 있거든.

B: 그런가 봐. 어떤 시기에는 일본 니케이지수에 비해 ETF 주가가 적게 올랐어. 예를 들어 니케이지수는 40% 올랐는데, 코덱스 재팬은 30% 오르는 데 그치거나 하는 것이지. 상위 100개 종목을 대상으로 한 이유도 있겠지만 같은 기간에 일본의 엔화가치가 10% 떨어졌기 때문이래.

C: 해외시장의 ETF를 고를 때는 환헤지가 되는지 여부도 잘 확인해야 해. 해외에 투자할 때는 경제신문을 열심히 읽어야겠지? 그건 그렇고 요즘 새로운 ETF를 매매한 적은 없어?

새로운 투자처를 개척한 B에 이어 A가 자신 있는 표정으로 이야기를 시작했다.

A: 나는 지금까지 시장대표지수 ETF에 많이 투자했는데, 최근 반도체 ETF와 4차산업 ETF를 사두었어. 시장을 주도하고 있는 업종이라 매수했는데 지금까지는 코스피에 비해서도 성과가 좋은 편이야.

B: 특정 업종과 관련된 ETF인 거야?

C: 맞아. 나는 바이오와 헬스케어 ETF를 거래해.

A: 바이오나 헬스케어는 주가 등락이 심해서 수익이 날 때는 폭이 크지만 손해를 보는 경우도 많다고 하던데……

C: 옳은 말이야. 미국은 신약 개발이 활발하고 성공률도 다소 높은 편이지만 우리나라는 초기 단계라 성공률이 낮은 편이지. 그러나 장기적으로 봤을 때는 고령화가 심해질 거라 성장 가능성이 크다고 봐. 어쨌든 등락이 심한 편인 건 사실이야. 그래서 나는 장기투자를 기본으로 하더라도 그래프 분석을 통해 단기매매도 함께 하며 투자를 해.

B: 내가 조사해본 것은 턴어라운드 ETF야. 성장성을 보이다 어쩌다 적자를 냈지만, 영업환경이 호전되거나 구조조정에 성공해 실적이 흑자로 전환되는 기업들만 담은 ETF인데 투자 성과가 좋다고 하더라고.

C: 안정성을 우선하더니 ETF로 관심사가 넓어졌구나! 턴어라운드 종목 중에는 1년 만에 주가가 서너 배 상승하는 종목들도 있어. 나는 고배당주 ETF도 눈여겨볼 만하다고 생각해. 과거에 배당을 많이 주었고 배당 성향이 높은 기업들로 구성한 ETF는 저금리 시대에도 딱이지.

세 사람은 여러 업종에 집중적으로 투자하는 섹터 ETF, 턴어라운드 ETF, 고배당주 ETF 등 다양한 ETF에 관심을 가지고 성장할 만한 종목을 골라보기로 했다. 새로 알게 된 투자 정보와 학습한 내용을 나누자 투자에 대한 열기가 높아졌다.

충실히 따라가면 성공하는
시장대표지수 ETF

ETF도 종목을 잘 골라야 합니다. 종목을 잘못 고르면 ETF 투자의 장점을 살리지 못하고 일반 펀드나 개별 주식에 투자하는 것과 별반 차이가 없기 때문입니다. 종목을 잘 고르기 위해서는 각 ETF의 특성과 내용을 파악하고 나의 투자 목적에 맞는 종목을 선정하는 것이 중요합니다. 이번 장에서는 ETF의 종류와 내용에 대해 알아봅시다.

시장을 주도하는 코스피200 추종 ETF

시장을 추적하는 ETF는 크게 코스피시장을 추적하느냐, 코스닥시장을 추적하느냐로 구분됩니다.

코스피 계열 대표지수에는 코스피200, 코스피100, 코스피50, 코스피200중소형, 코스피200초대형제외가 있고, 코스닥 계열 대표지수에는 코스닥150이 있습니다. 두 시장을 종합한 KRX 계열 대표지수에는 KRX300, KRX100, KRXMid200, KTOP30이 있습니다.

 알아두세요 ─────

코스피200 추종 ETF
같은 코스피200 추종 ETF라도 운용사마다 구성이 조금씩 다를 수 있습니다.

시장을 대표하는 ETF 중에서도 코스피200을 추적하는 ETF는 순자산 규모 면에서나 거래량 면에서나 단연 시장을 주도하고 있습니다. 한국거래소의 자료에 의하면 2023년 12월 말 기준 시장대표 ETF의 순자산 총액은 26조 3,168억원으로, 전체 ETF 순자산액 121조원의 21.7%를 차지하고 있습니다. 또한 시장대표 ETF 중에서도 삼성자산운용이 출시한 KODEX200은 순자산액이 5조 1,832억원으로, 시장대표 ETF 중 19.7%를 점하고 있어 시장대표 중의 대표 ETF로 자리매김하고 있습니다.

코스피200은 코스피시장에 상장되어 있는 종목 중에서 우리나라를 대표하는 대형우량주 200개 종목이 편입되어 있으며, 시가총액이 유가증권 상장 전 종목의 94%에 해당합니다. 다음 그래프를 통해 알 수 있듯 코스피200을 추종하는 KODEX200의 등락은 곧 종합주가지수의 등락과 같다고 생각하면 됩니다.

코스피와 KODEX200의 비교 그래프

* 2014년~2024년 4월 기준

 알아두세요

선물
장래의 일정한 시기에 현품을 넘겨 준다는 조건으로 매매계약을 하는 거래 종목을 말합니다. 51쪽의 〈잠깐만요〉를 참고하세요.

옵션
매매선택권거래. 일정 기간 안에 특정 상품을 일정한 가격으로 매매하는 권리를 거래하는 것을 말합니다. 51쪽 〈잠깐만요〉를 참고 하세요.

또한 코스피200은 선물과 옵션의 기준이 되는 지수이므로 코스피200을 추종하는 ETF로 다양한 투자 전략을 구사할 수 있습니다. 시장대표지수 ETF는 거래량도 ETF 중에서 가장 많습니다. 따라서 흔히 ETF라고 하면 '코스피200을 추종하는 종목이구나' 하고 생각해도 괜찮습니다.

코스피/KRX 추종 ETF 중 관심 종목

구분	종목명(코드번호)	기초지수	시가총액 (억원)	보수 (%)	자산운용사
코스피	KODEX코스피(226490)	코스피	3,388	0.15	삼성자산
	ARIRANG코스피TR(328370)	코스피TR	1,826	0.15	한화자산
	KODEX MSCI Korea(156080)	MSCI Korea Index	85	0.09	삼성자산
코스피200	KODEX200(069500)	코스피200	67,836	0.15	삼성자산
	TIGER200(102110)	코스피200	21,992	0.05	미래에셋자산
	KODEX200TR(278530)	코스피200TR	20,054	0.05	삼성자산
	KBSTAR200(148020)	코스피200	13,119	0.017	KB자산
	ARIRANG200(152100)	코스피200	6,266	0.04	한화자산
	KOSEF200TR(294400)	코스피TR	6,612	0.012	키움투자자산
	HANARO200(293180)	코스피200	5,428	0.036	NH아문디
	ACE200(105190)	코스피200	4,735	0.09	한국투자신탁
	KOSEF200(069660)	코스피200	3,338	0.13	키움투자자산
	HANARO200TR(332930)	코스피200TR	1,147	0.03	NH아문디
코스피100	KODEX코스피100(237350)	코스피100	294	0.15	삼성자산
코스피50	KODEX TRF5050(329660)	FnGuide TRF	252	0.17	삼성자산
KRX300	SOL KRX300(292500)	KRX300	120	0.05	신한자산

* 2024년 2월 29일 기준

✎ **알아두세요**

코스피200TR은 한국거래소가 발표하는 지수로, 코스피200 구성 종목의 세전현금배당이 재투자된다고 가정합니다. 배당수익률을 더한 총수익률을 반영하여 산출합니다.

잠깐만요

코스피200, 제대로 알아두자!

코스피200은 주가지수선물 및 주가지수옵션의 거래 대상으로 개발된 주가지수로, 선물 및 옵션거래에 적합하도록 코스피시장에 상장된 전체 종목 중 시장대표성, 업종대표성, 유동성 등을 감안하여 선정된 200종목으로 구성됩니다. 코스피200은 1990년 1월 3일을 100포인트로 하여 1994년 6월 15일부터 산출·발표했습니다.

산출 방법

코스피200은 '상장주식수(비유동주식수 + 유동주식수)' 가중 시가총액 주가지수로 산출되었으나, 2007년 6월 15일부터 '비유동주식수의 절반 + 유동주식수' 가중 방식으로 산출하고, 2007년 12월 14일부터는 순수하게 '유동주식수'만 가중한 시가총액 방식으로 주가지수를 산출합니다.

발표 방법

코스피200은 현재 2초 단위로 발표됩니다. 한국거래소가 발행하는 통계간행물 〈KRX Market〉 등에 일별·월별·연도별 주가지수가 발표되며, 투자자들을 위해 1990년 1월 3일까지 과거 지수를 소급하여 산출·발표했습니다.

주가지수 수정

기업이 신규 상장되거나 기업의 분할과 합병, 액면분할과 병합, 주식배당, 감자(자본금 줄임) 등이 발생할 경우에도 수정 전 비교시가총액과 비교시가총액 변동액의 비율만큼 기준시가총액을 수시로 수정합니다.

구성 종목 및 선정 방법

주가지수의 구성 종목은 계속 바뀝니다. 종목 구성의 기준인 시가총액과 유동성이 수시로 변경되기 때문입니다. 따라서 한국거래소는 지난 1년 동안의 일평균 시가총액과 유동성 등을 감안하여 매년 6월에 정기적으로 구성 종목을 변경합니다. 코스피200뿐 아니라 코스닥, KRX 계열의 다른 지수도 마찬가지입니다. 정기 변경 이외에 특별 변경도 있습니다. 새롭게 상장하는 기업이 지수에 영향을 미칠 만큼 큰 기업일 경우에는 구성 종목을 수시로 변경합니다. 지수 편입 대상 기업이 상장폐지될 경우도 마찬가지입니다. 예를 들어 2006년 롯데쇼핑, 2010년 삼성생명이 상장되자 다른 종목을 빼고 구성 종목으로 편입했습니다.

지수 활용

코스피200은 주가지수선물 및 주가지수옵션 거래대상지수뿐 아니라 다양한 방면에 활용될 수 있습니다. 우선 가장 많이 활용되는 분야는 인덱스펀드의 기준지수(Underlying Index)로 사용하는 것입니다. 인덱스펀드란 주가지수의 움직임과 연동하여 시장수익률만큼 수익률을 낼 수 있도록 주식 포트폴리오를 구성하는 펀드입니다. 유동성이 풍부한 소수 우량 종목으로 구성되어 코스피와 거의 유사한 움직임을 보이는 코스피200을 기준지수로 활용하면 보다 적은 투자자금과 거래비용으로 인덱스펀드를 구성할 수 있습니다.

또한 코스피200은 인덱스 워런트(Index Warrant) 발행을 위한 대상자산으로 활용될 수 있습니다. 인덱스 워런트란 시장 전체에 대해 헤지 또는 특정 포지션을 취하려는 투자자들의 요구에 의해 지수산출기관이 아닌 금융기관 등 제3자가 주가지수를 대상자산으로 하여 발행되는 증서로, 일반적으로 대형금융기관이 발행인이 되고 발행인의 고객들이 투자자가 됩니다.

참고로 코스피 및 코스피200 등은 한국거래소의 고유자산으로 국내는 물론, 미국·일본·영국·싱가포르 등 10여 개국에 상표권이 등록되어 있어, 이를 이용한 연계상품 개발 시에는 한국거래소의 승인을 받아야 합니다.

코스피100과 코스피50 추종 ETF

코스피 계열 ETF로 코스피200 이외에 코스피100과 코스피50이 있습니다. 코스피시장에서 시가총액 상위 100종목, 상위 50종목으로 구성한 ETF입니다. 종목수가 대폭 줄어들면 개별 종목의 구성 비중이 높아져 개별 주가 변동의 영향을 많이 받게 됩니다. 코스피100을 추종하는 ETF로는 KODEX코스피100(237350), KOSEF코스피100(153270), 파워코스피100(140950), 마이티코스피100(159800) 등이 있습니다. 그리고 한화자산운용이 출시한 ARIRANG코스피50(122090)이 코스피50지수를 추종합니다.

한국을 대표하는 KRX300과 KRX100 추종 ETF

KRX300과 KRX100은 코스피시장과 코스닥시장을 통틀어 한국을 대표하는 종목으로 구성되어 있습니다. 코스피200과 다른 점은 코스닥 종목이 포함되어 있다는 점과 종목수가 300개 또는 100개라는 점입니다. 그러나 코스닥 종목은 코스피시장에 비해 시가총액도 작고 구성 종목수도 적다 보니 가중치를 따져보면 결국 코스피시장 종목이 주도할 수밖에 없습니다. 다만 코스피200에는 시가총액과 거래대금 이외에 수익성, 안정성, 건전성 등의 재무 기준이 반영되어 있다는 점이 다릅니다. 따라서 KRX300과 KRX100을 추종하는 ETF는 한국증시 전체를 대표하는 지수를 추종하는 종목입니다. 그러나 KRX100은 코스피200보다 시장대표지수로서 활용도가 낮아 거래량이 적다는 단점이 있습니다.

삼성자산운용이 출시한 KODEX KRX300(292190), 미래에셋자산이 출시한 TIGER KRX300(292160) 외에 ARIRANG KRX300(292750), KBSTAR KRX300(292050), HANARO KRX300(304760), KOSEF KRX100(100910) 등이 있습니다.

대형주 비중이 큰 MSCI Korea 추종 ETF

미국의 MSCI사가 만든 MSCI Korea Index를 추종하는 ETF입니다. 코스피200과 마찬가지로 시가총액을 기준으로 구성하는데, 종목수가 200개로 한정되지 않으며 현재는 100여 개 종목으로 구성되어 있다는 점이 다릅니다.

또 한 가지, 우선주도 대상 종목에 포함됩니다. 따라서 삼성전자, 현대차, LG화학 같은 대형사의 우선주가 포함되어 코스피200과 유사하지만, 대형주 비중이 조금 더 크다고 할 수 있습니다. 삼성자산운용이 출시한 KODEX MSCI Korea(156080)가 이에 해당합니다.

변동성이 큰 코스닥 추종 ETF

코스닥시장 종목으로 구성된 ETF를 말합니다. 코스닥 종목의 특성 때문에 코스피시장 추종 종목에 비해 순자산 규모와 거래량이 적고 주가 등락도 심한 편입니다. 특히 코스닥 종목은 상장폐지되는 종목이 있을 수 있고, 특정 종목이 상장폐지되거나 관리 종목에 편입될 경우 펀드에 편입되어 있던 종목의 현금화가 어려워 손해를 보는 경우도 있습니다.

코스닥 추종 ETF 중 관심 종목

종목명(코드번호)	기초지수	시가총액(억원)	보수(%)	자산운용사
KODEX코스닥150(229200)	코스닥150	8,307	0.25	삼성자산
KBSTAR코스닥150(270810)	코스닥150	1,058	0.18	KB자산
TIGER코스닥150(232080)	코스닥150	1,013	0.19	미래에셋자산
SOL코스닥150(450910)	코스닥150	268	0.15	신한자산
ACE코스닥150(354500)	코스닥150	226	0.02	한국투자신탁
HANARO코스닥150(304770)	코스닥150	194	0.20	NH아문디
KOSEF코스닥150(316670)	코스닥150	154	0.15	키움투자자산

* 2024년 2월 29일 기준

대체로 코스피시장이 장기 침체기에 들어가면 코스닥 테마주 위주로 큰 등락을 보이는 경우가 있습니다. 그래프를 보고 매매시점을 파악하는 것이 중요한 이유입니다.

ETF의 상장 요건과 상장폐지 요건은?

ETF의 상장 요건과 상장주식수, 괴리율, 추적오차 등에 대해서도 알아둘 필요가 있습니다. 장기투자를 하려고 했는데 상장폐지가 되면 곤란하니까요.

ETF의 상장 요건과 상장폐지 요건

구분	상장 요건	상장폐지 요건
규모	1) 자본금 50억원 이상 2) 발행주식수 10만주 이상 * 외국 ETF의 경우도 동일	1) 자본금 50억원 미만 3개월 지속 2) 상장주식수 5만주 미만 3개월 지속
유동성	1) 지정참가회사(AP) 1개사 이상 2) 유동성 공급 계약(LP) 1개사 이상	1) 상장 후 1년 경과 후 주주수 100명 이하 2) 유동성 공급 계약 체결사 1개사 미만 3) 괴리율 3% 초과 상태 10일 지속 또는 최근 3개월간 　20일 이상 지수 구성·지수 수정 종목 10종목 이상

기초지수와 가격 요건	1) 지수 구성 종목이 10종목 이상일 것	
	2) 한 종목의 비중이 30%를 초과하지 않을 것	
	3) 시가총액 비중 순으로 85%에 해당하는 종목은 직전 3개월 평균시가총액이 150억원 이상이고, 거래대금은 1억원 이상일 것 단, 주식 이외 채무증권(채권 등)일 경우는 발행잔액이 500억원 이상일 것	
자산 구성	1) 시가총액 기준으로 대상 지수 구성 종목의 95% 이상 편입 2) 종목수 기준으로 지수 구성 종목의 50% 이상 편입	추적오차율이 10% 초과해 3개월 지속
투자 정보 제공	지수 사용 계약 체결	

* 한국거래소 상장 규정 중 발췌

코스피200 ETF가 매력적인 이유

한국은 수출의존형 산업구조를 가지고 있습니다. 부존자원이라고는 고학력의 인적자원밖에 없다고 해도 과언이 아닙니다. 또한 우리나라 경제는 수출주도형 경제로 대외의존도가 100%가 넘습니다. 그만큼 세계경제 상황에 크게 영향을 받습니다. 2007년에 시작된 미국발 세계금융·경제위기 때 우리나라 경제도 큰 충격을 받았지요. 그러나 한국증시는 외국에 비해 다음과 같은 3가지 장점을 가지고 있습니다.

잠깐만요

ETF 상장주식수가 자꾸 늘어나는 이유는?

ETF펀드는 구조상 발행시장과 유통시장으로 나누어져 있습니다. 개인투자자들이 매매하는 곳은 유통시장입니다. 유통시장은 기존에 발행·상장된 ETF를 개인 및 기관들이 서로 사고팔면서 손바뀜이 일어나는 시장입니다. 따라서 유통시장에서는 발행주식수가 변하지 않습니다.

발행시장은 기관투자자들이 대규모 자금을 추가로 설정하거나 환매하는 시장이므로 상장주식수가 늘어나기도 하고 줄어들기도 합니다. 예를 들어 갑이라는 기관이 KODEX200 종목 5만주에 해당하는 금액을 발행시장을 통해 설정하는 경우 KODEX200의 상장주식수는 5만주만큼 증가하게 됩니다. 반대로 갑이라는 기관이 KODEX200 종목 20만주에 해당하는 금액을 발행시장에서 환매하는 경우에는 상장주식수가 20만주만큼 감소하게 됩니다.

첫째, 회복이 빠르다

세계 경제위기 때는 큰 충격을 받지만, 반대로 세계경제가 회복으로 돌아
서면 가장 먼저 상승으로 전환되며, 외국에 비해 상승률도 큽니다. 즉 대
외의존도가 높기 때문에 세계경기에 앞서 움직이는 특징이 있습니다.

둘째, 제조업의 뿌리가 탄탄하다

우리나라 주력 산업의 위상을 보면 조선 세계 1위(수주 기준), 반도체 세
계 1위(생산액 기준), 스마트폰 세계 1위(생산대수 기준), 자동차 세계 5위(생
산대수 기준), 철강 세계 6위(조강 기준)를 비롯해 LCD·PDP 분야에서도 세
계 선두를 점하고 있습니다. 또한 IMF 금융위기를 경험한 뒤 부채 비율
이 낮아지고 재무구조가 상대적으로 튼튼해졌습니다.

셋째, 중국경제가 살아나면 호황 가능성이 높다

우리나라의 무역 비중은 종래 미국·유럽 중심에서 중국 등 아시아와 중
동·남미 등으로 수출 다변화되었습니다. 그중에서도 중국과의 무역 비

알아두세요

콘탱고(Contango)
흔히 정상시장이라고 하며, 선물
가격이 현물가격보다 높은 경우를
말합니다. 선물가격은 이자, 보관
료, 보험료 등이 들기 때문에 현물
보다 높은 것이 정상입니다.

백워데이션(Backwardation)
흔히 비정상시장이라고 하며, 선물
가격이 현물가격보다 낮은 경우를
말합니다. 앞으로 현물가격이 하락
할 것으로 예상될 때 나타납니다.

잠깐만요

주당순자산가치란 무엇인가요?

주당순자산가치(NAV: Net Asset Value)는 펀드의 순자산총액을 총발행주식수로 나누어
계산합니다. 즉 NAV는 펀드의 가치를 말해줍니다.

주당순자산가치(NAV) = 순자산총액 ÷ 총발행주식수

한국증권전산은 ETF의 주가 외에 주당순자산가치, 즉 NAV를 10초 단위로 공시하고 있
습니다. 따라서 ETF 가격은 보통 주당순자산가치 근처에서 형성되는 것이 정상입니다.
하지만 시장참여자들의 투자심리에 따라 주가 추가 상승이 예상되면 주가가 NAV보다
높게 형성되기도 하고(고평가), 주가 추가 하락이 예상되면 주가가 NAV보다 낮게 형성되
기도 합니다(저평가). 강세장일 때는 선물가격이 코스피200보다 높기도 하고(콘탱고), 약
세장일 때는 낮기도 한(백워데이션) 것과 동일한 원리입니다. 주가가 주당순자산가치 이
하에서 형성되는 것이 일반적입니다.

중이 높아 중국의 경제 상황이 우리나라 경제와 증시에 미치는 영향이 갈수록 커지는 추세입니다.

잠깐만요

괴리율이란 무엇이며, 왜 발생하나요?

괴리율이란 ETF 주가와 순자산가치(NAV)의 차이로, ETF 가격이 자산가치를 얼마나 충실하게 따라가고 있는지를 나타내는 지표입니다.

$$괴리율(\%) = (ETF\ 종가 - NAV) \div NAV \times 100$$

거래가 활발하게 이루어지는 종목은 유동성이 풍부하여 ETF 주가와 순자산가치 사이에 괴리가 발생할 여지가 많지 않습니다. 거래가 활발하지 않은 종목은 유동성 공급자로 하여금 의무적으로 주문을 내게 해 괴리가 발생하지 않도록 합니다. 그래도 괴리가 발생하는 경우는 많습니다. 왜 그럴까요?

첫째, 유동성 공급자가 주문을 낼 수 있는 시간은 9:10~14:50입니다. 14:50~15:00에 결정되는 단일가에는 참여할 수 없습니다. 그런데 시장 분위기에 따라 단일가가 주당순자산가치와 관계없이 고평가되거나 저평가될 수가 있습니다. 이렇게 발생한 괴리는 다음 날 시장이 개장되면 바로 정산됩니다.
둘째, 유동성 공급자는 자신이 손해를 보지 않는 범위에서 호가를 제시합니다. 유동성 공급자가 투자자가 매도하는 ETF를 받으면 ETF 매수 포지션만큼 바로 헤지를 해야 합니다. 따라서 헤지를 하기 위해 개별 주식을 차입한 뒤 시장에 매도합니다. 다시 말해 헤지 과정에서 주식을 차입하는 데 비용(약 0.05%)을 부담하고, 주식을 매도할 때도 거래세 0.3%를 부담하게 됩니다. 이러한 비용 때문에 유동성 공급자는 매수호가를 낼 때는 기준가보다 0.3% 정도 할인된 가격으로 내고, 매도주문을 낼 때는 기준가보다 0.05% 정도 할증된 가격으로 주문을 냅니다. 바로 이 때문에 유동성 공급자의 호가 괴리가 발생하는 것입니다.

유동성 공급자가 있는데 왜 괴리율이 3% 이상 10일 지속되면 상장폐지를 할까요? 선물을 생각해보세요. 선물도 수급에 따라 코스피200과 앞서거니(선물가격이 지수보다 높으면 콘탱고), 뒤서거니(선물가격이 지수보다 낮으면 백워데이션) 하면서 괴리가 발생합니다. 선물은 3월물, 6월물, 9월물, 12월물 등 사전에 정해진 기간이 되면 코스피200으로 정산되지만 ETF는 선물처럼 정해진 기간이 없어 정산이라는 것이 없습니다. 그러므로 ETF 가격이 기준이 되는 주당순자산가치와 지나치게 별개로 움직인다면 ETF로서 문제가 발생한 것이라고 볼 수 있습니다.

시장대표지수 ETF 투자 포인트

1. 한국증시를 보고 투자한다면 코스피200 추종 ETF에!

시장대표지수 ETF에 코스피200과 KRX100 등 다양한 종류가 있다는 것을 알아보았습니다. 그러나 사실상 한국증시를 대표하는 종목은 코스피200을 추종하는 코스피200 ETF입니다.

코스피200 ETF는 우리나라 증권시장에 가장 먼저 상장되었고(2002년), 코스피200이 파생상품인 선물과 옵션의 기준지수이기 때문에 상장 ETF 중 순자산액이 가장 크고, 거래가 가장 활발한 종목입니다. 따라서 초보자가 ETF 종목을 고를 때는 코스피200 ETF를 우선적으로 선택하는 것이 좋습니다. 그런 다음 경제와 시장에 관한 안목이 넓어지면 섹터, 상품 등으로 시야를 넓혀 가는 것이 좋습니다.

2. 장기투자와 적립식투자는 안전성이 최우선!

장기투자를 하거나 적립식투자를 할 경우에도 시장을 대표하는 코스피200 ETF를 선택하는 것이 가장 무난합니다. 일부 채권형을 제외한 ETF는 시장 상황에 따라 주가변동이 심하므로 특정 기간에 집중투자하거나, 상황이 여의치 않을 경우 완전히 손을 떼는 것도 하나의 방법입니다. 무엇보다 코스피200 ETF는 우리나라 경제와 동행하므로 주가흐름을 판단하기 편합니다.

3. 동일한 지수를 추적한다면 거래가 많은 종목을!

거래가 활발하지 않으면 HTS로 거래하기가 불편합니다. 코스피200 ETF
는 대체로 거래가 활발합니다. 그중에서도 삼성자산운용이 운용하는
KODEX200(069500)은 일평균거래량이 대략 1,000만주로 우리나라 전체
ETF 중 레버리지 ETF 다음으로 거래가 가장 활발합니다. 나머지 코스피
200 ETF들도 거래하는 데 불편함이 없을 만큼 거래가 충분한 반면,
KRX100 ETF를 포함한 다른 종목은 거래가 적다는 단점이 있습니다.

4. 운용보수가 싼 것이 좋다!

ETF는 일종의 인덱스펀드에 속합니다. 그러므로 액티브펀드처럼 운용
사나 펀드매니저의 역량에 크게 영향을 받지 않습니다. 따라서 운용보
수가 싼 것이 유리합니다. 앞서 인덱스펀드에 대해 알아볼 때 적은 수
수료라도 장기간 쌓이면 큰 금액이 될 수 있다는 것을 설명했지요?

 알아두세요

브랜드 약어
· KODEX = Korea Index
· KOSEF = Korea Stock
  Index Fund
· TIGER = Total Invest-
  ment Gross Equity Return
· TREX = Tradable Index

주요 자산운용사별 브랜드 명칭과 ETF 현황

자산운용사	브랜드 명칭	순자산총액(억원)	ETF 수(개)	거래 비중(%)
삼성자산운용	KODEX	48조 7,337	179	40.3
미래에셋자산운용	TIGER	44조 6,561	180	36.9
KB자산운용	KBSTAR	9조 7,223	116	8.0
한국투자신탁운용	ACE	5조 9,179	78	4.9
한화자산운용	ARIRANG	2조 9,583	63	2.4
키움투자자산운용	KOSEF	2조 7,009	56	2.2
신한자산운용	SOL	2조 6,561	36	2.2
NH아문디자산운용	HANARO	1조 9,595	45	0.9
하나자산운용	KTOP	3,902	4	0.1
타임폴리오자산운용	TIMEFOLIO	2,750	9	0.4

* 2024년 1월 30일 기준

적극적 투자로 수익을 높이는 섹터지수 ETF

섹터지수 ETF는 자신이 원하는 특정 업종만 골라 투자할 수 있다는 매력이 있습니다. 이번 장에서는 섹터지수 ETF가 무엇인지, 어떻게 투자하면 좋은지 알아봅시다.

내가 원하는 특정 업종에만 투자

섹터지수 ETF는 내가 원하는 특정 업종에만 투자하여 코스피보다 초과수익을 추구하는 적극적이고 공격적인 투자 방법입니다.

섹터지수 ETF는 자동차, 반도체, IT, 조선, 은행, 증권 등 특정 업종에 소속된 기업들로 구성된 지수를 추적하는 ETF 종목입니다. 개별 종목이 아닌 업종에 투자하므로 개별 기업에서 발생하는 위험을 피하면서도 분산투자 효과를 얻을 수 있습니다. 무엇보다 큰 장점은 특정 업종이 시장의 주도주나 테마주로 등장해 시장흐름을 선도할 때는 시장대표지수보다 초과수익률을 거둘 수 있다는 것입니다.

강세장에는 언제나 주도주가 있습니다. 주도주는 대체로 특정 업종군의 영업이익이 상장기업 평균영업이익보다 월등하게 높은 경우에 나타납니다. 경제 특성상 한번 주도주가 되면 짧게는 1년, 길게는 4년 이상 지속되므로, 주도주에 투자하면 시장보다 높은 수익을 얻을 수 있습니다. 반면, 특정 업종이 시장에서 소외될 때는 평균 이하의 수익률이 날수도 있는 위험이 따릅니다.

반도체업종을 예로 들어보겠습니다. 다음 그래프는 코스피지수와 KODEX반도체 ETF를 비교한 것입니다. 그래프에 표시된 구간을 보면 반도체업종 수익률이 시장평균수익률보다 낮았습니다. 그 외 기간은 반도체업종 투자수익률이 시장평균수익률보다 높았다는 것을 확인할 수 있습니다. 특히 2023년부터는 반도체업종 투자수익률이 시장평균수익률을 크게 상회하며 주도주임을 확인시켜주고 있습니다. 상대적으로 수익률이 높은 업종에 투자 비중을 높이는 것은 투자수익률을 높이는 데 매우 중요합니다.

코스피와 KODEX반도체 ETF 비교 그래프

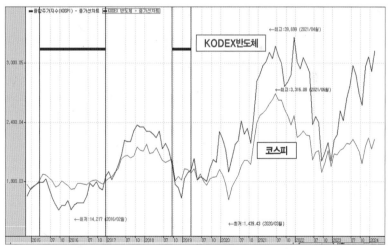

* 2015년 1월~2024년 2월 기준

섹터지수 ETF 중 관심 종목

종목명(코드번호)	기초지수	시가총액(억원)	보수(%)	자산운용사
TIGER200IT(139260)	코스피200정보기술	7,717	0.40	미래에셋자산
KODEX반도체(091160)	KRX반도체	8,066	0.45	삼성자산
KODEX자동차(091180)	KRX자동차	6,885	0.45	삼성자산
KODEX은행(091170)	KRX은행	4,037	0.30	삼성자산
TIGER화장품(228790)	WISE화장품	615	0.50	미래에셋자산
TIGER경기방어(139280)	코스피200생활소비재	620	0.40	미래에셋자산
KODEX증권(102970)	KRX증권	426	0.45	삼성자산
KODEX건설(117700)	KRX건설	238	0.45	삼성자산
KODEX보험(140700)	KRX보험	226	0.45	삼성자산
TIGER200에너지화학(139250)	코스200에너지화학	222	0.34	미래에셋자산

* 2024년 3월 기준

TIGER200IT(139260)

반도체, 디스플레이, 인터넷 서비스, 게임 등 우리나라 대표 IT기업으로 구성된 종목입니다. SK하이닉스, 삼성전자, 삼성SDI, LG전자의 구성 비중이 전체의 68.29%를 차지합니다. 세계 반도체시장을 대표하는 미국의 필라델피아 반도체지수 동향을 참고하여 투자하면 유용합니다.

TOP 10 구성 종목　　　　　　　　　　　　　　　(단위: %)

1	SK하이닉스	25.1	6	삼성전기	6.3
2	삼성전자	20.0	7	SK스퀘어	5.6
3	삼성SDI	14.0	8	삼성에스디에스	5.0
4	LG전자	8.4	9	LG디스플레이	2.9
5	LG	7.3	10	LG이노텍	2.4

* 2024년 3월 기준

KODEX반도체(091160)

반도체와 반도체 부품 및 장비제조업체로 구성된 ETF입니다. '산업의 쌀'이라 할 수 있는 반도체 산업은 타 산업에 비해 경기 사이클을 많이 타는 업종입니다. 코로나 팬데믹 이후 사회가 비대면과 디지털로 바뀌면서 반도체 수요가 증가했고, 증시 주도주로 나타났습니다. 2022년 불경기에 일시적으로 재고가 쌓였으나 AI 시대를 맞아 2023년 하반기부터 고사양 메모리 반도체(HBM) 등 AI 반도체 수요가 급증하면서 반도체 경기가 다시 살아나기 시작했습니다. 2024년부터 미국 필라델피아 반도체지수와 세계 반도체 기업의 주가가 사상 최고가를 갱신함에 따라 한국증시에도 AI 반도체 관련 기업들이 주도주로 등장했습니다. 필라델피아 반도체지수 그래프를 참고하여 투자 판단을 내리는 것이 좋습니다.

TOP 10 구성 종목 (단위: %)

1	SK하이닉스	23.5	6	이오테크닉스	3.1
2	삼성전자	17.5	7	DB하이텍	3.0
3	한미반도체	7.4	8	주성엔지니어링	2.4
4	HPSP	4.6	9	고영	2.2
5	리노공업	3.7	10	원익IPS	2.0

* 2024년 3월 기준

KODEX자동차(091180)

KODEX자동차 구성 종목을 살펴보면, 기아차, 현대차, 현대모비스가 약 60%를 차지하고, 나머지는 자동차 부품주로 구성되어 있습니다. 자동차는 2013년을 기점으로 해외 공장 생산이 국내 생산을 초과했습니다. 세계로 뻗어 나가는 글로벌 기업이 된 것입니다. 중장기적으로는 전기차가 자동차시장을 지배하게 될 것입니다. 한 번 충전하면 얼마나 주행할 수 있는가와 얼마나 저렴하게 판매할 수 있는가에 따라 향후 시장 판도가 결정될 것입니다. 기아와 현대는 전기차에 대응하여 수소가스를 원료로 하는 자동차를 시험·생산하고 있습니다.

TOP 10 구성 종목 (단위: %)

1	기아	25.3	6	금호타이어	2.5
2	현대차	21.7	7	현대위아	2.4
3	현대모비스	18.2	8	KG모빌리티	1.5
4	한국타이어앤테크놀로지	9.8	9	에스엘	1.4
5	HL만도	2.7	10	성우하이텍	1.2

* 2024년 3월 기준

 알아두세요

기업 밸류업 프로그램과 관련 업종 ETF

기업 밸류업 프로그램이란 주주환원 정책을 시행하여 코리아 디스카운트를 해소하는 데 목적이 있습니다. 구체적인 방법으로는 시가배당율을 높이거나, 자사주 매입 또는 소각, 영업 활동에 불필요한 부동산 매각, 회사가 '기업가치제고방안'을 거래소를 통해 의무적으로 공시, 코리아 밸류업 ETF 출시 등이 있습니다.

관련 수혜 업종으로는 자동차, 은행, 보험 등 저PBR/고ROE가 많은 업종들이 있습니다.

KODEX은행(091170)

KB금융지주, 하나금융지주, 신한금융지주, 우리금융지주의 비중이 70%를 차지하는, 우리나라 대표 은행들로 구성된 ETF입니다. 은행의 수익은 사실상 정부 정책에 좌우되어왔다 해도 과언이 아닙니다. 안정적이고 주가 등락이 심하지 않은 점이 특징이어서 은행은 수익성보다 건전성을 우선적으로 고려합니다. 은행의 건전성은 자기자본비율, 즉 BIS(Bank for International Settlements)로 나타냅니다. BIS 기준에 따르면, 자기자본비율은 8% 이상이어야 하며 다음과 같이 산출합니다.

$$\text{자기자본비율(BIS)} = (\text{자기자본} \div \text{위험가중자산}) \times 100.8\%$$

즉 은행의 자기자본비율이 최소 8% 이상은 되어야 정상적으로 영업을 할 수 있다고 보는 것입니다. BIS 비율이 높은 은행이 이익도 많이 내면 더욱 좋습니다. 은행의 수익성은 예대마진율(평균 대출금 이자 - 평균 예금 이자)이 결정하는데, 대체로 고금리 때는 예대마진율이 높고, 저금리 때는 예대마진율이 낮을 수밖에 없습니다.

TOP 10 구성 종목

(단위: %)

1	KB금융지주	20.4	6	기업은행	4.8
2	하나금융지주	19.7	7	JB금융지주	2.8
3	신한금융지주	18.8	8	BNK금융지주	2.6
4	우리금융지주	12.3	9	DGB금융지주	1.7
5	카카오뱅크	12.2	10	제주은행	0.1

* 2024년 3월 기준

KODEX증권(102970)

한국금융지주, 미래에셋증권, 삼성증권 등 한국의 대표 증권사로 구성되어 있습니다. 증권사의 수익구조는 시장이 좋은지 나쁜지에 따라 크게 좌우됩니다. 증권사의 주 수입원이 매매수수료이기 때문입니다. 따라서 시장 대세가 상승으로 접어들었다는 확신이 들 때는 주가상승률이 다른 금융업종에 비해 높은 경향이 있습니다. 대체로 시장이 침체기에서 상승기로 전환되면 소재주 → 완제품주 → 금융주 순으로 상승하며, 금융주 중에서도 증권주의 상승률이 높습니다.

TOP 10 구성 종목

(단위: %)

1	한국금융지주	22.0	6	한화투자증권	3.8
2	미래에셋증권	18.7	7	대신증권	3.5
3	삼성증권	17.4	8	유진투자증권	1.9
4	키움증권	13.9	9	유안타증권	1.7
5	NH투자증권	12.0	10	SK증권	1.5

* 2024년 3월 기준

TIGER경기방어(139280)

전력, 통신, 식품, 의약, 도소매 등 경기와 관련 없는 생활필수품을 생산·판매하는 기업으로 구성되어 있습니다. 아무리 경기가 나빠도 생활필수품은 늘 소비하기 때문에 불경기 때 상대적으로 인기를 끄는 종목입니다.

TOP 10 구성 종목 (단위: %)

1	셀트리온	24.4	6	한국전력	6.3
2	삼성바이오로직스	9.9	7	유한양행	3.4
3	KT&G	7.7	8	아모레퍼시픽	2.9
4	KT	7.1	9	LG생활건강	2.6
5	SK텔레콤	6.3	10	LG유플러스	2.3

* 2024년 3월 기준

KODEX에너지화학(117460)

에너지화학업종은 2가지 특징을 가지고 있습니다. 첫째, 소재산업이기 때문에 다른 업종보다 경기에 민감합니다. 경기가 침체기에서 회복기로 접어들면 주가상승률이 시장평균보다 높고, 반대로 경기가 호황기에서 불황기로 접어들면 하락률이 깊어지는 속도 또한 매우 빠릅니다.

둘째, 태양광과 바이오 등 신성장 산업이 포함되어 있습니다. 인류는 태양의 빛과 열 그리고 바람의 힘이나 바닷물에서 발생하는 조력 등 공해를 발생하지 않는 자연으로부터 에너지를 얻기 위해 노력해왔으며, 이제는 실현 가능한 범위에 도달해가고 있습니다. 이를 바꾸어 말하면, 꿈을 가진 기업들이 많다는 뜻이기도 합니다. 따라서 태양광과 풍력 같은 테마주가 시장에서 두각을 나타낼 때는 초과수익을 기대할 수 있습니다. LG화학, 에코프로, SK이노베이션 등의 점유율이 높습니다.

TOP 10 구성 종목

(단위: %)

1	LG화학	16.1	6	S-oil	4.1
2	에코프로	14.7	7	한화솔루션	3.9
3	SK이노베이션	9.6	8	엔켐	3.9
4	금양	5.5	9	롯데케미칼	3.4
5	HD현대	4.2	10	금호석유	3.3

* 2024년 3월 기준

섹터지수 ETF 투자 포인트

1. 전망 좋은 주도업종을 매수하라!

섹터지수 ETF는 투자자가 판단하기에 특정 업종의 전망이 유난히 좋을 때 매수합니다. 이럴 때 증권시장에서 주도주를 매수하면 투자수익이 시장수익률보다 높듯, ETF도 주도업종 또는 주도주에 해당하는 섹터 ETF를 매수하는 것이 유리합니다.

2. 시장에서 주도업종 찾는 법!

HTS로 업종별 일간, 주간, 월간 등락률을 검색해보세요. 같은 업종에서도 주가상승률이 높은 업종이 있습니다. 다음에는 해당 업종의 월간 그래프로 상승 추세를 확인해보세요. 주도업종은 다른 업종보다 상승률이 높고, 코스피와 동행합니다. 그다음에는 업종별 영업이익을 보세요. 주도업종은 자기자본이익률(ROE)이 높거나 영업이익증가율이 큽니다. 이 밖에 경제신문 등 매스컴을 참고합니다. 예를 들어 조선과 건설의 경우 수주가 크게 증가한다거나, 스마트폰의 경우 반도체 가격이 상승한다거나, 태양광의 필수 재료인 폴리실리콘 가격이 상승한다는 등의 보도가 이어지면 주도주로 등장할 가능성이 높습니다.

3. 섹터지수 ETF는 보조 투자 수단으로!

주도주에 해당하는 섹터지수 ETF를 매수할 경우 시장평균보다 높은 수익률을 낼 수 있다고 했습니다. 그러나 주도업종인 줄 알고 매수했는데 잘못 선정했을 경우에는 시간이 지날수록 시장평균보다 오히려 수익률이 떨어질 수 있습니다. 따라서 섹터지수 ETF를 매수할 때는 일정한 비율로 시장대표지수 ETF에 투자하는 것이 좋습니다. 즉 추가수익을 목표로 하되, 섹터지수 ETF에 올인하지 말라는 것입니다. 섹터지수 ETF에 전액 투자하는 것은 시장 전체를 사는 것이 아니고, 시장의 일부를 매수하는 것이기 때문입니다. 또한 제 경험으로는 일정 비율로 시장 전체를 매수해둘 때 주도업종이 더욱 잘 보이는 경우가 많았습니다.

4. 거래량을 반드시 확인하라!

거래량을 확인합니다. 거래가 지나치게 적은 섹터지수 ETF일 경우 원하는 시기에 원하는 가격으로 매매하기가 불편하고, 실제로 불리한 가격으로 체결되는 상황이 발생하기도 합니다. 거래가 많은 ETF가 있는데 굳이 거래가 적은 종목을 선정할 이유가 있을까요?

주도업종이란 무엇이며, 어떻게 아나요?

주도주(또는 주도업종)란 주식시장에서 전반적으로 주가를 이끄는 인기주 집단을 말합니다. 주도주가 상승하면 시장 대세가 살아나고, 주도주가 하락하면 대세도 하락합니다. 대체로 경기 사이클에 따라 주도주가 바뀝니다. 주도주는 강세장일 때 잘 나타나며, 한 번 주도주가 되면 짧게는 1년, 길게는 3년 이상 지속되는 경향이 있습니다. 특정 업종이 호황을 맞이하면 대개 그 정도로 지속된다는 뜻입니다. 일본증시 전문가 우라카미는 경제현상과 금리변동에 따른 자금의 이동에 따라 주식시장을 금융장세, 실적장세, 역금융장세, 역실적장세로 나누고, 이 4가지 국면이 순환한다고 말했습니다.

- **금융장세**: 경기가 좋지 않아 저금리 정책을 쓰게 되면 시중자금은 수익률이 낮은 채권을 팔고 주식시장으로 옮겨가게 됩니다. 이렇게 주식시장에 돈이 유입되면서 활황을 보이는 경우를 유동성장세라고 하며, 보통 실적장세 이전에 나타납니다.
- **실적장세**: 장기간의 저금리로 투자가 증가하고 경기가 호전됨에 따라 기업의 실적이 좋아져 주가가 상승하는 경우로, 주가 상승이 장기간 이어지는 특징이 있습니다.
- **역금융장세**: 물가안정과 과열된 경기를 진정시킬 목적으로 금리를 올림에 따라 시중자금이 주식에서 빠져나와 수익률이 높은 채권으로 이동해 주가가 하락하는 경우로, 실적장세 이후에 나타납니다.
- **역실적장세**: 역금융장세가 지속되면 경기가 더욱 나빠지고 기업 실적이 악화되어 주가가 폭락합니다. 이를 역실적장세라고 합니다.

구분	국면별 예상 주도업종
금융장세	1. 금리 민감주 → 은행, 증권, 보험 2. 재정, 투융자 관련주 → 건설 및 부동산 관련주 3. 공공서비스 관련주 → 전력, 가스, 철도, 항공, 방송 4. 불황저항력 관련주 → 식품, 제약, 임대업
실적장세	1. 소재산업(전반부) → 철강, 시멘트, 화학, 비철금속 2. 가공산업(후반부) → 기계, 조선, 전기전자, 반도체, 자동차, 정밀기계
역금융장세	1. 초우량주 → 저PER주, 저PBR주 2. 중소형 우량주 → 작전성 매집과 M&A 재료 보유주
역실적장세	1. 질적으로 불량한 재료 보유주 → 투기적 매매, 인위적 시세 조종 종목 2. 우량주의 저점 매수 기회 → 향후 상승장에 대비

테마/스타일지수 ETF,
나만의 펀드 만들기!

지금까지 시장의 평균수익률을 추구하는 시장대표지수 ETF와 특정 업종의 수익률을 추구하는 섹터지수 ETF에 대해 알아보았습니다. 이번 장에서는 테마주 ETF에 대해 알아봅시다. 테마 ETF를 선정하는 것은 시장에서 인기가 높은 특정 테마를 투자자가 직접 선정한다는 것입니다. 이는 투자자가 직접 포트폴리오를 구성하는 것과 같은 효과를 얻을 수 있습니다.

테마주란 '정부 정책의 변화 또는 시대흐름과 패러다임의 변화로 특정 재료를 보유하게 된 종목들이 동시에 같은 방향으로 움직이는 것'을 말합니다. 돋보기로 태양빛을 한곳에 모으면 불길이 일 듯, 시장 자금을 특정 종목군에 집중시켜 엄청난 주가 폭등을 가져오는 경우가 있습니다. 그러나 지나치게 급등할 경우 버블이 발생해 단기간에 크게 하락한다는 점도 유의해야 합니다. 테마 중에서 성장주, 즉 매출과 영업이익이 증가하는 테마는 장기투자를, 재료만으로 급등락하는 테마는 단기매매하는 것이 원칙입니다. 주가가 급등해 버블이 심할 때는 매도 후 관망하고 있다가 다시 매수하는 등 그래프 매매를 하는 것이 좋습니다. 최근 인기가 높은 주요 테마주로는 인공지능(AI), 2차전지/배터리, 친환경에너지, 4차산업, 바이오, 고배당 등이 있습니다.

미래를 주도할 인공지능 ETF

AI는 동적 컴퓨팅 환경에 내장된 알고리즘을 생성하고 적용하여 인간의 지능을 모방하는 기초적인 지능입니다. AI는 인간처럼 사고하고 행동하는 컴퓨터나 휴대폰을 만들려고 합니다. 2024년 1월 30일 삼성전자는 세계 최초로 모바일 AI 시대를 여는 갤럭시 S24를 출시했습니다. 온-디바이스 AI가 탑재되어 동시통역도 가능하게 되었습니다.

소득 수준이 향상되고, 저출산·고령화 시대가 도래함에 따라 AI는 차세대 핵심 산업으로 등장했습니다. AI는 구체적으로 챗GPT, 온-디바이스, 지능형 로봇 등 다양한 형태로 인간의 동반자가 되어 가고 있습니다. 증권시장도 AI 테마가 주도주와 테마주를 형성하고 있습니다.

AI 챗봇
질문을 입력하면 AI가 빅데이터 분석을 바탕으로 해답을 주는 일종의 대화형 메신저입니다. 대표적으로 미국 인공지능연구소인 오픈 AI의 챗GTP가 있으며 금융, 고객 상담, 교육 등 다양한 영역에서 사용되고 있습니다.

온-디바이스(On-device)
외부 서버나 클라우드에 연결되어 데이터와 연산을 지원받았던 기존의 클라우드 기반 AI에서 벗어나 기기 자체에 탑재되어 직접 AI 서비스를 제공받는 것으로, 통신 상태 제약을 받지 않으며 보안성이 높고, 정보 처리 속도가 빠른 차세대 기술입니다. 온-디바이스 AI를 탑재한 경우 AP와 신경망처리장치(NPU)의 고사양화에 따라 디램과 낸드 용량이 늘어납니다.

인공지능 ETF 중 관심 종목

종목명(코드번호)	기초지수	시가총액(억원)	보수(%)	자산운용사
KODEX AI반도체핵심장비 (471990)	iSelect AI반도체핵심장비	2,425	0.39	삼성자산
TIGER AI반도체핵심공정 (471760)	iSelect AI반도체핵심공정	2,093	0.45	미래에셋자산
TIMEFOLIO글로벌AI 인공지능액티브(456600)	Solactive Global Artificial Intelligence	1,852	0.80	타임폴리오자산
UNICORN생성형AI 강소기업액티브(470310)	iSelect AI	653	0.50	현대자산
TIGER글로벌AI&로보틱스 INDXX(464310)	Index Global Robotics& Artificial Intelligence	739	0.49	미래에셋자산
TIGER글로벌AI액티브 (466950)	Index Artificial Intelligence Big Date	1,017	0.79	미래에셋자산
KBSTAR AI&로봇 (469070)	iSelect AI&로봇	387	0.40	KB자산
ACE AI반도체포커스 (469150)	FnGuide AI반도체포커스	267	0.30	한국투자신탁
KOSEF글로벌AI반도체 (473490)	Solactive Global AI Semicnductor	463	0.40	키움투자자산

* 2024년 4월 기준

KODEX AI반도체핵심장비(471990)

챗GPT, 지능형 로봇 등 기술혁신에 AI 반도체가 필수입니다. HBM(고대역폭 메모리반도체) 공정의 핵심인 AI 반도체 장비업체의 장기적인 수혜가 예상됩니다.

전공정부터 후공정, 패키징까지 AI 반도체 공정 전반을 아울러 혁신적인 기술을 자랑하는 핵심 장비 기업을 편입했습니다.

TOP 10 구성 종목 (단위: %)

1	한미반도체	24.7	6	HPSP	8.2
2	리노공업	17.0	7	대덕전자	6.2
3	ISC	13.3	8	이오테크닉스	5.2
4	이수페타시스	12.2	9	심텍	1.9
5	하나마이크론	8.3	10	파크시스템스	0.8

* 2024년 4월 기준

TIGER AI반도체핵심공정(471760)

국내 반도체 공정에 핵심적인 기업을 투자 대상으로 하며, 신탁재산의 60% 이상을 투자하여 1좌당 순자산가치의 변동률을 기초지수인 iSelect AI반도체핵심장비지수의 변동률과 유사하도록 투자신탁재산을 운용하는 것을 목적으로 합니다.

알아두세요

iSelect지수

iSelect AI반도체핵심공정지수는 유가증권시장 및 코스닥시장 상장 기업 중 AI 프로세스칩 및 시스템반도체 산업의 구조에 따라 선정한 키워드를 기반으로 유관 기업을 분류하기 위해 자연어 처리 키워드 필터링 기술을 활용하여 종목을 편입하는 지수입니다.

TOP 10 구성 종목 (단위: %)

1	한미반도체	27.3	6	하나마이크론	5.2
2	이오테크닉스	9.7	7	솔브레인	5.1
3	이수페타시스	8.8	8	원익IPS	5.1
4	동진쎄미켐	6.2	9	HPSP	4.6
5	ISC	5.4	10	대덕전자	4.1

* 2024년 4월 기준

TIMEFOLIO글로벌AI인공지능액티브(456600)

Solactive AG에서 산출 및 발표하는 Solactive Global Artificial Intelligence Index를 비교지수로 하여 비교지수 대비 초과 성과를 창출하는 것을 목표로 하는 액티브 ETF입니다. 국내외 AI 관련 기업으로 구성되어 있습니다.

TOP 10 구성 종목

1	팔란티어 테크놀로지	6	HD현대일렉트릭
2	SK하이닉스	7	한미반도체
3	ARM호딩스	8	인텔
4	큐알티	9	알리바바그룹
5	VERTIV홀딩스	10	엔비디아

* 2024년 4월 기준

KBSTAR AI&로봇(469070)

이 투자신탁은 NH투자증권에서 산출 및 발표하는 iSelect AI&로봇지수를 기초지수로 투자신탁의 순자산가치 변화를 기초지수 대비 초과하도록 투자신탁재산을 운용하는 것을 목적으로 합니다.

KBSTAR AI&로봇이 기초지수로 사용하는 iSelect AI&로봇지수는 국내 주식시장 상장기업 중에 20일 평균 시가총액 1,000억원 이상, 20영업일 평균 거래대금 3억원 이상인 기업으로 구성된 지수입니다.

TOP 10 구성 종목　　(단위: %)

1	레인보우로보틱스	6.5	6	뉴로메카	4.0
2	두산로보틱스	6.2	7	솔트룩스	3.9
3	네이버	6.2	8	엠로	3.9
4	현대오토에버	4.2	9	에스피지	3.5
5	셀바스AI	4.1	10	딥노이드	3.4

* 2024년 4월 기준

장기적으로 성장하는 2차전지/배터리 ETF

전기차는 피할 수 없는 대세가 되었습니다. 전기차시장 규모는 2023년 1,432만대에서 2030년 4,450만대로 고성장이 예상되고, 전기차의 핵심이라 할 수 있는 배터리 시장 규모는 2020년 53조원에서 2030년 403조원으로 연 40%의 비약적인 성장이 전망됩니다(자료: IEA). 배터리는 전기차 원가에서 약 40%의 비중을 차지하며, 반도체와 함께 '산업의 쌀'로 부상하고 있습니다.

배터리시장을 선점하기 위해 한국을 비롯하여 중국, 일본, 미국, 대만 등 세계 각국이 치열한 전쟁을 하고 있습니다. 한국은 LG엔솔, 삼성SDI, SK온, 포스코케미칼, 에코프로머티리얼 등을 선두로 유리한 고지에서 앞서 나가고 있습니다.

미국은 2030년까지 신차 판매 가운데 전기차 비중을 50%까지 높일 계획이며, EU도 유사한 정책을 추진하고 있습니다. 2022년 8월 조 바이든(Joe Biden) 미국 대통령은 인플레이션 감축법(IRA법)에 서명했습니다. 이 법에 따르면 2024년부터 미국 또는 미국과 FTA를 맺은 국가에서 채굴·재련한 원자재(리튬, 니켈 등)의 비중이 40% 이상인 배터리를 탑재해야만 전기차 보조금의 절반인 3,750달러를 받을 수 있고, 2027년에는 그 비중이 80%로 강화됩니다. 나머지 절반인 3,750달러는 북미에서 생산한 부품·소재의 비중이 50% 이상(2024년 기준)인 배터리를 장착한 전기차에만 지급하고 있으며, 2029년에는 그 비중이 100%로 커질 예정입니다.

이는 중국, 러시아 등을 공급망에서 배제하기 위한 정책으로, 한국의 배터리 기업에는 도전과 기회가 될 수 있습니다. 한국은 시장을 넓히고 원료를 용이하게 조달할 목적으로 미국에 대규모 배터리 공장을 건설하고 있기 때문입니다.

2차전지/배터리는 2023년에 전기차 수요 등 성장통을 거치면서 일시적으로 부진한 실적을 보였습니다. 그러나 장기적 성장이 예상되어 상당

기간 최대 관심 테마주가 될 것이므로 관련 ETF를 관심 종목 창에 편입해둘 필요가 있습니다.

2차전지/배터리 ETF 중 관심 종목

종목명(코드번호)	기초지수	시가총액(억원)	보수(%)	자산운용사
KODEX2차전지산업 (305720)	FnGuide2차전지산업	11,564	0.45	삼성자산
TIGER2차전지테마 (305540)	WISE2차전지테마	12,852	0.50	미래에셋자산
TIGER2차전지 TOP10레버리지(412570)	KRX2차전지TOP10×2	432	0.59	미래에셋자산
TIGER2차전지 TOP10(364980)	KRX2차전지TOP10	3,307	0.40	미래에셋자산
KBSTAR2차전지액티브 (422420)	iSelect2차전지	2,208	0.35	KB자산
TIGER글로벌리튬&2차전지 SOLACTIVE(394670)	Solactive Global Lithium	3,167	0.49	미래에셋자산
KODEX차이나2차전지 MSCI(419430)	MSCI China all shares IMI Select Batteries	388	0.25	삼성자산

* 2024년 4월 기준

KODEX2차전지산업(305720)

2차전지의 밸류체인인 원재료, 장비, 부품, 제조 등 2차전지 전반에 걸쳐 주요 기업에 투자할 수 있는 ETF입니다.

2차전지의 개별 종목 선정이 어려울 때 투자하기 적당한 종목입니다. 지구환경 보전을 이유로 이산화탄소 배출 규제 기준에 맞추지 못하는 경우 자동차 생산을 제한하거나 벌금을 부과하게 됩니다. 2030년부터 화석연료 자동차 생산을 중단하는 나라가 있는 만큼 전기차는 피할 수 없는 대세입니다.

분배금은 1월, 4월, 7월, 10월 마지막 영업일 및 회계 기간 종료일에 연

4회 지급합니다. 2023년에는 코스피지수 대비 상대수익률이 높았습니다.

TOP 10 구성 종목

(단위: %)

1	LG에너지솔루션	15.0	6	포스코퓨처엠	7.3
2	삼성SDI	11.8	7	코스모신소재	6.4
3	포스코홀딩스	11.4	8	에코프로	5.2
4	에코프로비엠	11.4	9	SK이노베이션	4.8
5	LG화학	10.6	10	나노신소재	4.5

* 2024년 4월 기준

TIGER2차전지테마(305540)

전기차 ESS시장이 급성장함에 따라 2차전지시장이 뜨고 있습니다. 대한민국 2차전지 밸류체인에 분산투자하는 ETF입니다. WISE2차전지테마지수를 기초지수로 하며 대부분의 2차전지 관련 종목을 포함해 구성되는 종목입니다.

WISE2차전지테마지수는 와이즈에프엔에서 발표하는 지수로, 종목별 증권사 리포트를 키워드 분석하여 주요 키워드 상위에 '2차전지'가 포함되는 종목을 유니버스로 하며, 종목별 사업보고서에 기반한 매출 구성 확인을 통해 구성 종목을 선정합니다.

연 4회 분배금을 지급하며, 기준일은 KODEX2차전지산업과 동일합니다.

TOP 10 구성 종목   (단위: %)

1	삼성SDI	11.1	6	에코프로비엠	8.8
2	LG에너지솔루션	9.7	7	포스코퓨처엠	7.6
3	에코프로	9.5	8	SK이노베이션	6.5
4	포스코홀딩스	9.3	9	코스모신소재	3.4
5	LG화학	9.1	10	엔켐	3.3

* 2024년 4월 기준

TIGER2차전지TOP10레버리지(412570)

국내 2차전지 밸류체인에 2배로 투자하는 ETF입니다. 주식, 주식 관련 집합투자증권 및 주식 관련 장내파생상품을 주된 투자 대상 자산으로 합니다. KRX2차전지TOP10지수를 기초지수로 하여 1좌당 순자산가치의 일간변동률을 기초지수의 일간변동률 양의 2배수로 연동하여 운용합니다. 레버리지가 2배수이므로 장기투자보다 단기투자에 적합합니다.

KRX2차전지TOP10지수는 한국거래소에서 발표하는 지수로, 유가증권시장 및 코스닥 상장 종목 중 2차전지 산업군 내 대표 기업 10개를 구성종목으로 하는 지수입니다.

TOP 10 구성 종목

1	TIGER2차전지TOP10	6	LG화학
2	포스코퓨처엠	7	에코프로비엠
3	LG에너지솔루션	8	SK아이이테크
4	삼성SDI	9	엘앤에프
5	SK이노베이션	10	코스모신소재

* 2024년 4월 기준

TIGER2차전지TOP10(364980)

한국 2차전지 산업을 대표하는 10개 기업에 투자하는 ETF입니다. KRX2차전지TOP10지수를 기초지수로 하여 1좌당 순자산가치의 변동률을 기초지수의 변동률과 유사하도록 운용합니다.

KRX2차전지TOP10지수는 한국거래소에서 발표하는 지수로, 유가증권시장 및 코스닥시장 상장 종목 중 2차전지 산업군 내 대표 기업 10개를 구성 종목으로 하는 지수입니다.

TOP 10 구성 종목 (단위: %)

1	삼성SDI	26.3	6	포스코퓨처엠	3.5
2	에코프로비엠	24.5	7	SK이노베이션	3.3
3	LG에너지솔루션	24.2	8	엘앤에프	2.0
4	LG화학	8.8	9	SK아이이테크놀로지	0.8
5	에코프로	5.2	10	에코프로머티	0.7

* 2024년 4월 기준

KBSTAR2차전지액티브(422420)

NH투자증권이 산출 및 발표하는 iSelect2차전지지수를 비교지수로 하여 투자신탁의 순자산가치 변화를 비교지수 대비 초과하도록 신탁재산을 운용하는 것을 목적으로 하는 액티브주식 상장지수집합투자기구입니다.

iSelect2차전지지수는 2차전지 관련 산업에 속하며 우수한 기술력과 그에 연동되는 매출을 기반으로 고성장이 가능한 기업의 성과를 추종하도록 설계해 유동 시가총액 가중 방식으로 비중을 구성한 테마지수입니다.

TOP 10 구성 종목

(단위: %)

1	삼성SDI	10.6	6	포스코홀딩스	5.5
2	에코프로	9.3	7	엔켐	5.5
3	에코프로비엠	8.5	8	SKC	4.5
4	SK이노베이션	7.9	9	포스코퓨처엠	4.4
5	LG에너지솔루션	7.7	10	코스모신소재	4.1

* 2024년 4월 기준

TIGER글로벌리튬&2차전지SOLACTIVE(394670)

리튬 채굴, 2차전지 배터리 및 완성차업체까지 글로벌 배터리 관련 산업 전반에 투자하는 ETF입니다. 전기차 배터리 밸류체인 전반, 특히 '리튬 2차전지'에 투자하고 싶을 때 유망한 종목입니다. 리튬의 사용량은 급증하는데 추가 생산 여건이 마련되지 않아 리튬 가격은 중장기적으로 상승할 것으로 예상됩니다.

주식을 기초자산으로 하여 파생상품시장에서 거래되는 장외파생상품을 주된 투자 대상 자산으로 하며, Solactive Global Lithium Index(원화 환산)를 기초지수로 하여 1좌당 순자산가치의 변동률을 기초지수의 변동률과 유사하도록 투자신탁재산을 운용하는 것을 목적으로 합니다.

Solactive Global Lithium Index는 Solactive AG에서 발표하는 지수로, 글로벌 기업 중 리튬 채굴이나 배터리를 생산하고 있으며, 해당 사업에서 현재 및 향후 상당한 매출이 발생할 것으로 예상되는 기업들을 최대 40종목까지 편입합니다.

기후변화/친환경에너지/수소 ETF

기후변화/친환경에너지/수소 테마는 시장에 주요 테마로 등장한 지 오래되었지만 2022년 8월 바이든 미 대통령이 인플레이션 감축법(IRA법)에 서명하면서 다시 한번 주요 테마주로 각광받고 있습니다. IRA법은 2030년까지 온실가스를 40% 감축하는 것을 목표로 친환경에너지 발전에 600억달러의 세액을 공제하고, 태양광/풍력 등에 300억달러를 지원합니다. 이에 영향을 받아 한국증시에서도 관련 테마가 인기가 높을 것으로 예상됩니다.

기후변화/친환경에너지/수소 ETF

종목명(코드번호)	기초지수	시가총액(억원)	보수(%)	자산운용사
KBSTAR Fn수소경제테마(367770)	FnGuide수소경제테마	2,327	0.45	KB자산
KODEX KRX기후변화솔루션(404260)	KRX기후변화솔루션	260	0.09	삼성자산
TIGER KRX기후변화솔루션(404540)	KRX기후변화솔루션	199	0.09	미래에셋자산
ACE친환경자동차밸류체인액티브(385600)	FnGuide친환경자동차밸류체인	226	0.50	한국투자신탁
HANARO Fn친환경에너지(381570)	FnGuide친환경에너지	55	0.45	NH아문디
KBSTAR글로벌크린에너지S&P(399580)	S&P Global Clean Energy	90	0.40	KB자산

* 2024년 4월 기준

KBSTAR Fn수소경제테마(367770)

이 투자신탁은 국내 유가증권시장 주식을 투자 대상 자산으로 하며, FnGuide수소경제테마지수를 추적대상지수로 하여 1좌당 순자산가치의 변동률을 추적대상지수의 변동률과 유사하도록 투자신탁재산을 운용하는 ETF입니다.

FnGudie수소경제테마지수는 코스피 및 코스닥시장 종목 중에서 수소경제 밸류체인에 해당되는 종목을 유동 시가총액 가중 방식으로 비중을 구성한 테마지수입니다.

TOP 10 구성 종목

1	현대차	19.2	6	현대제철	7.3
2	현대모비스	16.3	7	효성중공업	2.5
3	두산에너빌리티	14.0	8	한온시스템	2.5
4	포스코퓨처엠	12.5	9	현대위아	2.3
5	한화솔루션	7.4	10	효성첨단소재	2.1

* 2024년 3월 기준

KODEX KRX기후변화솔루션(404260)

전 세계적인 기후변화 등의 환경 문제로 저탄소·친환경에너지로의 전환이 이루어지고 있으며, 이에 따라 탄소 배출 관리 능력이 우수한 기업에 대한 관심이 증가하고 있습니다. KRX기후변화솔루션지수는 '저탄소 전환점수'에 따른 분류상 'Solutions'에 해당하는 상위 종목과 '저탄소 특허점수' 상위 종목으로 구성된 지수입니다.

TOP 10 구성 종목

(단위: %)

1	SK하이닉스	8.8	6	삼성SDI	6.0
2	삼성전자	7.3	7	에코프로비엠	5.7
3	LG에너지솔루션	6.7	8	기아	5.5
4	현대차	6.6	9	LG화학	4.2
5	포스코홀딩스	6.1	10	코스모신소재	3.7

* 2024년 3월 기준

코스피 대비 상대수익률

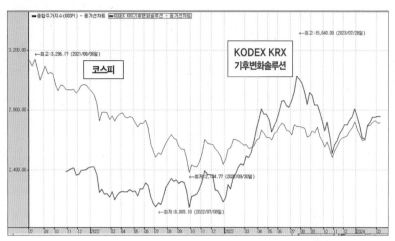

* 2021년 7월~2024년 3월 7일 기준

ACE친환경자동차밸류체인액티브(385600)

에프앤가이드가 발표하는 FnGuide친환경자동차밸류체인지수를 비교 지수로 하여 운용하는 ETF입니다. FnGuide친환경자동차밸류체인지수 는 코스피 및 코스닥시장 상장 종목 중 전기차, 수소차, 2차전지, 전기 차 배터리 등 친환경 자동차 밸류체인 기술과 관련도가 높은 종목을 선 정하여 구성한 지수입니다. 2017년 12월 18일 기준 1,000포인트로 2021 년 1월 18일부터 발표하고 있습니다.

TOP 10 구성 종목

(단위: %)

1	포스코퓨처엠	8.7	6	현대차	5.7
2	에코프로	8.7	7	기아	5.4
3	에코프로비엠	8.3	8	포스코인터내셔널	5.2
4	포스코홀딩스	7.8	9	나노신소재	5.0
5	HD현대일렉트릭	7.3	10	대주전자재료	5.0

* 2024년 3월 기준

KBSTAR글로벌크린에너지S&P(399580)

기초지수인 S&P Global Clean Energy Index(Price Return)의 수익률과 유사한 수익률을 실현하는 것을 목표로 하는 상장지수투자신탁으로, 기초지수를 완전 복제하는 방식으로 운용됩니다. S&P Global Clean Energy Index는 S&P에서 산출 및 발표하는 지수로, 전 세계 기업을 대상으로 Factset 및 Truecost Power Generation Data를 활용해 태양광, 풍력, 수력, 바이오 연료 등 광범위한 친환경에너지 관련 기업 중 시가총액, 유동성, 산업 관련도 등을 고려하여 선별된 종목으로 구성된 지수입니다.

인간의 삶을 바꾸고 있는 4차산업 ETF

4차산업혁명이란 AI를 기반으로 사물-사물 또는 사물-인간의 네트워크 융합기술을 말합니다. 구체적으로 AI, 자율주행차, 사물인터넷(IoT), 증강현실/가상현실(AR/VR), 클라우드서비스, 스마트팩토리, 시스템반도체, 바이오테크놀로지 등입니다.

4차산업은 인류의 생활을 크게 변화시킬 것으로 예상되며, 코로나 팬데믹은 비대면/디지털 사회를 만들어 4차산업을 더욱 가속화시키고 있습니다.

4차산업 ETF

종목명(코드번호)	기초지수	시가총액(억원)	보수(%)	자산운용사
TIGER BBIG(364960)	KRX BBIG	1,672	0.40	미래에셋자산
KBSTAR Fn테크 (367760)	FnGuide5G테크	869	0.45	KB자산
HANARO Fn K-뉴딜 디지털플러스(368190)	FnGuide K-뉴딜디지털 플러스	392	0.45	NH아문디

HANARO Fn전기/수소차 (381560)	FnGuide전기&수소차 (시장가격)	192	0.45	NH아문디
TIGER인터넷TOP10 (365000)	KRX인터넷TOP10	441	0.40	미래에셋자산
TIGER게임TOP10 (364990)	KRX게임TOP10	185	0.40	미래에셋자산
KBSTAR글로벌4차산업 IT(합성)(276650)	S&P Global 1200 Information Technology and Interactive Media & Services(PR)	232	0.40	KB자산
TIGER글로벌클라우드 컴퓨팅INDXX(371450)	Indxx Global Cloud Computing	459	0.49	미래에셋자산
TIGER글로벌자율주행& 전기차SOLACTIVE (394660)	Solactive Autonomous & Electric Vehicles	3,361	0.49	미래에셋자산
ARIRANG글로벌인공지능 산업MV(438210)	BlueStar Artificial Intelligence	44	0.50	한화자산

* 2024년 4월 기준

TIGER BBIG(364960)

글로벌 시장을 선도하는 한국의 주도 산업인 BBIG 대표 기업에 투자합니다. BBIG는 2차전지(Battery), 바이오(Bio), 인터넷(Internet), 게임(Game) 산업을 지칭합니다. 지난 20년간 꾸준히 성장해온 BBIG 산업은 넥스트 노멀 시대를 맞이하여 구조적으로 성장할 수 있는 여건을 갖추고 있습니다.

코로나 팬데믹 이후 언택트, 디지털 커넥트 환경이 빠르게 자리 잡으면서 BBIG 산업은 더욱 빠르게 성장했습니다. 그 결과 제조, 금융, 유통업이 자리하고 있던 국내 시가총액 10위 안에 BBIG 종목들이 다수 등장했습니다. 영업이익 전망치 역시 지속적으로 빠르게 증가해 시장의 새로운 주도주로 자리 잡고 있습니다.

TOP 10 구성 종목

(단위: %)

1	크래프톤	11.9	6	SK바이오팜	8.5
2	넷마블	10.7	7	네이버	7.3
3	셀트리온	10.5	8	디어유	6.8
4	삼성바이오로직스	9.3	9	포스코퓨처엠	6.7
5	카카오	9.3	10	LG에너지솔루션	6.5

* 2024년 3월 기준

코스피 대비 상대수익률

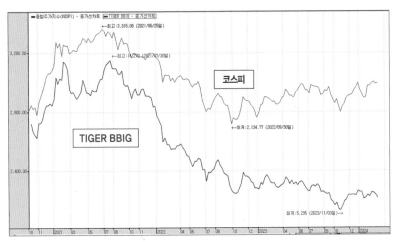

* 2020년 10월~2024년 3월 7일 기준

KBSTAR Fn테크(367760)

FnGuide5G테크지수는 코스피 및 코스닥시장 종목 중에서 5G 밸류체인에 해당되는 종목을 유동 시가총액 가중 방식으로 비중을 구성한 테마지수입니다. 5G 종목에 투자하고 싶은데 마땅한 종목을 찾을 수 없을 때 선택하면 좋습니다.

TOP 10 구성 종목

(단위: %)

1	SK하이닉스	23.7	6	서진시스템	3.0
2	삼성전자	19.4	7	비에이치	2.1
3	LG이노텍	14.0	8	케이엠더블유	1.8
4	리노공업	10.8	9	파트론	1.7
5	이수페타시스	3.0	10	쏠리드	1.7

* 2024년 3월 기준

TIGER인터넷TOP10(365000)

네이버, 카카오 등 한국 인터넷 산업을 대표하는 10개 기업에 투자하는 ETF입니다. 한국거래소가 발표하는 KRX인터넷TOP10지수를 기초지수로 하는 상장지수투자신탁으로, 국내주식에 투자신탁 자산총액의 60% 이상을 투자합니다.

TOP 10 구성 종목

(단위: %)

1	카카오	29.2	6	서진시스템	4.1
2	네이버	22.5	7	인텔리안테크	3.0
3	디어유	20.0	8	안랩	2.9
4	아프리카TV	6.8	9	케이엠더블유	2.5
5	더존비즈온	5.7	10	엠로	2.5

* 2024년 3월 기준

TIGER게임TOP10(364990)

한국 게임 산업을 대표하는 10개 기업에 투자하는 ETF입니다. 한국거래소가 발표하는 KRX게임TOP10지수를 기초지수로 하는 상장지수투자신탁으로, 투자 목적 달성을 위해 국내주식에 투자신탁 자산총액의 60% 이상을 투자합니다. KRX게임TOP10지수는 크래프톤, 엔씨소프트 등 유가증권시장 및 코스닥시장 상장 종목 중 게임 산업군 내 대표 기업

10개를 구성 종목으로 하는 지수입니다.

TOP 10 구성 종목

(단위: %)

1	크래프톤	28.8	6	카카오게임즈	4.6
2	넷마블	24.1	7	더블유게임즈	4.6
3	엔씨소프트	22.4	8	NHN	2.4
4	위메이드	5.3	9	컴투스	1.7
5	펄어비스	5.2	10	넥슨게임즈	1.7

* 2024년 4월 기준

TIGER글로벌클라우드컴퓨팅INDXX(371450)

언택트 시대와 함께 도약하는 글로벌 클라우드 산업에 투자하는 ETF입니다. 2·3차산업의 인프라가 도로, 철도, 항공이었다면 4차 산업혁명시대의 인프라는 무엇일까요? 언제 어디서나 인터넷을 통해 데이터를 활용할 수 있는 방식인 클라우드 컴퓨팅이라 할 수 있습니다. AI와 빅데이터의 활용도가 나날이 커짐에 따라 클라우드 컴퓨팅의 중요성 역시 높아지고 있습니다.

미국 뉴욕에 소재한 지수사업자로 2005년에 설립되어 글로벌 테마형 위주의 독창적 지수 개발을 중점으로 하는 회사인 Indxx에서 발표하는 Indxx Global Cloud Computing Index(Net Total Return)를 기초지수로 하는 상장지수투자신탁입니다. 글로벌 선진국/신흥국(인도 제외) 증권거래소에 상장된 종목 중 클라우드 컴퓨팅, 즉 SaaS(Software as a Service), PaaS(Platform as a Service), IaaS(Infrastructure as a Service), 데이터센터, 관련 인프라 산업에서 매출이 전체의 최소 50% 이상을 차지하는 30여 개 기업으로 구성됩니다. 다만 이 투자신탁은 해외주식에 투자하면서도 환헤지를 하지 않으므로, 실제 운용 성과는 기초지수 성과에 원-달러 환율변동률을 반영합니다.

주요 구성 종목은 페이콤, 소프트웨어, 넷플릭스, 디지털오션 등입니다.

TIGER글로벌자율주행&전기차SOLACTIVE(394660)

자동차 산업의 새로운 패러다임에 투자하는 글로벌 테마형 ETF입니다. 자율자동차는 스스로 도로 상황과 주변을 예측하고 판단하여 주행하는 자동차를 말합니다. 글로벌 기업들이 자율주행 기술 개발에 박차를 가하며 자동차는 '달리는 모바일 플랫폼'으로 진화하고 있습니다. 자율주행시장은 2035년까지 연평균 약 34%의 빠른 성장이 예상됩니다. 급변하는 미래차시장을 선도할 자율주행과 전기차, 반도체시장에 집중 투자하고 싶은가요? 글로벌 선진국, 한국, 대만에 상장된 전기차, 하이브리드차, 전기차 부품 및 원자재, 자율주행 기술 기업을 편입한 TIGER 글로벌자율주행&전기차SOLACTIVE ETF를 선택하면 됩니다.

주요 구성 종목은 테슬라, 애플, 마이크로소프트, 엔비디아, 퀄컴, 알파벳, 토요타자동차, 인텔 등입니다.

글로벌 고성장 산업, 메타버스 ETF

메타버스는 3차원 가상공간으로 초월을 뜻하는 'META'와 세상, 우주를 뜻하는 'VERSE'의 합성어입니다. 3차원에서 실제 생활과 법적으로 인정되는 활동인 직업, 금융, 학습 등이 연결된 가상 세계를 뜻합니다. 코로나 팬데믹 이후 사회가 급속도로 비대면과 디지털로 바뀌면서 주요 테마주로 부상했습니다. 국내기업 관련주로는 크래프톤, 엔씨소프트 등 게임 관련주와 네이버, 카카오 등 인터넷 포털 관련주, 하이브, JYP 등 엔터테인먼트 관련주가 있습니다.

메타버스 ETF

종목명(코드번호)	기초지수	시가총액(억원)	보수(%)	자산운용사
KODEX K-메타버스 액티브(401470)	FnGuide K-메타버스	1,437	0.50	삼성자산
TIGER Fn메타버스 (400970)	FnGuide메타버스테마	1,125	0.45	미래에셋자산
TIGER글로벌메타버스 액티브(412770)	Indxx Global Metaverse (Price Return)	1,361	0.79	미래에셋자산
KBSTAR iSelect 메타버스(401170)	iSelect메타버스(시장가격지수)	1,255	0.45	KB자산
KODEX미국메타버스 나스닥액티브(411420)	Nasdaq Yewno Metaverse	640	0.50	삼성자산
ACE글로벌메타버스테크 액티브(411050)	Bloomberg Global Digital Media & Tech Select	180	0.50	한국투자신탁
KBSTAR글로벌메타버스 moorgate(411720)	Global Metaverse	78	0.50	KB자산

* 2024년 4월 기준

KODEX K-메타버스액티브(401470)

글로벌 고성장 산업 중 하나인 메타버스 산업에 투자하는 ETF입니다. 비대면 환경과 5G 통신기술의 확산, AI/빅데이터 등 기술적 발전으로 메타버스 시대가 도래하고 있습니다. 메타버스의 핵심 기술인 AI, 증강현실(AR), 가상현실(VR) 기기는 향후 큰 성장이 기대되는 산업 중 하나입니다. KODEX K-메타버스액티브 ETF는 메타버스와 관련된 국내 핵심, 강소기업들에 투자합니다.

또한 알파를 추구하며 적극적으로 운용하는 액티브 ETF입니다. 실시간 거래가 가능한 ETF의 특성과 투자 종목 비중을 적극적으로 조정할 수 있는 액티브펀드의 특성을 동시에 가지고 있습니다. 액티브 ETF는 비교지수와의 상관계수를 0.7 이상으로 유지하면서 적극적으로 알파를 추구합니다(일반 ETF는 0.9 이상 유지). 이 ETF는 FnGuide K-메타버스지수를 추종합니다.

TOP 10 구성 종목

(단위: %)

1	넷마블	7.2	6	SK하이닉스	5.5
2	덕산네오룩스	6.6	7	JYP Ent	5.1
3	위메이드	6.3	8	CJ ENM	5.1
4	아프리카TV	6.1	9	LG디스플레이	4.8
5	크래프톤	5.7	10	하이브	4.5

* 2024년 3월 기준

코스피 대비 상대수익률

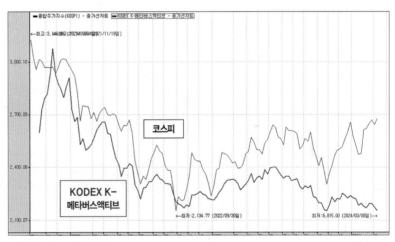

* 2021년 9월~2024년 3월 기준

TIGER Fn메타버스(400970)

사회·문화·경제 등 다양한 활동에서 가상과 현실이 상호작용하는 메타버스 시대에 무한한 잠재력을 지닌 국내 메타버스 기업에 투자하는 ETF입니다. FnGuide메타버스테마지수는 유가증권시장 및 코스닥 상장 종목들에 대해 증권사 리포트에 텍스트 마이닝 기술을 적용하여 메타버스 관련 키워드와 연관도가 높은 20종목으로 구성된 지수입니다.

TOP 10 구성 종목

(단위: %)

1	크래프톤	12.2	6	LG이노텍	9.0
2	LG디스플레이	10.7	7	JYP Ent	8.6
3	네이버	10.1	8	에스엠	5.8
4	엔씨소프트	9.7	9	펄어비스	5.3
5	하이브	9.5	10	스튜디오드래곤	3.4

* 2024년 3월 기준

고령화 시대의 주인공, 바이오/헬스케어 ETF

바이오/헬스케어 테마주에 증권시장 자금이 집중될 경우에는 주가상승률이 상대적으로 높습니다. 테마주는 기본적으로 주가 기복이 심하므로 차트로 추세분석을 한 뒤 상승 추세 때는 매수 또는 보유하고, 하락 추세로 전환되면 매도하여 현금화해야 합니다. 인구의 노령화로 건강에 대한 관심이 높아짐에 따라 바이오/헬스케어 테마는 향후에도 인기가 높을 것으로 예상됩니다.

바이오/헬스케어 테마 ETF

종목명(코드번호)	기초지수	시가총액(억원)	보수(%)	자산운용사
TIGER헬스케어(143860)	KRX헬스케어	2,516	0.40	미래에셋자산
TIGER바이오TOP10 (364970)	KRX바이오K-뉴딜	1,160	0.40	미래에셋자산
KODEX바이오(244580)	FnGuide바이오	1,222	0.45	삼성자산
TIGER200헬스케어 (227540)	코스피200헬스케어	419	0.40	미래에셋자산
KODEX헬스케어(266420)	KRX헬스케어	776	0.09	삼성자산
TIGER코스닥150바이오테크 (261070)	코스닥150헬스케어	288	0.40	미래에셋자산
TIGER미국나스닥바이오 (203780)	NASDAQ Biotechnology	445	0.30	미래에셋자산

TIGER S&P글로벌헬스케어 (합성)(248270)	S&P Global 1200 Health Care	358	0.40	미래에셋자산
KODEX미국S&P바이오 (합성)(185680)	S&P Biotechnology Select Industry	169	0.25	삼성자산

* 2024년 4월 기준

TIGER헬스케어(143860)

고령화 시대를 맞아 건강에 대한 관심이 높아지고 있습니다. 의약품 제조업 및 의료정밀 산업군에 속하는 종목에 분산투자하는 ETF입니다. 한국거래소가 의약품 제조업, 의료정밀 산업군에 속하는 종목 중에서 유동주식수 적용 시가총액 가중 방식으로 구성 종목을 선정하고, 종목당 20%가 넘지 않도록 구성한 ETF입니다.

셀트리온과 삼성바이오로직스 같이 바이오 신약 개발과 복제약을 생산하는 기업을 중심으로 제약, 치아 치료 등 헬스케어 관련 기업으로 구성된 종목입니다. 바이오/헬스 관련 개별 기업을 선정하기 어려울 때 도전해볼 수 있는 종목입니다.

TOP 10 구성 종목

(단위: %)

1	셀트리온	17.7	6	SK바이오팜	2.7
2	삼성바이오로직스	13.6	7	한미약품	2.6
3	HLB	10.0	8	셀트리온제약	2.3
4	알테오젠	8.0	9	레고켐바이오	2.0
5	유한양행	4.6	10	루닛	1.6

* 2024년 3월 기준

코스피 대비 상대수익률

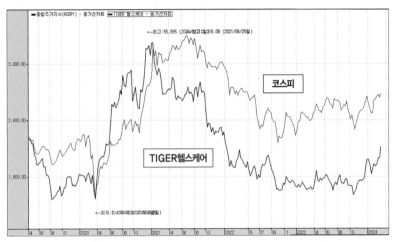

* 2019년 4월~2024년 3월 기준

TIGER바이오TOP10(364970)

한국 바이오 산업을 대표하는 10개 기업에 투자하는 ETF입니다. 유가
증권시장 및 코스닥시장 상장 종목 중 바이오 산업군 내 대표 기업 10개
를 구성 종목으로 하는 한국거래소가 발표하는 지수를 추종합니다. 구
성 종목은 TIGER헬스케어(143860)와 유사합니다.

KODEX바이오(244580)

인간의 수명이 길어짐에 따라 건강에 대한 관심이 높아지고 있습니다.
또한 의학의 발달로 불치병 치료제가 속속 개발되고 있습니다. 우리나
라도 신약 개발이 성숙 단계에 진입하면서 제약과 바이오 기업에 대한
관심이 높아지고 있습니다. 사실 개인투자자가 신약 개발 여부와 개발
성공 가능성을 가늠하기란 불가능에 가깝습니다. 이럴 때는 바이오테
마주를 통째로 매수하는 것이 안전한 투자 방법입니다. KODEX바이오
는 제약, 바이오 기업 50종목의 비중을 고르게 구성한 종목입니다.

TOP 10 구성 종목

(단위: %)

1	알테오젠	5.0	6	지아이이노베이션	2.4
2	HLB	3.7	7	셀트리온제약	2.4
3	레고켐바이오	2.9	8	휴젤	2.4
4	파로스아이바이오	2.6	9	에이비엘바이오	2.4
5	지노믹트리	2.6	10	대화제약	2.4

* 2024년 3월 기준

TIGER코스닥150바이오테크(261070)

한국거래소가 발표하는 코스닥150헬스케어지수를 추적대상지수로 하여 1좌당 순자산가치의 변동률을 지수의 변동률과 유사하도록 투자신탁재산을 운용하는 ETF입니다.

TOP 10 구성 종목

(단위: %)

1	HLB	23.2	6	휴젤	3.2
2	알테오젠	18.5	7	HLB생명과학	3.1
3	셀트리온제약	5.3	8	메지온	2.9
4	레고켐바이오	4.6	9	삼청당제약	2.7
5	루닛	3.7	10	에이비엘바이오	2.2

* 2024년 3월 기준

TIGER미국나스닥바이오(203780)

건강, 의료 부문의 패러다임을 변화시키는 기술이 뛰어난 미국 바이오주에 투자하는 ETF입니다.

건강, 의료 부문의 패러다임을 변화시키는 바이오 기술, 미국 나스닥시장의 바이오/헬스케어 기업에 투자합니다. NASDAQ OMX그룹에서 발표하는 NASDAQ Biotechnology Index의 수익률 추종을 목적으로 하며, 1좌당 순자산가치의 변동률을 기초지수의 변동률과 유사하도록 투자신탁재산을 운용합니다.

TOP 10 구성 종목

1	Vertex Pharmaceuticals	6	AstraZeneca PLC
2	Gilead Sciences	7	Seagen
3	Amgen	8	Biogen
4	Regeneron Pharmaceutical	9	Illumina
5	Moderna	10	Alnylam Pharmaceuticals

* 2024년 4월 기준

현금흐름을 만드는 고배당 ETF

고배당주 ETF

종목명(코드번호)	기초지수	시가총액(억원)	보수(%)	자산운용사
ARIRANG고배당주 (161510)	FnGuide고배당주	3,175	0.23	한화자산
KODEX배당가치(325020)	FnGuide SLV배당가치	1,241	0.30	삼성자산
KBSTAR고배당(266160)	FnGuide고배당포커스	388	0.20	KB자산
KBSTAR대형고배당10TR(315960)	WISE대형고배당10TR	682	0.15	KB자산
KODEX고배당(279530)	FnGuide고배당Plus	261	0.30	삼성자산
TIGER코스피고배당 (210780)	코스피고배당50	278	0.29	미래에셋자산
KODEX배당성향(211900)	코스피배당성장50	209	0.15	삼성자산
ARIRANG고배당저변동성 (251590)	FnGuide고배당저변동50	70	0.23	한화자산
ACE미국배당다우존스 (402970)	Dow Jones U.S. Dividend 100	2,831	0.50	한국투자신탁

* 2024년 4월 기준

ARIRANG고배당주(161510)

코스피200 구성 종목 중에서 예상 배당수익률이 30위 이내이고, 6일 거래대금이 5억원 이상인 종목에 투자하는 ETF입니다. 높은 배당수익과 주가 상승에 따른 투자수익도 동시에 추구합니다. 배당투자를 하고 싶은데 종목 선정을 어려워하는 투자자에게 적합한 ETF입니다.

주식투자는 크게 3가지 매력이 있습니다. 첫째는 주가 상승으로, 주가 등락은 투자수익률에 가장 큰 영향을 미치는 요소입니다. 둘째는 배당수익입니다. 주가 상승에 배당수익까지 가미되면 금상첨화입니다. 또 시장이 침체기임에도 배당수익이 높은 기업은 상대적으로 주가하락률도 낮습니다. 셋째는 유·무상증자입니다. 유상증자로는 시장보다 값싸게 주식을 살 수 있고, 무상증자로는 그야말로 공짜로 주식을 받습니다. 따라서 주가상승기에는 값싸게 주식수를 늘릴 수 있어 매력적입니다.

배당수익률을 계산할 때는 과거 5개년 평균 배당금을 기준으로 가중 비중을 부여하여 계산하고, 한 종목의 비중은 최대 10%로 제한합니다.

TOP 10 구성 종목

(단위: %)

1	하나금융지주	6.5	6	우리금융지주	5.0
2	기아	6.0	7	한국가스공사	4.7
3	기업은행	5.3	8	BNK금융지주	4.6
4	KB금융	5.3	9	삼성카드	4.3
5	JB금융지주	5.1	10	신한지주	4.0

* 2024년 3월 기준

KODEX배당가치(325020)

에프앤가이드에서 산출·발표하는 FnGuide SLV배당가치지수를 기초지수로 합니다. 편입 종목은 특정 종목에 편중되지 않고 전 업종에 걸쳐 배당 성향이 높은 기업으로 구성되어 있습니다.

TOP 10 구성 종목 (단위: %)

1	삼성전자	14.8	6	신한지주	4.8
2	기아	9.0	7	하나금융지주	3.7
3	현대차	8.4	8	우리금융지주	2.4
4	포스코홀딩스	6.0	9	삼성화재	2.4
5	KB금융	5.5	10	KT&G	2.3

* 2024년 3월 기준

TIGER코스피고배당(210780)

코스피시장에 상장된 종목 중 배당수익률이 높은 50종목으로 구성한 지수입니다. 시가총액과 거래대금이 각각 상위 80%이며, 3년 연속 배당을 실현하고, 3년 평균 배당 성향이 90% 미만이며, 3년 연속 순이익 실현의 조건을 충족하는 종목을 배당수익률 순으로 편입한 지수입니다.

배당금 지급 기준일은 1월, 4월, 7월, 10월 마지막 영업일 및 회계 기간 종료일입니다.

TOP 10 구성 종목 (단위: %)

1	하나금융지주	3.7	6	우리금융지주	3.1
2	JB금융지주	3.7	7	BNK금융지주	3.1
3	대신증권	3.4	8	DGB금융지주	3.0
4	삼성카드	3.3	9	NH투자증권	3.0
5	기업은행	3.3	10	KB금융지주	3.0

* 2024년 3월 기준

ACE미국배당다우존스(402970)

S&P Dow Jones Indices가 발표하는 Dow Jones U.S. Dividend 100 Index를 기초지수로 한 종목입니다. 10년 연속 배당금을 지급한 미국

상장 종목 중 우량 펀더멘털(5년 배당성장률, 현금흐름, ROE, 배당수익률) 상위 100종목으로 구성된 지수를 추종하는 상품입니다. 환헤지를 하지 않는 종목이므로 환율변동 위험에 노출되어 있으니 유의해야 합니다.

TOP 10 구성 종목

1	화이자	6	ALTRIA그룹
2	포드자동차	7	US BANCORP
3	버라이즌통신	8	AMOOR
4	시스코시스템즈	9	HUNTINGTON BANCSHARES
5	코카콜라	10	머커

* 2024년 3월 기준

잠깐만요

배당 성향 vs. 배당수익률 vs. 배당금

기업은 세후 순이익이 있을 경우 주주들에게 보유주식수에 비례해 배당금을 지급합니다. 이때 당기순이익 중 몇 퍼센트를 배당금으로 지급하느냐를 알아보는 것이 배당 성향입니다.

$$배당\ 성향 = (현금배당금 \div 당기순이익) \times 100$$

기업은 이익이 많다고 해서 모두 배당금으로 지급하지는 않습니다. 기업의 특성상 이익금이 적어도 이익금에 비례해 배당을 많이 하는 기업이 있고, 이익금이 많아도 배당을 적게 하는 기업이 있습니다. 따라서 배당투자를 할 때는 배당 성향이 높은 기업을 우선적으로 선정해야 합니다. 배당수익률은 주식 시가 대비 배당금이 몇 퍼센트에 해당하느냐를 알아보는 것입니다.

$$배당수익률 = (주당\ 배당금 \div 현재주가) \times 100$$

예를 들어 주가가 150만원인 삼성전자가 주당 1만원의 배당금을 지급하는 경우와 주가가 6만원인 한국가스공사가 주당 1,200원의 배당금을 지급하는 경우 어느 쪽의 배당수익률이 더 높을까요? 각각의 배당수익률을 계산해봅시다.

$$\text{삼성전자 배당수익률} = (10,000 \div 1,500,000) \times 100 = 0.67\%$$
$$\text{한국가스공사 배당수익률} = (1,200 \div 60,000) \times 100 = 2.00\%$$

한국가스공사의 배당수익률이 삼성전자의 배당수익률보다 무려 3배 가까이 높다는 것을 알 수 있습니다. 이제 단순히 배당금 액수가 많다고 해서 배당수익률이 높다고 말하는 실수는 하지 않겠지요?

1등 기업에 투자하는 그룹주 ETF

삼성은 한국을 대표하는 그룹입니다. 업종별로 1등 기업이 가장 많은 그룹이기 때문에 여타 그룹에 비해 매력적인 ETF입니다. 주식시장에서 시가총액 비중이 가장 높은 삼성전자, 보험업계 1위인 삼성생명과 삼성화재, 증권주를 대표하는 삼성증권, 건설업종 대표 기업인 삼성물산과 삼성엔지니어링, 조선업계 대표 기업 중 하나인 삼성중공업 등 각 업종 대표 기업들로 구성되어 있습니다.

2000년 이후 삼성그룹이 우리나라 경제에서 차지하는 비중은 점점 더 확대되어 가는 추세입니다. 이에 따라 그룹 ETF 중 가장 다양한 종류의 ETF가 상장되어 있으며, 거래량도 가장 많습니다.

그룹주 ETF

종목명(코드번호)	기초지수	시가총액(억원)	보수(%)	자산운용사
KODEX삼성그룹(102780)	MF삼성그룹	13,051	0.25	삼성자산
KODEX삼성그룹밸류 (213610)	WISE삼성그룹밸류	1,181	0.15	삼성자산
TIGER현대차그룹+펀더멘털 (138540)	MKF현대차그룹+FW	665	0.15	미래에셋자산
KINDEX삼성그룹섹터가중 (108450)	MKF SAMs SW	437	0.15	한국투자신탁
ACE포스코포커스(469170)	FnGuide포스코그룹포커스	374	0.30	한국투자신탁
TIGER삼성그룹펀더멘털 (138520)	MKF SAMs FW	217	0.15	미래에셋자산
TIGER LG그룹+펀더멘털 (138530)	MKF LG그룹+FW	119	0.15	미래에셋자산

* 2024년 4월 기준

KODEX삼성그룹(102780)

그룹 ETF 중 순자산액이 가장 크며 거래량 또한 가장 많아 인기가 많은 ETF입니다. 거래소에 상장되어 있는 시가총액 1조원 이상인 삼성그룹 계열사 종목으로 구성되며, 지수 산출은 에프앤가이드에서 합니다. 매년 6월, 12월에 정기 변경이 이루어집니다.

TOP 10 구성 종목

(단위: %)

1	삼성전자	26.3	6	삼성전기	6.1
2	삼성SDI	15.9	7	삼성생명	5.6
3	삼성물산	10.7	8	삼성에스디에스	4.3
4	삼성바이오로직스	10.4	9	삼성중공업	4.1
5	삼성화재	6.8	10	삼성엔지니어링	2.8

* 2024년 4월 기준

<!-- 사이드바 -->
알아두세요

에프앤가이드 지수 찾는 방법

매일경제 증권센터(www.mk.co.kr)에 접속해 오른쪽 상단을 보면, 섹터별 지수 및 등락, 스타일별 지수 및 등락 등이 매일 게재됩니다. 에프앤가이드 홈페이지(www.fnguide.com)에 들어가서 확인해도 됩니다.

코스피 대비 상대수익률

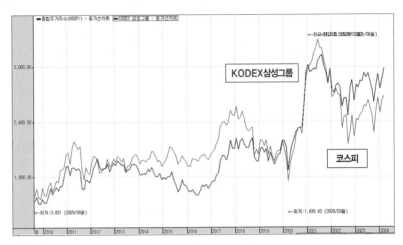

* 2010년~2024년 3월 10일 기준

TIGER현대차그룹+펀더멘털(138540)

현대그룹 기업 중 시가총액 1,000억원 이상, 3개월 일평균 거래대금 1억원 이상인 종목을 선정하며 최대 20종목 이내로 구성합니다. 지수 내 종목별 편입 비중은 일반적인 시가총액 방식이 아닌, 매출액, 순자산, 현금흐름, 현금배당금 등의 내재가치 요소를 가중하는 내재가치 가중 방식으로 산출됩니다.

TOP 10 구성 종목   (단위: %)

1	기아	28.6	6	HD현대	3.3
2	현대차	27.3	7	현대건설	3.1
3	현대모비스	14.3	8	HD한국조선해양	2.4
4	현대제철	8.2	9	현대위아	1.5
5	현대글로비스	4.6	10	HD현대인프라코어	1.1

* 2024년 3월 기준

TIGER LG그룹+펀더멘털(138530)

LG그룹 기업 중 시가총액 1,000억원 이상, 3개월 일평균 거래대금 1억원 이상인 종목을 선정하며 최대 20종목으로 구성합니다. 지수 내 종목별 편입 비중은 일반적인 시가총액 방식이 아닌, 매출액, 순자산, 현금흐름, 현금배당금 등의 내재가치 요소를 가중하는 내재가치가중 방식으로 산출됩니다.

TOP 10 구성 종목 (단위: %)

1	LG화학	22.3	6	LG건설	6.6
2	LG유플러스	14.2	7	LG생활건강	4.6
3	LG전자	14.1	8	LG이노텍	4.1
4	LG	8.6	9	GS	4.0
5	LG디스플레이	7.2	10	GS리테일	3.2

* 2024년 3월 기준

시장과 다른 수익을 추구하는 파생상품 ETF

지금까지 알아본 ETF 종목은 주가가 상승할 것을 전제로 합니다. 이번 장에서는 상승장에서 지렛대를 이용하여 배수로 수익을 낼 수 있는 레버리지 ETF에 대해 알아봅시다. 이어서 시장이 하락 추세일 때 투자하는 인버스(리버스) ETF, 시장이 횡보할 경우의 투자 전략인 커버드콜 ETF에 대해서도 알아봅시다.

시장이 상승 추세일 경우 특정 업종 ETF(섹터 ETF) 또는 특정 테마 ETF에 투자하는 것이 유리할 때도 있습니다. 업종이나 테마를 잘 모른다면 전체 시장을 추적하는 시장대표 ETF가 적절한 선택일 것입니다. 그런데 주가가 계속 오르기만 하는 것은 아닙니다. 장기적으로는 1~5년 단위로 큰 사이클을 그립니다. 단기적으로는 며칠에서 몇 주 단위로, 초단기적으로는 하루에도 몇 번씩 작은 사이클을 반복합니다. 이런 측면에서 기초자산의 미래가치 변동에 따라 가격이 결정되는 금융상품인 '파생상품 ETF'로 관심의 폭을 넓혀보겠습니다.

2배로 수익 내는 레버리지 ETF

레버리지는 '지렛대'라는 뜻입니다. 이 정도는 모두 알고 계시지요? 지렛대를 이용하면 똑같이 힘을 들여도 몇 배로 무거운 물건을 쉽게 들어

올릴 수 있습니다. 이처럼 지렛대의 원리로 고수익을 노려 볼 수 있는 대표적인 ETF가 레버리지 ETF입니다. 레버리지는 비율에 따라 1.5배, 2배, 3배 등 여러 가지 유형이 있는데, 국내 레버리지 ETF는 대부분 2배수를 적용하고 있습니다.

레버리지 ETF

종목명(코드번호)	기초지수	시가총액(억원)	보수(%)	자산운용사
KODEX레버리지(122630)	코스피200×2	19,622	0.64	삼성자산
KODEX코스닥150레버리지(233740)	코스닥150×2	8,887	0.64	삼성자산
KBSTAR코스닥150선물레버리지 (278240)	F-코스닥150×2	1,094	0.60	KB자산
TIGER200선물레버리지(267770)	코스피200선물	871	0.022	미래에셋자산
TIGER코스닥150레버리지(233160)	코스닥150×2	485	0.32	미래에셋자산
TIGER레버리지(123320)	코스피200×2	411	0.022	미래에셋자산
HANARO200선물레버리지(304780)	코스피200선물×2	420	0.45	NH아문디
KODEX미국나스닥100레버리지(합성) (409820)	NASDAQ100×2	1,844	0.30	삼성자산
TIGER미국S&P500레버리지(합성) (225040)	S&P500×2	552	0.58	미래에셋자산

* 2024년 4월 기준

2배수 레버리지 ETF를 매수했을 경우 코스피200이 1% 상승하면 레버리지 ETF는 2% 상승하고, 코스피200이 1% 하락하면 레버리지 ETF는 2% 하락합니다. 이러한 레버리지의 특성 때문에 기관 및 외국인들뿐 아니라 일반 개인투자자들도 레버리지 ETF 매매를 적극적으로 시도하고 있어 갈수록 거래량이 증가하는 추세입니다. 최근 레버리지 ETF는 최고의 인기를 자랑하는 ETF라고 할 수 있습니다.

레버리지 ETF를 고를 때도 다른 ETF를 고를 때처럼 거래량이 많고 수수료가 상대적으로 싼 종목을 고르는 것이 좋습니다.

레버리지/인버스 ETF 거래 비중

구분	정배수	레버리지	인버스	계
비중	63.1%	18.9%	18.0%	100%

＊자료: 한국거래소(2023년 12월 기준)

위 표를 보면 한국거래소에 상장된 ETF 중 레버리지/인버스 ETF가 36.9%를 차지하고 있습니다. 레버리지는 기초지수 등락률의 2배이기 때문에 외국인과 개인투자자가 선호하며, 특히 개인투자자의 비중이 매우 높은 것이 특징입니다.

레버리지 ETF 매매 요령 3가지

1 │ 레버리지 ETF는 단기적인 시황에 따라 단기매매에 적합

레버리지 ETF는 2배수로 등락합니다. 따라서 주가가 상승하면 단기에 높은 수익률을 실현할 수 있습니다. 그러나 주가가 예상과 반대로 하락할 때는 2배로 손실을 보게 됩니다.

특히 주가가 연속으로 하락할 경우에는 단기에 손실폭이 예상 외로 커질 수 있습니다.

2 │ 시장이 상승 추세일 때만 매매

시장이 하락 추세와 횡보 추세일 때는 수익을 내기가 쉽지 않습니다. 혹자는 주식시장이 추세 없이 횡보할 때도, 주가가 떨어지면 레버리지 ETF를 사고 상승할 때 인버스 ETF를 살 경우, 시장이 어떻든 모두 수익을 낼 수 있다고 생각합니다. 하지만 현실적으로 개인투자자가 수익을 내기는 쉽지 않습니다.

따라서 주식시장 상황을 신중하게 판단한 뒤 상승 추세일 때는 레버리지 ETF를, 하락 추세일 때는 인버스 ETF를 매수하는 것이 좋습니다.

차트는 일봉, 30분봉, 5분봉을 동시에 같은 화면에 띄워 두고 추세를 판단하는데, 추세 판단은 일봉 → 30분봉 → 5분봉 순으로 보고, 매수시점 판단은 5분봉 → 30분봉 → 일봉 순으로 봅니다. 5분봉은 30분봉에 선행하고, 30분봉은 일봉에 선행하기 때문입니다.

3 | 장중에 과도하게 한쪽 방향으로 쏠리는 현상이 나타날 때는 반대 관점으로

레버리지 ETF의 경우 하루 중 고점과 저점 사이 갭이 2~5%로 차이를 보입니다. HTS로 거래할 경우 왕복 매매수수료는 0.2% 내외에 불과하고, 거래세 0.3%를 내지 않는다는 점을 생각하면 매매수수료를 감안하더라도 등락률이 매우 높지요.

따라서 장중 매매를 할 경우 철저히 고점매도, 저점매수 원칙을 지켜야 합니다. 바꾸어 말하면, 주가가 급등해 다수 투자자가 흥분할 때는 냉철하게 시장을 보고 매수를 보류하거나 매도를 생각할 수 있어야 합니다. 추세가 좋다고 생각되면 잠시 후 조정을 보일 때 재매수하면 됩니다.

> **잠깐만요**
>
> ## 레버리지 ETF가 기초지수 등락률을 2배수로 추적하지 않는 경우
>
> 레버리지 ETF는 기초지수인 코스피200 일간수익률의 2배를 추적하는 ETF이지만, 다음과 같은 2가지 이유로 일간수익률을 정확하게 추적하지 못합니다. 또한 일정한 기간의 수익률에 차이가 더욱더 발생하는 경우가 있으니, 레버리지 투자자들은 이 점을 반드시 이해하고 넘어갈 필요가 있습니다.
>
> 첫째, 일반 주식 ETF는 주식바스켓으로 구성하지만, 레버리지 ETF는 주식과 함께 주가지수선물을 포함하여 구성합니다. 보통 50% 이상은 선물과 코스피200 추종 ETF로 구성하고, 나머지는 현물주식바스켓으로 구성합니다.

이때 코스피200선물은 코스피200과 별개로 움직입니다. 지수가 추가로 상승할 것 같으면 선물은 지수와 간격의 폭을 넓히며 보다 많이 상승하고, 지수가 추가 하락할 것 같으면 선물은 지수에 앞서 더 많이 떨어지는 경향이 있습니다. 따라서 주로 선물로 구성된 레버리지 ETF도 자연히 코스피200과 별도로 움직일 수밖에 없습니다.

또한 레버리지 ETF에 포함되는 코스피200 주식바스켓도 한국거래소가 구성해놓은 종목과 구성 비율이 동일하지 않기 때문에 코스피200의 수익률과 레버리지 ETF가 구성해놓은 주식바스켓 수익률은 차이가 발생할 수밖에 없습니다.

구체적으로 삼성자산운용이 출시한 KODEX레버리지(122630)의 구성 종목과 비율을 볼까요? 선물(F201309) 95.35%, KODEX200 27.86%, 삼성전자 20.45%, KODEX200TR 8.00%, SK하이닉스 4.13%, KOSEF200 3.19%, 네이버 1.79%, 셀트리온 1.40%, 신한지주 1.34%, KB금융 1.30%, 현대차 1.28% 등으로 구성되어 있습니다(2020년 1월 6일 기준).

둘째, 레버리지 ETF는 코스피200의 일간 변동폭을 매일 2배수만큼 추적할 것을 목표로 하기 때문에 일정 기간의 누적수익률과는 2배수로 연동하지 않을 수 있습니다.

일자별 수익률과 누적수익률이 왜 달라지는지 다음 표를 보세요.

구분	코스피200		레버리지 ETF(2배)		레버리지 효과
	지수	일간수익률	NAV	수익률	
–	100.0	–	100.0	–	–
1일차	96.0	-4.0%	92.0	-8.0%	200%
2일차	99.0	3.1%	97.8	6.2%	200%
3일차	102.0	3.0%	103.7	6.0%	200%
누적수익률	–	2.0%	–	3.7%	185%

위의 예에서 레버리지 ETF(2배)의 일간수익률은 각각 코스피200 일간수익률의 2배이지만, 3일간 누적수익률의 경우 코스피200은 2.0%인 데 반해 레버리지 ETF(2배)는 3.7%로 코스피200의 2배인 4.0%에 미치지 못합니다. 200%가 되어야 할 레버리지 효과가 185%밖에 되지 않는 것이지요(3.7÷2.0×100 = 185%).

이와 같은 이유로 경우에 따라서는 기초지수의 일정 기간 누적수익률이 플러스(+)이거나 제로(0)에 가까움에도 불구하고 같은 기간에 레버리지 ETF 수익률은 마이너스를 기록할 수도 있습니다.

또한 추세가 극단으로 하락하는 게 아니라면, 장중에 일시 급락할 경우 공포에 빠지지 말고 단기 매수시점을 찾아보는 것이 좋습니다. 주가가 예상과 다르게 움직일 때는 일단 현금화해두고 시간을 가지고 관망하면서 다시 시장을 검토해보세요.

KODEX200, KODEX레버리지 상대 비교 그래프

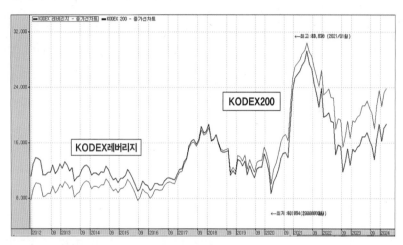

* 2012년~2024년 3월 10일 기준

잠깐만요

레버리지 ETF에 다른 ETF가 포함되어 있는 경우

레버리지 ETF는 파생재간접형 상품입니다. 규약상 ETF를 포함하여 펀드자금 중 50% 이상만 투자하면 됩니다. 또 자본시장법상 특정 펀드에 투자할 수 있는 ETF의 한도가 해당 ETF 발행 주식수의 20%로 제한되어 있어 단 한 종목의 코스피200 ETF만 보유하는 것은 사실상 불가능합니다. 따라서 레버리지 ETF에는 기초지수인 코스피200과 연관된 ETF를 여러 종목 편입합니다.

하락장에서 살아남는 인버스 ETF

기초지수는 코스피200선물입니다. 코스피200선물이 1% 하락하면 인버스 ETF는 1% 수익이 납니다. 반대로 선물이 1% 오르면 인버스 ETF는 1% 손실을 봅니다.

주식시장이 하락할 것으로 전망되면 파생상품인 지수선물을 매도해도 좋지만, 인버스 ETF를 매수하는 방법도 있습니다. 선물은 증권회사와 별도로 약정해야 하고, 최초 증거금(2,000만원 이상)도 필요해 여러 가지로 번거로운 측면이 있습니다. 그러나 인버스 ETF는 일반 주식과 동일하게 거래할 수 있으며, 소액으로도 선물을 매도하는 효과를 낼 수 있습니다. 또한 기존 주식계좌를 이용하여 금액에 구애받지 않고 쉽게 매매할 수 있기 때문에 시장이 하락하는 시기에는 인버스 ETF의 거래가 급증하는 경향이 있습니다.

인버스 ETF

종목명(코드번호)	기초지수	시가총액(억원)	보수(%)	자산운용사
KODEX인버스(114800)	코스피200선물	7,186	0.64	삼성자산
TIGER인버스(123310)	코스피200선물	402	0.022	미래에셋자산
KODEX200선물인버스 2X(252670)	코스피200선물	17,382	0.64	삼성자산
KODEX코스닥150선물인버스 (251340)	F-코스닥150	5,030	0.64	삼성자산
TIGER200선물인버스 2X(252710)	코스피200선물	899	0.022	미래에셋자산
KBSTAR200선물인버스 2X(252420)	코스피200선물	207	0.60	KB자산
TIGER미국S&P500선물인버스 (H)(225030)	S&P500 Futures Total Return	78	0.59	미래에셋자산

* 2024년 4월 기준

레버리지 ETF에서 자세히 살펴보았듯, 인버스 ETF도 레버리지 ETF와 마찬가지로 코스피200수익률의 역수와 유사하지만 정확하게 -1배로 움직이지 않습니다. 이는 일일 등락에서 뿐만 아니라 일정 기간 수익률 면에서도 마찬가지입니다.

인버스 ETF를 고르는 요령도 레버리지 ETF와 동일합니다. 거래량이 많고 수수료가 싼 것이 좋습니다.

KODEX레버리지, KODEX인버스, KODEX200 상대 비교

* 2019년 7월~2024년 3월 10일 기준

횡보장에서도 돈 버는 커버드콜 ETF

커버드콜 ETF는 한국거래소가 산출하는 코스피200커버드콜지수(C-코스피200)를 추적하는 ETF입니다. 커버드콜(Covered Call)이란 코스피200에 해당하는 현물주식바스켓을 구성하고, 동시에 동일한 규모의 콜옵션을 매도하는 전략입니다. 주가 상승 시에는 현물주식을 보유하면서 수익 + 옵션매도로 손실이 나고, 주가 하락 시에는 현물주식을 보유하면서 손실 + 옵션매도로 이익이 나는 구조입니다.

커버드콜 ETF는 시장이 횡보하거나 완만하게 오르고 내릴 때 수익이 나는 구조입니다. 그리고 커버드콜 전략이란 주식현물 포트폴리오를 구성하고, 동시에 동일한 규모의 콜옵션을 지속적으로 매도하는 전략입니다.

커버드콜 ETF

종목명(코드번호)	기초지수	시가총액(억원)	보수(%)	자산운용사
KBSTAR200고배당커버드콜ATM(290080)	코스피200고배당커버드콜ATM	106	0.40	KB자산
KODEX미국S&P고배당커버드콜(276970)	S&P500 Dividend Aristocrats Covered Call(7.2% Premium)	424	0.30	삼성자산
TIGER200커버드콜ATM(289480)	코스피200커버드콜ATM	270	0.38	미래에셋자산
TIGER200커버드콜5%OTM(166400)	코스피200커버드콜5%OTM	68	0.38	미래에셋자산

* 2024년 4월 기준

알아두세요

ATM은 무슨 뜻인가요?

옵션가격에는 ATM(At The Money Option, 등가격옵션), ITM(In The Money Option, 내가격옵션), OTM(Out The Money Option, 외가격옵션)이 있습니다.

ATM은 지수와 행사가격이 같은 옵션으로, 권리를 행사하면 손익은 0이 됩니다. ITM은 지수보다 행사가격이 낮은 옵션으로, 권리를 행사하면 이익이 되는 옵션입니다. OTM은 시간가치만 있기 때문에 권리를 행사하더라도 이익이 없는 옵션입니다.

커버드콜 전략을 구사해두면 주가가 등락할 때 어떤 효과가 있는지 알아봅시다.

먼저 주가가 급등할 경우 보유한 현물주식바스켓은 큰 폭의 수익이 발생하지만, 콜옵션 매도 부분에서 손실이 발생하여 주가 상승에 따른 이

득을 보지 못하거나 이익이 나도 소폭에 그치게 됩니다. 반면 주가가 급락할 경우 보유한 현물주식바스켓에서 큰 폭의 손실이 발생하지만, 콜옵션을 매도한 부분에서 수익이 발생하여 주가 하락의 손실을 막거나 또는 이익이 나도 소폭의 이익에 그칠 것입니다.

또한 주가가 완만히 상승하거나 횡보할 경우 주가 상승에 따른 이익을 누리는 것 이외에 콜옵션에 있던 프리미엄만큼 추가로 수익을 확보할 수 있습니다. 옵션은 권리에 대한 프리미엄, 즉 일정한 시간이 지나면 주가가 올라가거나 하락하면 이익이 기대되는 시간가치가 있습니다. 그런데 프리미엄은 주가변동 없이 일정한 시간이 지나면 없어지지만, 옵션을 매도하여 사전에 챙겨 놓은 프리미엄은 그대로 수익으로 굳어집니다. 따라서 커버드콜 전략은 주가가 횡보할 때 또는 상승하더라도 완만하게 상승할 경우 유효한 투자 전략입니다.

커버드콜 전략의 월 단위 손익구조를 그래프로 볼까요?

 알아두세요

왜 월 단위 손익구조만 보여주나요?

옵션은 만기에 따라 1개월물, 2개월물, 3개월물 그리고 분기물(3, 6, 9, 12월) 4종류가 있으며, 해당 월의 두 번째 목요일이 만기일입니다. 4개의 월물 중에서 1개월물이 거래가 가장 활발합니다. 따라서 옵션의 손익구조는 월 단위로 보게 됩니다.

커버드콜 손익 그래프

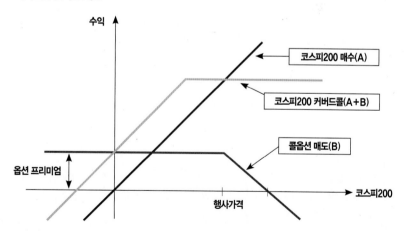

앞서 그래프에서 노란색이 커버드콜 ETF의 손익선입니다. 주가가 행사 가격 이상으로 상승하면 코스피200현물은 수익(A)이 계속 늘어납니다. 그러나 콜을 매도(B)해두었기 때문에 주가가 오를수록 손실이 발생합니다. 결국 현물수익(A)과 콜옵션 매도손실(B)로 수익은 일정하게 횡보하게 됩니다. 만약 주가가 하락할 경우에는 미리 받아둔 옵션 프리미엄 때문에 손실이 한정됩니다. 그러나 하락폭이 깊어지면서 옵션 프리미엄보다 현물가격이 더 떨어지면 추가 손실을 입을 수 있습니다.

✏️ 알아두세요 ──────

옵션에 관해 더욱 자세히 알고 싶다면 《주식투자 무작정 따라하기》의 '주가지수 옵션거래란?'을 참고하세요.

잠깐만요

옵션의 종류에는 무엇이 있나요?

주가지수 옵션거래는 주가지수를 사거나 팔 수 있는 권리, 즉 프리미엄을 매매하는 것입니다. 옵션의 종류는 주가가 상승하면 이익이 나는 콜옵션과 주가가 하락하면 이익이 나는 풋옵션이 있습니다. 그러나 거래 효과에 있어 풋옵션을 매도하는 것은 콜옵션을 매수하는 것과 유사한 효과를 보이고, 콜옵션을 매도하는 것은 풋옵션을 매수하는 것과 유사한 효과를 가져옵니다.

따라서 옵션의 종류는 다음 4가지입니다. 주가가 상승하면 이익이 나는 옵션으로 콜옵션 매수와 풋옵션 매도가 있고, 주가가 하락하면 이익이 나는 옵션으로 풋옵션 매수와 콜옵션 매도가 있습니다.

ETF 투자
무작정 따라하기

018

고수익보다 안정적인 수익을 추구하는 채권형 ETF

지금까지 주식형 ETF를 살펴보았습니다. 이번 장에서는 주식이 아닌 채권으로 구성된 펀드의 수익률을 추적하는 ETF에 대해 알아봅시다.

과거에는 자금이 많지 않은 일반 개인이 채권에 투자하기가 여러 가지 이유로 쉽지 않았습니다. 그러나 채권형 ETF가 출시되면서 이제는 소액투자자들도 기복이 심한 주식투자에 따르는 위험을 회피하면서 안정적으로 투자수익을 추구할 수 있는 채권에 직접 투자할 수 있게 되었습니다.

채권이란?

채권은 돈을 빌린 사실, 즉 채무를 표시하는 일종의 차용증서입니다. 일반 대중을 상대로 발행하는 것이므로 보통의 채무증서와 달리 발행 주체와 발행 절차, 발행 한도 등에 관하여 법으로 엄격히 규정됩니다. 또한 한국거래소에서 자유롭게 거래가 이루어진다는 점에서 어음이나 수표와도 다릅니다. 그럼 주식과 채권은 어떤 점이 다를까요?

채권은 다음과 같이 확정부, 이자 지급, 기한부라는 3가지 특징에서 주식과 차이가 있습니다.

첫째, 채권은 발행할 때 이자 또는 상환금액이 사전에 확정되어 있다는 점에서 확정부 증권입니다.

둘째, 주식을 소유할 때 받는 배당금은 기업 실적에 따라 영향을 받지만, 채권은 기업의 수익과 관계없이 정해진 이자를 지급한다는 점에서 이자 지급 증권입니다.

셋째, 주식은 발행 주체가 소멸되기 전까지 존재하지만, 채권은 사전에 만기가 정해져 있다는 점에서 기한부 증권입니다.

채권의 종류와 특징 알아보기

채권은 크게 발행 주체, 이자 지급 방법, 상환 기간에 따라 여러 종류로 나누어볼 수 있습니다. 분류 기준에 따라 각각 투자수익률과 위험도가 다르므로 먼저 채권의 종류를 이해할 필요가 있습니다.

채권에 투자할 때는 발행 주체의 부도 위험성, 표면금리, 원금 상환 기간(만기)을 살펴보아야 합니다.

부도 위험성이 수익률을 좌우한다

채권 발행 금리는 발행 주체의 부도 위험성에 따라 크게 좌우됩니다. 예를 들어 부도 위험이 적어 안전자산으로 볼 수 있는 국공채는 수익률이 낮은 편이고, 부도 위험이 있는 회사채는 수익률이 높습니다.

표면금리에 따른 이자 수익을 얻을 수 있다

이표채는 액면가로 채권을 발행하고 표면이자율에 따라 이자를 연(또는 월) 단위로 지급하는 채권입니다. 회사채, 금융채 및 특수채 중 일부가 이에 해당합니다. 반면 할인채는 액면금액에서 만기까지 이자를 단리로 미리 할인한 금액에 발행하는 채권을 말합니다. 국채인 통화안정증권과 금융채 등이 이에 해당합니다.

채권의 종류와 특징

분류			종류	특징
발행 주체	국채	국가가 발행	• 국고채권 • 재정증권 • 국민주택채 • 외평채	국가가 발행한 만큼 부도 위험이 없는 안전자 산이므로 수익률이 가장 낮다
	지방채	지방자치단체가 발행	• 지하철공채 • 상수도채	흔히 공채라고 통칭하며, 수익률은 국채보다 는 높고 회사채보다는 낮다
	특수채	특별법에 의해 설립된 기관이 발행	• 토지개발채 • 전력공사채	
	금융채	특수채 중 금융기관이 발행	• 산업금융채 • 장기신용채 • 중소기업금융채	
	회사채	주식회사가 발행	• 보증채 • 무보증채	무보증의 경우 오로지 기업의 신용도에 따라 수익률이 결정되며, 부도 위험 때문에 수익률 이 가장 높다
이자 지급 방법	이표채	권면에 이표가 붙어 있어 이자지급 일에 이표를 떼고 이자를 받는 채권	• 채권의 일반적인 형태	통화안정증권은 한국은행이 발행한 것으로 국 채와 함께 안전자산이므로 수익률이 낮다
	할인채	상환기일까지 이자를 공제한 금액 으로 발행되는 채권	• 통화안정증권 • 금융채(일부)	
	복리채	이자가 복리로 재투자되어 만기 시 원리금이 지급되는 채권	• 국민주택채(1/2종) • 지역개발채	
상환 기간	단기채	상환기일이 1년 미만으로 정해진 채권	• 통화안정증권 • 양곡기금증권 • 금융채 중 일부	만기가 길면 수익률이 높고 금리변동에 민감한 반면, 만기가 짧으면 수익률이 낮고 금리에 덜 민감하다
	중기채	상환기일이 1~5년으로 정해진 채권	• 회사채 • 국채관리기금채권 중 일부 • 특수채 및 금융채 중 일부	
	장기채	상환기일이 5년 이상으로 정해진 채권	• 국민주택채권 2종 • 서울도시철도채 • 국채관리기금채 중 일부	

상환 기간에 따른 금리변동 리스크 고려하기

채권은 상환 기간에 따라 장기채, 중기채, 단기채로 나뉩니다. 만기가 긴 채권은 금리변동에 민감하고, 만기가 짧은 채권은 금리변동에 크게 영향을 받지 않습니다.

할인채의 할인율이란 무엇이며, 어떻게 계산하나요?

백화점에서 세일 기간에 물건을 할인하여 판매하는 경우 1만원 상품을 10% 할인하여 판다면 1만원의 10%, 즉 1,000원을 공제하고 9,000원에 판다는 뜻인데, 할인채도 같은 개념입니다. 다만 상품의 할인율은 물건값에 대한 단순 비율인 데 반해, 채권의 할인율은 연(年)율이라는 점에서 차이가 있습니다.

연율로 계산하면 어떻게 다를까요? 할인율이 5%인 1년 만기 할인채를 예로 들어 계산해봅시다.

단순할인율

발행가격 = 액면금액 − 할인이자

발행가격 = 10,000 − (10,000 × 0.05) = 9,500원

할인율 = (500 ÷ 10,000) × 100 = 5%

할인채의 할인율

9,500원에 매수한 채권이 1년 후에 1만원이 되므로 계산식은 $9,500 \times (1 + r) = 10,000$이 됩니다. 수익률(r)에 대하여 풀어보면 $r = (10,000 \div 9,500) - 1 = 0.0526$이 되며, 따라서 연 수익률은 5.26%가 됩니다. 만약 채권의 만기가 91일이라면, 할인율 5%는 연간수익률이기 때문에 365일로 나누어 할인수익률을 구합니다.

$$발행가격 = 10,000 - [10,000 \times 0.05 \times (91 \div 365)] = 9,875원$$

$$수익률 = \left(\frac{10,000}{9,875} - 1 \right) \times \frac{365}{91} = 0.05077 = 5.07\%$$

할인채의 가격과 수익률 계산 방법

채권의 이자율과 만기가 변하면 채권값도 달라집니다. 채권에 투자하려면 채권의 가격 변화를 예상할 수 있어야 합니다. 따라서 이자율과 만기에 따라 채권가격이 어떻게 달라지는지를 알아봅시다.

할인채는 만기에 액면금액을 상환하는 구조라 만기상환액은 항상 1만원입니다. 잔존 기간이 1년 이상인 기간에 대해서는 매매수익률을 연복리로 계산하고, 1년 미만의 잔존 기간에 대해서는 365일로 나누어 계산합니다.

예를 들어 잔존 기간이 1년 180일 남았을 경우 유통수익률이 5.2%라고 할 때 채권가격 (P)을 계산하면 다음과 같습니다.

$$P \times (1+0.052) \times (1+0.052 \times 180 \div 365) = 10{,}000원$$

이 식의 의미는 1년 180일 이후에 1만원을 받게 되는 채권을 매입하여 5.2%의 수익을 얻기 위해서는 P의 가격으로 구매해야 한다는 뜻입니다.

할인채의 가격 계산식을 볼까요?

$$P = \frac{10{,}000}{\{(1+r)^n\} \times \left(1 + r \times \dfrac{d}{365}\right)}$$

P = 채권가격, r = 수익률, n = 잔존연수, d = 잔존일수

위 공식을 자세히 보면 채권가격은 수익률과 기간에 반비례하여 결정됩니다. 즉 할인채의 투자수익률은 '수익률이 높아진다(또는 금리가 올라간다) → 채권가격이 하락한다', '수익률이 낮아진다(또는 금리가 내려간다) → 채권가격이 상승한다'가 됩니다.

따라서 만기가 길수록 채권 가격이 낮고, 만기가 짧을수록 채권 가격이 높습니다.

채권보다 채권형 ETF가 유리한 3가지 이유

1 | 소액으로도 채권에 투자할 수 있다

채권은 큰 자금을 움직이는 기관투자자들이 주로 거래하기 때문에 개인투자자가 소액으로 투자하기가 쉽지 않습니다. 그러나 채권형 ETF를 이용하면 10만원으로도 국채, 회사채 등 각종 채권을 주식처럼 거래할 수 있습니다.

2 | 실시간으로 현금화할 수 있다

채권은 원칙적으로 만기가 되어야 현금화가 되기 때문에 만기 전에는 현금화가 쉽지 않습니다. 그러나 채권형 ETF는 거래소에서 실시간으로 매매되므로 언제든지 매도하여 현금화할 수 있습니다.

3 | 이자지급일과 관계없이 수익률이 모든 기간에 반영된다

채권은 이자가 들어올 때 이자수익이 발생합니다. 1년에 1번 또는 4번 이자를 주는 채권일 경우라도 이자수익은 주식가격에 균등하게 반영합니다. 따라서 어느 시점에서 매수·매도하더라도 이자지급일과 관계없이 수익이 발생하도록 설계되어 있습니다.

채권형 ETF는 어떻게 수익을 낼까?

채권형 ETF는 채권을 주식화해놓은 것이므로 채권인 동시에 주식입니다. 따라서 채권형 ETF에 투자하여 얻을 수 있는 수익은 채권에서 발생하는 이자수익과 주식이기 때문에 주가 상승으로 얻는 수익이 2가지입니다.

1 | 이자수익의 높낮이는 부도 위험과 만기의 장단에 좌우된다

투자자라면 누구나 이자를 많이 주는 채권을 선호합니다. 그러나 발행 주체가 부도가 나면 이자를 조금 더 높게 받으려다 원금 전체를 손해볼 수도 있습니다. 국가가 발행하는 국채나 한국은행이 발행하는 통화안정증권은 나라가 망하지 않는 한 원리금을 떼일 일이 없습니다. 그러나 안전성이 높은 대신 금리가 발행 주체 중 가장 낮습니다. 회사채의 경우는 우량기업이라 하더라도 부도 위험에서 전적으로 안전한 것이 아니므로 금리를 높게 줍니다. 특수채나 금융채는 부도가 날 위험이 있을 때 정부가 지원해주는 경우가 많기 때문에 국채 다음으로 안전하며, 금리도 국채 다음으로 낮습니다. 따라서 위험을 어느 정도 받아들일 것인가는 채권형 ETF를 고를 때 투자자가 결정해야 합니다.

또한 투자수익률은 채권의 만기와도 관계가 있습니다. 만기가 길수록 이자율이 높습니다. 다른 사람에게 1,000만원을 빌려준다고 생각해보세요. 돈을 빌려주는 사람은 만기가 길수록 자금이 묶이기 때문에 더 높은 이자를 요구할 것입니다. 1,000만원을 빌리는 사람 입장에서도 금리를 더 주더라도 장기간 안정적인 자금을 확보하려 할 것입니다. 다시 말해 만기가 길수록 금리가 높은 것이 정상입니다.

알아두세요

금리를 알고 싶다면?
증권사 HTS에서 '경제지표'를 검색하면 금리를 쉽게 볼 수 있습니다. 참고로 2020년 1월 6일의 금리는 국고채3년 1.27%, CD 금리(91일물) 1.49%, 회사채무보증3년AA- 1.86%입니다.

2 | 매매차익을 원한다면 듀레이션이 높은 채권형 ETF를 골라라

앞서 채권은 확정부 이자를 준다고 했는데, 주식처럼 주가가 오르고 내린다니요? 언뜻 생각하면 이해가 되지 않을 수 있습니다. 만약 금융통화위원회가 금리를 올리면 시장금리도 따라 오를 것이고, 시장금리가 오르면 투자자는 종전에 비해 더 높은 수익률을 요구할 것입니다. 따라서 채권은 금리가 오르기 전에 가격이 떨어질 수밖에 없습니다. 반대로 시장금리가 하락하는 경우에는 채권가격이 올라갑니다. 고금리로 발행된 기존 채권을 선호하기 때문이지요.

193쪽 할인채의 가격과 수익률 계산 방법을 다시 참고해봅시다.

$$P = \frac{10,000}{(1+r)^n \times \left(1+r \times \dfrac{d}{365}\right)}$$

채권가격의 변화는 수익률과 기간에 좌우된다고 했습니다. 위 공식을 보면 수익률보다 만기가 더 크게 영향을 미친다는 것을 알 수 있습니다. 만기까지의 평균 기간을 흔히 '듀레이션'이라고 합니다. 다시 말해 듀레이션이 클수록 금리가 변동될 때 가격변동이 커집니다.

예금, CMA와 비교한 채권형 ETF의 장단점

채권형 ETF의 장단점을 은행의 정기예금, 자유입출금식 예금, 증권사 CMA와 비교해 알아봅시다.

채권형 ETF 투자수익률은 시장금리 변동에 따라 유동적

채권형 ETF는 수시매매가 가능하므로 수시입출금 계좌인 은행의 자유입출금 계좌와 증권회사의 CMA나 MMF 계좌와 유사합니다. 채권형 ETF를 제외한 여타 금융상품은 사전에 이율이 정해져 있지만, 채권형 ETF는 예상투자수익률 외에 금리변동에 따라 주가가 변하기 때문에 투자수익률이 사전에 정해져 있지 않다는 점이 크게 다릅니다. 은행의 자유입출금식 예금의 금리는 1년에 1% 미만, 평균 0.5%에 불과합니다. 10만원을 넣어두면 1년에 500원 정도 이자를 받는 셈이지요. 1~3년 정기예금 금리 2.5~3%에 비하면 이자라고 볼 수도 없을 정도로 적습니다. 그러나 정기예금은 수시입출금이 되지 않아 일정 기간 돈이 묶이는 단점이 있습니다. 증권회사 CMA는 회사와 기간에 따라 다소 차이가 있지만 1~2% 이자를 줍니다.

알아두세요

듀레이션(Duration)
투자자금을 회수하는 데 필요한 평균 회수 기간, 즉 몇 년이 걸리는지를 나타내는 수치입니다. 채권의 만기에다 만기까지 받을 이자와 매수한 채권가격을 감안하여 듀레이션이 결정됩니다.

채권형 ETF 투자로 손해보는 경우
듀레이션이 높은 채권이라면 시장금리가 급등하여 이자수익보다 채권가격 하락폭이 더 클 경우 손해를 볼 수도 있습니다. 그러나 장기 투자를 하면 이자수익이 커지기 때문에 손해를 보지 않을 수 있습니다.

수시입출금이 가능하다

이는 CMA처럼 입출금이 자유롭다는 말이 아니라, ETF이기 때문에 쉽게 사고팔 수 있다는 뜻입니다.

소득이 발생할 경우 15.4%의 소득세가 부과된다

은행예금, CMA, 채권형 ETF 모두 15.4%의 소득세가 부과됩니다. 금융소득이 2,000만원을 초과할 경우 금융종합과세 대상이 된다는 점도 동일합니다. 그러나 채권형 ETF는 펀드운용보수와 매매할 때 위탁수수료가 발생한다는 점에서 불리합니다. 운용보수는 0.15~0.3%입니다. 매매수수료는 거래할 때마다 0.015~0.03%를 내야 하므로 매매를 자주 하면 수익률이 그만큼 줄어 채권형 ETF에 투자하는 메리트가 사라집니다(단, ETF이므로 주식 거래 때 내는 0.3% 증권거래세는 없습니다).

주요 채권형 ETF와 특징 살펴보기

채권형 ETF

채권 유형	종목명(코드번호)	보수(%)	듀레이션	분배금지급	수익률	변동성
단기자금	KODEX단기채권(153130)	0.15	6개월	연 1회	가장 낮다	가장 낮다
	KOSEF단기자금(130730)	0.05	6개월	연 1회	가장 낮다	가장 낮다
	TIGER단기통안채(157450)	0.09	3개월	연 1회	가장 낮다	가장 낮다
통안채	KOSEF통안채1년(122260)	0.05	1년	연 1회	중간	중간
국고채 (3년)	KODEX국고채3년(114260)	0.15	2.5년	연 4회	높다	높다
	TIGER국채3년(114820)	0.15	2.5년	연 4회	높다	높다
	KOSEF국고채3년(114470)	0.15	2.5년	연 4회	높다	높다
	ACE국고채3년(114460)	0.15	2.5년	연 4회	높다	높다
	KBSTAR국고채3년(114100)	0.115	2.5년	연 4회	높다	높다

국고채	KODEX국채선물10년(152380)	0.07	7.5년	없다	매우 높다	매우 높다
(10년)	KOSEF국고채10년(148070)	0.05	7.5년	연 1회	매우 높다	매우 높다
회사채	KBSTAR중기우량회사채(136340)	0.07	2년	연 4회	매우 높다	매우 높다
파생상품	KODEX국채선물10년인버스(176950)	0.07	7년	없다	매우 높다	매우 높다
	KOSEF국고채10년레버리지(167860)	0.30	14년	없다	가장 높다	가장 높다

* 자료: 각 자산운용사 홈페이지

KODEX단기채권(153130)

에프앤가이드에서 발표하는 채권지수 KRWCash지수(총수익률)를 추적하는 ETF입니다. KRWCash지수는 잔존 기간이 1년 미만인 국고채, 통안채 중 발행잔액 등 30종목으로 구성된 채권지수입니다. 대표적인 안전자산인 정부 및 한국은행이 발행하는 1년 미만(평균 듀레이션 0.6년)의 국고채권, 통안채에 투자하여 안정적인 수익을 추구하며, 안정성이 높은 대신 수익률이 낮습니다. 금통위가 금리를 인상하는 등 시중금리 급등 시 단기적으로 손해를 볼 수도 있습니다. KOSEF단기자금(130730), TIGER단기통안채(157450)도 유사한 ETF입니다.

KOSEF통안채1년(122260)

정부가 발행한 1년 만기 통안채수익률을 추종하는 ETF입니다. 듀레이션이 1년 내외인 통안증권 5종목을 동일한 비중으로 구성합니다. 단기채권에 비해 수익률은 조금 높습니다.

KODEX국고채3년(114260)

안전자산인 국고채에 투자하여 MKF(Maekyung FnGuide)국고채지수를 추적하는 ETF입니다. MKF국고채지수(총수익)는 한국거래소에 상장된 3년 국채선물 최근물의 기초자산이 되는 국고채권 3종목을 대상으로 금융투자협회가 수집하는 실시간 체결가 및 매수·매도 호가를 이용해 실시간 산출하는 지수입니다. 3년 만기 국고채는 우리나라 채권시장에서 기준이 되는 채권으로, 채권형 ETF 중 가장 많이 출시되어 있습니다. 이 밖에도 TIGER국채3년(114820), KOSEF국고채3년(114470), ACE국고채3년(114460), 파워중기국고채(176710), KBSTAR국고채3년(114100) 등이 있습니다.

KODEX국채선물10년(152380)

잔존 기간이 7~10년 사이인 무위험 장기국고채 투자와 같은 수익을 추구하는 ETF입니다. 10년 국채선물은 만기가 10년이고, 표면금리가 연 5%이며, 6개월마다 이자가 지급되는 가상의 국고채권 표준물을 대상으로 하는 선물상품입니다. 듀레이션이 7.5년이므로 ETF 가격이 시중금리 변동에 민감하게 반응합니다. 따라서 시중금리 하락이 지속될 때는 CMA나 다른 채권형 ETF보다 수익률이 높은 반면, 시중금리가 상승세면 손해를 볼 수 있습니다. 비슷한 상품으로 KOSEF국고채10년(148070)이 있습니다.

KBSTAR중기우량회사채(136340)

A등급 이상의 우량채권을 투자 대상으로 하는 지수인 KOBI Credit지수를 추종하는 회사채 ETF입니다. 신용등급 A- 이상, 잔존 기간 5년 이하, 기타 금융채, 은행채 중 대표성과 유동성을 감안하여 50종목을 선정해 동일한 비중으로 구성합니다.

A등급 회사채라 하더라도 기업은 원리금을 지급하지 못하는 부도 가능성이 있기 때문에 이자율이 높습니다. 50개 구성 종목 중에 한 회사라도 부도가 발생하면 수익률에 큰 타격을 입을 수 있기 때문입니다.

KODEX국채선물10년인버스(176950)

한국거래소의 10년 국채선물지수(F-LKTB index) 수익률의 −1배수를 추적하는 ETF입니다. 채권은 금리가 상승할 때 손해를 볼 수 있는 구조인데, 인버스는 금리상승기에 수익을 창출할 수 있다는 장점이 있습니다. 실례로 2011년 주식시장이 급락했을 때 해당 상품은 10% 수익률을 기록했습니다. 채권형 인버스 ETF는 금리가 상승할 때 수익을 낼 수 있는 상품이지만 다음 4가지를 유의해야 합니다.

첫째, ETF의 수익률이 기초지수 일간수익률의 −1배를 추적하는 반면, 누적수익률에는 −1배가 적용되지 않습니다. 앞서 레버리지 ETF의 배수를 누적으로 추적하지 못하는 이유와 동일합니다.

둘째, 기초지수와의 추적오차가 발생할 수 있습니다. 투자신탁보수, 위탁매매수수료 등 관련 비용의 지출로 추적오차가 발생해 예상치 못한 손실을 실현할 수도 있습니다.

셋째, 이자율 하락에 따른 자본 손실 가능성이 있습니다.

넷째, 단기채권형펀드에 비해 금리 민감도가 높습니다.

KOSEF국고채10년레버리지(167860)

10년 만기 국고채수익률 × 2 − 자금조달코스트를 추종하도록 설계된 ETF입니다. 10년 국채수익률의 2배수 레버리지이므로 듀레이션이 14년으로 긴 종목입니다. 듀레이션 14년은 일반국채인 국고채 3년의 듀레이션이 2.5년인 것을 감안하면 무려 5.6배입니다. 그만큼 시중금리 변동에 민감합니다. 시중금리 변동에 관한 예측에 확신이 있을 때 투자하는 채권형 레버리지 ETF입니다. 일종의 채권형 파생상품이므로 앞서 설명한 인버스 ETF에서 유의할 점을 동일하게 참고해야 합니다.

채권가격 동향은 어디에서 확인하나요?

증권회사 HTS를 통해 금융투자협회가 공시하는 채권가격을 실시간으로 볼 수 있습니다. 아래 그림은 신한투자금융 HTS로 국내외 금리를 보여주는 창입니다. 어느 증권회사나 '투자정보' 창에 들어가 금리 또는 국채수익률을 클릭하면 국내외 금리와 채권별 가격을 볼 수 있습니다.

채권가격은 한국거래소(www.krx.co.kr) 채권 코너에서 실시간으로 볼 수 있으며, 금융투자협회(www.kofiabond.or.kr)와 이데일리 본드웹(www.bondweb.co.kr)에서도 채권가격을 발표합니다. 채권가격은 현재 가격도 중요하지만 추세를 확인해보아야 합니다. 추세를 알아야 채권가격을 예측할 수 있습니다. 추세는 그래프로 확인하는데, 대부분의 증권사 HTS에서 채권 종목을 클릭하면 추세 그래프를 볼 수 있습니다.

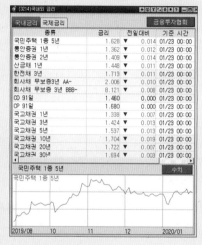

* 자료: SHINHANi 국내금리 창

해외주식을 국내시장에서
거래하는 해외지수 ETF

해외지수 ETF에 투자하기 전에 개인투자자들에게 한때 큰 인기를 얻었던 해외주식형펀드와 해외지수 ETF에는 어떤 장단점이 있는지, 해외지수 ETF에는 어떤 상품들이 출시되어 있는지, 해외지수 ETF의 성공 투자 방법은 무엇인지 등을 알아둘 필요가 있습니다.

해외지수 ETF에 투자하는 방법은 3가지가 있습니다. 첫 번째는 국내 증권사 HTS에서 해외증시에 상장된 ETF를 직접 거래하는 것이고, 두 번째는 국내에서 설정하여 국내증시에 상장된 해외지수 ETF를 거래하는 것이며, 세 번째는 해외주식형펀드(국내 설정, 해외 설정)에 투자하는 것입니다.
오늘날 통신과 인터넷의 발달로 국가 간 자금 거래와 해외주식투자가 실시간으로 가능하게 되었습니다. 이번 장에서는 해외 ETF 투자 요령과 참고해야 할 점을 알아봅시다.

해외 종목에 투자해야 하는 5가지 이유

1 | 다양한 종목으로 효율적인 포트폴리오를 구성할 수 있다

외국에는 업종별로 다양한 글로벌 기업들이 국내보다 더 많이 존재합니다. 따라서 국내주식뿐 아니라 해외 종목도 포함한다면 더욱 효율적인 포트폴리오를 구성할 수 있습니다. 외국인 투자자들이 한국증시를 세계시장의 일부로 보고 투자하고 있으며, 지금도 코스피 시가총액의 30% 이상을 외국인이 보유하고 있습니다. 따라서 국내 투자자들도 30% 안팎으로 해외 종목을 편입시키는 것이 효율적입니다.

2 | 코리아디스카운트를 줄일 수 있다

외국에 비해 주주환원 정책 부족, 환율 불안정 등으로 한국증시가 세계 증시에 비해 상대적으로 저평가되는 불이익을 받고 있습니다. 따라서 해외증시에 분산투자하면 코리아디스카운트를 어느 정도 해소할 수 있습니다.

3 | 해외주식에 투자하면 국내 주식투자를 판단하는 데 도움이 된다

세계증시는 미국증시를 중심으로 동조화 현상을 보이고 있습니다. 국내주식에 투자할 경우에도 해외증시를 알면 국내증시 흐름을 파악하거나 업종과 종목을 선정할 때 도움이 됩니다.

4 | 환전 등 투자 방법이 쉬워졌다

환전이 실시간 환율로 이루어지고, 정규장 개장 전후 시간대에도 거래할 수 있는 등 투자 방법이 국내증시에 투자하는 것과 별반 다르지 않아 쉽게 매매할 수 있게 되었습니다.

5 | 환테크로 활용할 수 있다

미국달러의 경우, 달러가치가 오를 것이라 예상될 때(원화 환율 상승) 미국증시를 추종하는 ETF에 투자하면 지수 상승과 함께 달러가치 상승에 따른 환차익도 얻을 수 있습니다.

미국증시에 상장된 대표적인 지수 ETF

미국, EU, 일본 등 선진국은 GDP성장률이 낮은 반면, 통화가치가 안정되어 있고 증시 변동성도 크지 않아 저위험·중수익을 목표로 할 때 선정합니다. 중국, 인도, 베트남, 인도네시아 등 동남아 국가와 브라질, 칠레 같은 개발도상국들은 GDP성장률이 높은 반면, 증시 등락이 심하고 통화가치도 변동성이 높아 고위험·고수익을 추구할 때 선정합니다.

전 세계 ETF시장은 미국이 약 80%를 점하고 있습니다. 따라서 미국증시에 상장되어 있는 ETF와 투자 방법에 대해 알아둘 필요가 있습니다.

지수 ETF

지수	대표 종목	티커
S&P500	*SPDR S&P500 ETF	SPY
S&P500×2배수	ProShares Ultra S&P500	SSO
S&P500×3배수	*ProShares UltraPro S&P500	UPRO
나스닥100	*Invesco QQQ Trust	QQQ
나스닥100×3배수	*ProShares UltraPro QQQ	TQQQ
S&P MidCap 400	iShares Core S&P Mid-Cap ETF	IJH
Russell 2000	*iShares Russell 2000 ETF	IWM
종합지수	*Vanguard Total Stock Market Index Fund ETF	VTI

SPDR S&P500 ETF(SPY)

흔히 SPY라고 부르며, S&P500지수 수익율을 추종하는 ETF입니다. 전 세계에서 운용 규모가 가장 크고, 가장 많이 거래되는 ETF 중 하나입니다. 스프레드가 작으며 유동성이 높아 거래가 용이하여 미국 대형주 단기투자자들에게 적합합니다. 세계 3대 신용평가기관 중 하나인 미국의 스탠더드앤드푸어스(Standard & Poors)가 기업 규모, 유동성, 산업의 대표성을 고려해 선정한 보통주 500개 종목을 기준으로 산출해 발표하는 주가지수로, 다우존스산업지수(Dow Jones Industrial Average)보다 포괄적이어서 미국의 증시를 대표하는 지수로 평가받고 있으며, 많은 펀드가 해당지수를 벤치마크로 활용하고 있습니다. 운용보수는 0.09%로 저렴합니다.

코스피 대비 상대수익률

* 2015년~2024년 3월 9일 기준

ProShares UltraPro S&P500(UPRO)

상기 상품은 증권과 파생상품을 조합하여 S&P500지수 일별수익률(수수료 및 비용 차감 전)의 3배를 추종하는 레버리지 ETF입니다. 지수 등락의 3배로 움직이므로 고위험·고수익 상품입니다. 따라서 차트 분석을 통한 단기매매로 대응하되, 투자금액의 30% 이내로 한정하여 예측이 잘못되었을 경우 발생할 위험을 다소 낮출 필요가 있습니다.

Invesco QQQ Trust(QQQ)

미국 나스닥시장에 상장된 종목 중 비금융 종목 중에서 시가총액과 유동성을 고려하여 선정된 100개 종목으로 구성되어 있는 ETF입니다. 나스닥100지수를 추종하는 ETF 중 가장 큰 운용 규모를 자랑하며, 전 세계에서 가장 많이 거래되는 ETF 중 하나입니다. 유동성이 높고 스프레드가 낮아 단기투자에 적합합니다. 보수율은 0.2%로 낮은 반면, 투자 종목이 기술 분야에 집중되어 변동성이 높습니다.

ProShares UltraPro QQQ(TQQQ)

주식과 파생상품을 조합하여 나스닥100지수 일별수익률의 3배(수수료 및 비용 차감 전)를 추종하는 레버리지 ETF입니다. 미국 기술주를 대표하는 나스닥100지수이고, 레버리지가 3배로 고수익을 추구하는 위험성이 매우 높은 종목이므로 단기매매로 한정해야 합니다.

iShares Russell 2000 ETF(IWM)

미국을 대표하는 중소기업지수로, Russell 3000 구성 종목 중 시가총액 기준 상위 1,000개를 제외한 나머지 2,000개 종목을 기반으로 산출하고 있습니다. 미국 중소형주의 일별수익율을 추종하는 ETF로, 대형주를 추종하는 ETF보다 등락률이 높습니다. 따라서 고위험·고수익을 선호하는 투자자에게 적합한 종목입니다.

Vanguard Total Stock Market Index Fund ETF(VTI)

시가총액 규모와 상관없이 미국(뉴욕, 나스닥)에 상장된 모든 종목을 대상으로 지수를 산출하는 ETF입니다. 벤치마크지수에 편입된 종목의 수가 너무 많아 벤치마크 비율을 그대로 복제하는 것이 아닌, 샘플링 과정을 통해 종목 선정 및 비율을 배분하는 전략을 취하고 있습니다.

미국증시 섹터지수 ETF 베스트 10

섹터 ETF

	섹터	대표 종목	티커
1	리튬/2차전지	*Global X Lithium & Battery Tech ETF	LIT
2	자율주행/전기차	*Global X Autonomous & Electric Vehicles ETF	DRIV
3	고배당	*Vanguard High Dividend Yield Index Fund ETF	VYM
4	반도체	iShares PHLX Semiconductor ETF	SOXX
5	바이오텍	iShares Nasdaq Biotechnology ETF	IBB
6	헬스케어	*Health Care Select Sector SPDR Fund	XLV
7	금융	Financial Select Sector SPDR Fund	XLF
8	항공우주/방위	iShares US Aerospace & Defense ETF	ITA
9	성장주	iShares Core S&P US Growth ETF	IUSG
10	가치주	iShares Edge MSCI USA Value Factor ETF	VLUE

Global X Lithium & Battery Tech ETF(LIT)

2차전지 산업에 투자하는 간단한 방법은 리튬배터리 관련 LIT ETF에 투자하는 것입니다. 리튬은 배터리 제조에 가장 비중이 높은 필수 소재이기 때문입니다.

Solactive Global Lithium Index의 투자수익률(수수료 및 비용 차감 전)을 추종하며, 총자산의 80% 이상을 기준지수의 주식과 해당 주식을 기초자산으로 발행된 DR 종목에 투자합니다. 기준지수는 중국, 미국, 한국, 일본 등에 걸쳐 리튬 산업에 속한 글로벌 기업들로 구성되어 있습니다.

Global X Autonomous & Electric Vehicles ETF(DRIV)

전 세계 자율주행과 전기차 시대를 열어줄 기업들에 분산투자하는 ETF 입니다. 기준지수는 하이브리드차, 전기차, 자율주행차, 관련 소재부품, 자율주행기술, 커넥티드 카 서비스 등을 생산 및 제공하는 상장 기업(테슬라, 엔비디아 등)을 추종하도록 설계되어 있습니다.

Vanguard High Dividend Yield Index Fund ETF(VYM)

뱅가드에서 운영하는 배당주 ETF입니다. 고배당 ETF 중에서 규모가 가장 큽니다. 운용 규모는 42억달러, 운용보수는 0.06%이며 분기 배당입니다.

미국 대형 고배당주로 구성된 FTSE High Dividend Yield Index를 추종하고 있습니다. 기준지수는 평균보다 높은 배당수익률을 보이는 약 440개 종목으로 구성되어 있으며 소비재, 에너지 섹터 투자 비중이 높습니다. 대세상승기에는 성장주에 비해 수익률이 상대적으로 저조할 수 있습니다. 장기투자자에게 유망한 ETF입니다.

Health Care Select Sector SPDR Fund(XLV)

Health Care Select Sector Index 투자수익률(수수료 및 비용 차감 전)을 복제하며, 총자산의 95% 이상을 기준지수를 구성하는 주식에 투자합니다. 기준지수는 제약, 건강의료기기 및 물품, 헬스케어 서비스, 바이오테크, 생명과학 도구 및 서비스, 헬스케어 기술 등의 섹터에 속한 기업들로 구성되어 있습니다.

주요 구성 종목으로는 유나이티드헬스(9.1%), 존슨앤존슨(8.8%), 화이자(5.6%), 애비브(5.0%), 써모피셔사이언티픽(4.5%), 애보트래버러토리(4.5%), 머크(3.8%), 일라이릴리(3.7%) 등이 있습니다.

미국 증권시장에 거래하기 전 알아둘 것들

미국 증권시장의 정규 거래 시간은 한국 시간 기준 23:30~6:30(서머타임 적용 시 22:30~5:30)입니다. 정규장 개장 전 프리장(Pre-Market)은 한국 시간으로 18~23시, 정규장 마감 후 애프터장(After-Market)은 한국 시간으로 6~8시입니다. 예약 주문은 정규장에서만 적용되며, 주간 대체 시장은 10:00~17:30입니다.

또한 해외주식은 해당 국가의 통화로 거래되므로 원화를 해당 국가의 통화로 환전해야 합니다. HTS에서 '환전/실시간환전거래' 창을 열어 환전할 금액을 입력하고 확인을 누르면 실시간으로 환전이 이루어집니다. 원화에서 외화, 외화에서 원화로 환전이 가능하며, 환전 창에서 환율일별추이/당일실시간, 고시환율/기준환율을 확인할 수 있습니다. 환율은 증권회사가 제시하는 '기준환율'로 환전수수료까지 포함된 숫자입니다. 9~16시까지만 환전이 가능하므로 거래 시간 전에 미리 환전해야 합니다.

미국 증권시장은 상하한가와 동시호가제도가 없다는 특징이 있으며, 결제일은 T + 3일로 한국시장의 결제일인 T + 2일과 차이가 있다는 점도 알아두어야 합니다.

세금으로는 배당금 세율 15%(한국의 경우 15.4%), 차익에 대한 양도소득세 22%(250만원까지 기본공제)가 적용됩니다.

한국의 경우 대주주 양도소득세 22~33%가 적용되며, 2025년부터 시행되는 금융투자소득세는 5,000만원 초과 3억원 미만 소득에 22%, 3억원 초과 금액에 27.5%가 적용됩니다.

거래가 편리한 국내상장 해외 ETF

국내상장 해외 ETF란 해외지수를 추종하는 지수로, 국내 증권사가 설정 및 운영하고 한국거래소에 상장되어 국내주식과 같은 방식으로 거래되는 ETF를 말합니다.

한국거래소에서 거래되고 있는 해외 ETF에는 미국, 중국, 일본, 베트남, 인도, EU, 대만 등의 ETF가 있습니다. 투자자는 동일한 지수를 추적하는 ETF를 해외에 상장된 종목과 국내에 상장된 종목을 선택해 거래할 수 있습니다.

해외상장 ETF와 국내상장 ETF의 차이점 4가지

해외상장 ETF와 국내상장 ETF는 거래 가능 시간 등 시장제도와 환전, 세금 등에서 차이점이 있습니다.

1 | 나라마다 거래 시간이 다르다

국내상장 ETF는 국내주식과 거래 시간, 상하한가, 동시호가제도 등이 동일합니다. 그러나 해외상장 ETF는 나라마다 거래 시간 등 시장제도가 각기 다릅니다. 특히 시차가 다르기 때문에 해외상장 ETF는 거래 시 불편이 따릅니다.

2 | 해외상장 ETF는 환전이 필요하다

해외상장 ETF는 해당 국가의 통화로 거래되기 때문에 환전이 필요합니다. 환전수수료는 매수할 때와 매도할 때 각각 1% 내외입니다. 반면 국내상장 ETF는 환전이 필요하지 않으므로 환전수수료가 들지 않습니다.

3 | 환율에 따라 투자수익률이 변한다

해외상장 ETF는 해당 국가의 돈의 가치에 따라 투자수익률이 달라집니다. 미국상장 ETF를 예로 들면, 미국 ETF가 10% 상승하고 달러가치가 10% 상승한다면(원화가치 10% 하락) 투자수익률은 원화 기준 20%가 됩니다(ETF 주가 상승 10% + 환율 상승 10% = 20%). 반면 해외 ETF가 10% 상승하더라도 달러가치가 7% 하락한다면(원화가치 7% 상승) 투자수익률은 3%에 불과합니다(ETF 주가 상승 10% - 환율 하락 7% = 3%).

국내상장 ETF의 경우 환헤지가 되어 있는 종목은 환율 등락에 영향이 없지만 환헤지가 안 된 종목은 해외상장 ETF와 마찬가지로 투자수익률이 달라집니다.

4 | 적용되는 세금이 다르다

가장 큰 차이점은 세금입니다. 분배금에 대한 세금으로는 국내상장 ETF와 해외상장 ETF 모두 15.4%의 배당소득세가 부과되며 원천징수 후 계좌로 입금됩니다.

매매차익에 대한 세금도 다릅니다. 국내상장 ETF의 경우 매매차익을 거둔 경우에만 15.4%의 배당소득세를 부과합니다. 예로, 'A'라는 ETF에서 1,000만원의 수익을 실현하고, 'B'라는 ETF에서 200만원의 손해를 보았다면 이익을 본 A계좌에만 배당소득세 15.4%를 적용해 154만원의 세금이 부과됩니다. 금융투자소득세가 적용되는 2025년부터는 손실금을 공제한 뒤 5,000만원을 초과하는 금액에 22%가 과세됩니다.

반면 해외상장 ETF는 손익을 통산한 수익금에 기본공제 250만원을 공제한 뒤 투자수익에 22%의 양도세를 부과합니다. 예를 들어 'A'라는 ETF에서 1,000만원의 수익이, 'B'라는 ETF에서 200만원의 손실이 났을 경우 손실금을 뺀 통산수익금은 800만원이 됩니다. 그리고 연간 250만원을 초과하는 금액인 550만원에 22%의 양도세를 적용하면 납부해야 할 세금은 121만원이 됩니다.

그러나 연금저축계좌로 5년 이상 국내상장 ETF에 투자할 경우에는 배당소득이나 매매차익에 대한 세금이 없습니다. 따라서 장기투자를 통한 재산 증식을 목표로 하는 투자자에게는 매력적인 방법이 될 수 있습니다.

주목할 만한 국내상장 해외지수 ETF들

현재 한국에서 거래되고 있는 해외지수 ETF에는 중국, 미국, 일본, 베트남, 인도, 대만 등의 ETF가 있습니다.

국내상장 주요 해외지수 ETF

국가	종목명(코드번호)	기초지수	시가총액(억원)	보수(%)	자산운용사
미국	TIGER미국나스닥100(133690)	NASDAQ100	30,235	0.07	미래에셋자산
	TIGER미국S&P500(360750)	S&P500	30,459	0.07	미래에셋자산
	TIGER미국테크TOP10(381170)	Index US Tech Top10	20,466	0.49	미래에셋자산
	TIGER미국필라델피아반도체나스닥(381180)	PHLX Semiconductor Sector	22,867	0.49	미래에셋자산
	ACE미국S&P500(360200)	S&P500	9,112	0.07	한국투자
	KODEX미국S&P500TR(379800)	S&P500 Total Return	10,014	0.05	삼성자산
	TIGER미국S&P500선물(H)(143850)	S&P500 Futures(ER)	2,355	0.30	미래에셋자산
	KBSTAR미국S&P(379780)	S&P500	3,358	0.021	KB자산
	TIGER미국S&P500레버리지(합성H)(225040)	S&P500×2배수	552	0.25	미래에셋자산
중국	TIGER차이나CSI300(192090)	CSI300	1,917	0.63	미래에셋자산
	ACE중국본토CSI300(168580)	CSI300	1,109	0.70	한국투자
	TIGER차이나HSCEI(245360)	Hang Seng China H	468	0.35	미래에셋자산
	TIGER차이나CSI레버리지(204480)	CSI300×2배수	898	0.58	미래에셋자산
	KODEX차이나H(099140)	Hang Seng China H	536	0.12	삼성자산
일본	TIGER일본TOPIX(합성H)(195920)	TOPIX	119	0.24	미래에셋자산
	KODEX일본TOPIX100(101280)	TOPIX100	596	0.37	삼성자산
기타	KODEX선진국MSCI World(251350)	MSCI World	3,347	0.30	삼성자산
	ACE베트남VN30(합성)(245710)	VN30(PR)	2,593	0.70	한국투자
	TIGER유로스탁스50(합성H)(195930)	EURO STOXX 50	289	0.24	미래에셋자산
	KINDEX인도네시아MSCI(합성)(256440)	MSCI Indonesia	486	0.70	한국투자
	TIGER인도니프티50레버리지(합성)(236350)	Nifty50×2배수	572	0.58	미래에셋자산

* 2024년 4월 기준

TIGER미국나스닥100(133690)

4차 산업혁명의 수혜가 기대되는 IT, 소비재, 헬스케어 중심으로 구성된 미국 나스닥시장에 분산투자하는 ETF입니다. 나스닥100지수는 미국 나스닥 시장에 상장된 컴퓨터 하드웨어/소프트웨어, 통신, 도소매 무역, 생명공학 등의 업종 대표주 100종목으로 구성되며, 투자회사를 비롯한 금융회사는 편입되지 않습니다. 주요 구성 종목은 애플, 아마존, 마이크로소프트, 시스코, 인텔, 알파벳 등 Magnificent Seven stocks를 포함한 IT 종목이 주류를 이루고 있습니다. 해외투자에 따른 별도의 환헤지를 하지 않는 환노출 상품입니다. 나스닥100지수를 기초지수로 하며 지수 산출 방법은 수정된 시가총액 가중평균 방식입니다.

TIGER미국나스닥100(133690), TIGER차이나CSI300(192090), KODEX일본TOPIX100(101280)의 비교 주가 그래프

* 2017년 3월~2024년 3월 10일 기준

TIGER미국S&P500(360750)

세계증시를 선도하는 미국시장의 대표지수에 투자하는 ETF입니다. S&P500은 스탠더드앤드푸어스가 산출하고 발표하는 지수입니다. 미국의 뉴욕증권거래소와 나스닥시장에 상장되어 있는 기업 중 미국에 주소를 둔 500개 종목을 대상으로 시가총액 가중 방식으로 산출합니다. 미국 전체 상장기업의 시가총액 80% 이상을 포함하며 업종별로 고르게 분산되어 있으므로, 미국주식에 투자한다면 일반적으로 S&P500을 선택하게 됩니다. 따라서 기관투자자들이 포트폴리오 실적을 벤치마킹하기 위한 용도로 많이 활용합니다.

TIGER미국S&P500선물(H)(143850)

S&P500지수선물을 추적하는 ETF입니다. 현물주식바스켓이 아닌 선물에 투자한다는 점과 환헤지가 가능하다는 점이 특징입니다. 따라서 미국증시가 상승 추세인 경우 선물인 TIGER미국S&P500은 더 높은 수익률을 보입니다. 그러나 하락 추세일 경우에는 하락폭이 더 큽니다.

기초지수는 S&P500 Future Index(ER)입니다. 시카고상업거래소에 상장된 S&P500 Future의 가격 움직임을 나타내는 지수로, 선물만기일(3, 6, 9, 12월 세 번째 금요일) 전 5영업일에 첫 번째 만기가 가까운 선물계약(최근월물)에서 두 번째 만기가 가까운 선물계약(차근월물)으로 롤오버합니다.

KODEX차이나H(099140)

홍콩거래소에 상장된 중국의 우량주에 분산투자하는 ETF입니다. 기초지수는 Hang Seng China H로 홍콩거래소에 상장된 H주를 시가총액 가중 방식으로 산출하며, 1994년 8월 8일 기준 1,000포인트로 출발했습니다. 매년 2회 정기 변경이 이루어집니다. 주가계산식은 HSCEI × 환율(한국원화/홍콩달러) × 0.01(승수)입니다.

TOP 10 구성 종목

1	CCB(CHINA CONSTRUCTION BANK)	6	PETROCHINA
2	BANK OF CHINA	7	SENSETIME GROUP INC-CLASS B
3	ICBC(INDUST&COMM BANK OF CHINA)	8	XIAOMI CORP-CLASS B
4	AGRICULTURAL BANK OF CHINA	9	CNOOC
5	SINOPEC(CHINA PET&CHEM)	10	SINO BIOPHARMACEUTICAL

* 2024년 4월 기준

ACE중국본토CSI300(168580)

국내 최초로 중국 본토에 직접 투자하는 ETF로, A주 대표지수인 CSI300의 성과를 추적하는 ETF입니다. 기초지수인 CSI300지수는 상하이거래소 및 심천거래소에 상장된 A주 중 유동성이 풍부하고 시가총액 규모가 큰 300개 종목으로 구성되어 있습니다. 한국으로 치면 코스피200에 해당하는 지수입니다. 주가계산식은 CSI300 × 환율(한국원화/중국위안화) × 0.03(승수)입니다.

중국증시는 높은 경제성장률로 세계경제를 견인한다는 점이 가장 큰 투자 포인트입니다. 연 12% 안팎의 고도성장을 구가하며 2007년에는 상하이종합지수가 6,150포인트까지 올라갔습니다. 그러나 투자 시에는 당시 지수를 생각하면 안 됩니다. 그때는 PER이 무려 60에 이를 정도로 주가의 버블이 극심했기 때문입니다. 코로나 팬데믹 이후 2021년부터 경제가 침체되기 시작하여 2023년에는 GDP성장률이 5.2%까지 떨어졌습니다. 미국의 경제 제재가 지속되는 가운데 홍콩증시와 중국증시 모두 약세 국면을 벗어나지 못하고 있습니다. 향후 중국증시를 예측하려면 먼저 경제성장률을 살펴보아야 합니다. 물론 중국은 앞으로도 세계에서 가장 높은 성장세를 보이겠지만, 지난 시기와 같은 고도성장을 기대하기는 어려울 것입니다.

다음에는 소비경제 추이를 살펴보아야 합니다. 13억 인구 중 도시인구의 증가와 소비에 길들여진 젊은층의 소비욕구는 분명 대단한 위력을 발휘할 것입니다. 그리고 기업과 지방정부의 부실을 어떻게 정리해나 가는지도 살펴볼 필요가 있습니다.

TOP 10 구성 종목

1	BOE TECHNOLOGY GROUP CO LT-A	6	BEIJING-SHANGHAI HIGH SPE-A
2	IND & COMM BK OF CHINA-A	7	INNER MONGOLIA BAOTOU STE-A
3	AGRICULTURAL BANK OF CHINA-A	8	BANK OF BEIJING CO LTD -A
4	BANK OF COMMUNICATIONS CO-A	9	CHINA STATE CONSTRUCTION
5	CHINA MINSHENG BANKING-A	10	CHINA UNITED NETWORK-A

* 2024년 3월 기준

TIGER차이나CSI300(192090)

글로벌 경제성장을 이끄는 중국 본토 A주에 손쉽게 투자할 수 있는 ETF입니다. CSI300지수는 중국 본토 상해거래소 및 심천거래소에 상장된 주식 중 시가총액, 유동성, 거래량, 재무 현황 등을 고려하여 선정한 300종목으로 구성되며, 6개월(1월 초, 7월 초)마다 정기 변경이 있습니다.

TOP 10 구성 종목

1	BOE TECHNOLOGY GROUP CO LT-A	6	BEIJING-SHANGHAI HIGH SPE-A
2	IND & COMM BK OF CHINA-A	7	INNER MONGOLIA BAOTOU STE-A
3	AGRICULTURAL BANK OF CHINA-A	8	BANK OF CHINA LTD-A
4	BANK OF COMMUNICATIONS CO-A	9	CHINA STATE CONSTRUCTION -A
5	CHINA MINSHENG BANKING-A	10	CHINA UNITED NETWORK-A

* 2024년 3월 기준

KODEX일본TOPIX100(101280)

도쿄증권거래소 시가총액 상위 100개 종목으로 구성된 TOPIX100을 추종하는 ETF입니다. 주가계산식은 TOPIX100 × 환율(한국원화/일본엔화) × 1(승수)입니다.

일본은 2023년에 '기업밸류업프로그램'을 시행함으로써 국내외 투자자가 모이고 주가가 한 단계 레벨업되었습니다. 그 결과 2024년 3월에는 니케이지수가 34년 만에 사상 최고점에 도달했습니다.

TOP 10 구성 종목

1	NIPPON TELEGRAPH & TELEPHONE	6	NOMURA HOLDINGS INC
2	MITSUBISHI UFJ FINANCIAL GRO	7	SOFTBANK Co
3	TOYOTA MOTOR	8	ENEOS HOLDINGS
4	HONDA MOTOR	9	Z Holdings
5	MITSUBISHI	10	NISSAN MOTOR

* 2024년 3월 기준

TIGER인도니프티50레버리지(합성)(236350)

GDP 규모가 세계 5위이고, 2027년에는 미국, 중국에 이어 세계 3위가 예상되는(IMF 전망) 14억 인구의 대국에 투자하는 ETF입니다. 높은 경제성장률을 보여주는 인도 Nifty50지수 일간수익률의 2배수 수익률을 추구합니다.

인도 주식으로 구성된 Nifty50지수를 기초지수로 하여 1좌당 순자산가치의 일간변동률을 기초지수 일간변동률의 2배수로 연동하여 투자신탁재산을 운용하는 것을 목적으로 합니다.

India Index Services & Product Limited에서 발표하는 Nifty50지수는 인도 주식시장에 상장된 상위 50개 종목으로 구성된 지수입니다.

국내에 상장된 글로벌 섹터지수 ETF

KODEX미국S&P바이오(합성)(185680)

미국 바이오업종에 투자하는 종목을 모아 구성한 것입니다. S&P Biotechnology Select Industry Index를 기초지수로 합니다.

인구고령화 및 중국, 중동 등의 빠른 인구 증가와 경제성장에 따라 바이오제약 수요 증가가 전망됩니다. 전 세계 바이오의약품시장은 초고속으로 성장하고 있으며, 향후 높은 성장이 예상됩니다. 특히 전 세계 바이오 특허 중 41%는 미국에서 내고 있습니다. 미국 바이오제약 상장기업들은 높은 외형 성장과 함께 수익도 계속해서 증가될 것으로 전망됩니다.

단, 거래 상대방과의 장외파생상품 계약을 주된 투자 대상으로 하므로 거래 위험이 존재합니다. 장외파생상품을 주로 운용하며 기초지수의 수익률을 따릅니다. 이에 따라 거래 상대방의 자격요건과 위험 및 담보 등을 관리하며, 이 투자에 중대한 영향을 미치는 일이 생길 경우 상장폐지될 수 있습니다. 장외파생상품은 공개시장이 아닌 장외시장에서 거래가 이루어지기 때문에 상대적으로 정부의 규제나 감독이 엄격하지 않고, 장내거래와 달리 투자자가 보호되지 않습니다. 따라서 거래 상대방이 파산하거나 신용위기를 경험하는 경우 투자자금 전액 회수가 불가능할 수도 있습니다.

KODEX미국S&P에너지(합성)(218420)

석유/석탄에서 태양광/바이오까지 에너지화학지수를 추적하는 상품입니다. S&P Energy Select Sector Index를 기초지수로 합니다.

개발도상국 발전 및 세계 인구 증가 등으로 에너지 수요가 증가하면서 그에 따른 수혜가 기대되는 에너지 산업에 집중합니다. 해외에 상장된 글로벌 기업에 쉽고, 빠르게, 저렴한 금액으로 투자가 가능합니다.

단, 거래 상대방과의 장외파생상품 계약을 주된 투자 대상으로 하므로 투자 위험이 존재합니다. 장외파생상품으로 인한 거래 위험을 통제하기 위해 담보를 받습니다. 또 한국과 시차가 존재하는 시장이라 그에 따른 위험도 존재합니다.

잠깐만요

ADR이란 무엇인가요?

미국 예탁증권을 말하며, 미국에서 외국주식 대신 거래되는 대체증권입니다. 예탁증권 제도는 해외주식을 국내주식시장에서 매매하는 데 수반되는 언어, 법률, 제도, 거래 관습 등의 차이와 수송을 비롯한 여러 가지 위험과 비용을 제거하여 해외주식을 국내시장에서 동등하게 취급하기 위해 만든 제도입니다.

미국 예탁증권제도는 해외주식을 미국에서 거래하기 위해 미국의 증권업자가 해외에서 주식을 구입해 미국은행 현지법인(수탁은행)에 맡기고, 수탁은행이 미국 지점에 맡겨둔 외국원주를 근거로 같은 금액에 해당하는 ADR을 발행해 미국 증권시장에서 거래합니다.

해외지수 ETF 투자 포인트

해외지수 ETF는 비용이 저렴하고, 펀드 운용이 투명하며, 거래가 간편하다는 장점을 가지고 있는 금융상품입니다. 그러나 해외증권인 만큼해당 국가의 경제·정치·사회제도, 문화까지 알아야 투자 여부를 판단할 수 있습니다. 절대로 묻지마 투자를 해서는 안 됩니다. 그리고 투자수익에 대한 15.4%의 소득세 외에, 수익이 나지 않더라도 환차익이 있을 경우 세금을 내야 하는 불이익도 있다는 점을 기억하세요.

1. 국내 ETF와 적절히 분산투자하라!

해외증시에 관한 예측이 정확하면 국내 ETF보다 높은 수익을 실현할수도 있습니다. 그러나 해외주식시장을 정확히 예측하기란 결코 쉽지않습니다. 따라서 수익성 외에 안정성도 고려하여 국내시장 대표 ETF와 해외지수 ETF에 적절히 분산투자하는 것이 좋습니다. 아직까지 해외펀드를 선호하는 투자자들의 성향 때문에 해외지수 ETF의 거래가 활발하지 못한 점도 단점입니다.

2. 해당 국가의 상황을 확인하고 투자할 것!

해당 국가의 경제성장률, 물가, 금리, 주가 수준 등 최소한의 경제 상황을 확인한 뒤에 투자 결정을 내려야 합니다.

이를테면 물가를 감안한 경제성장률이 높을수록 주가 전망이 밝습니다. 다시 말해 'GDP성장률 - 소비자물가상승률'이 높을수록 주가상승률이 높습니다.

또한 주가 수준과 금리를 반드시 고려해야 합니다. 주가 수준은 보통 PER을 기준으로 판단합니다. 이때 중요한 것은 향후 6개월~1년 후의 예상 PER을 사용해야 한다는 것입니다.

3. 환율을 고려하라!

환율 면에서 본다면 해당 국가 돈의 가치가 우리나라 돈의 가치에 비해 높아지는 국가에 투자하는 것이 유리합니다. 해당 국가의 돈의 가치가 높아진다는 말은 투자 대상 국가에 비해 우리나라 돈의 가치가 떨어진다는 의미입니다. 이는 해당 국가에 대하여 우리나라 환율이 올라간다는 뜻이지요. 환율이 올라갈수록(우리나라 돈의 가치가 떨어질수록) 주가 상승 + 환율 수익으로 투자수익률이 이중으로 높아집니다.

반면 해당 국가의 주가가 상승하더라도 상대국 대비 원화가치가 상승한다면(환율 하락) 투자수익률이 낮아집니다. 다시 말해, 미국증시가 20% 상승하더라도 미국달러 대비 원화가치가 10% 상승했다면 주가상승률은 10%에 그칩니다. 반대로 미국의 주가가 10% 하락하더라도 원화가치가 10% 하락했다면 주가 하락이 없었던 것과 같은 효력이 있습니다.

이처럼 환율 등락이 해외지수 ETF 주가에 미치는 영향이 매우 크므로 해외지수 ETF를 거래할 때는 환율 검토가 필수입니다. 참고로, 우리나라에 상장되어 있는 해외지수 ETF 중 환헤지가 되어 있지 않은 ETF는 가격을 표시할 때 실시간 환율을 계산해 표시하고 있습니다.

그래프 확인하는 방법
추세를 확인하는 방법은 다섯째마
당 '고수익을 위한 ETF 매매시점
알아보기'에서 자세히 설명합니다.
좀 더 체계적으로 공부하고 싶다면
《주식투자 무작정 따라하기》와 《차
트분석 무작정 따라하기》를 활용하
세요.

4. 해외지수 ETF도 그래프로 추세를 확인한 뒤 매매하라!

해외지수 ETF도 해외펀드와 마찬가지로 무조건 장기투자가 능사가 아
닙니다. 매일 단기매매를 해서는 안 되지만, 그래프로 추세를 확인하고
상승 추세일 때는 장기 보유하고, 하락 추세일 때는 현금화해두는 것이
좋습니다. 그래프로 중장기 추세를 확인할 때는 월봉과 주봉으로 판단
하는 것이 좋습니다. 매매할 때는 일봉을 참고하면 됩니다.

환율이 주가에 미치는 영향 알아보기

▼ 예제

KODEX일본TOPIX100(101280) 주가에 환율이 얼마나 영향을 미치는지 구체적으로 살펴볼까요?

2012년 12월 아베 신조가 일본 총리에 취임하면서 일본의 경제와 주가가 크게 요동쳤습니다. 아베 총리는 일본경제를 살리는 길은 20년 넘게 이어져온 디플레이션과 엔고에서 탈출하는 길밖에 없다고 여겼습니다. 그 결과 일본의 엔화가치는 급락과 급등을 거듭했고, 일본의 주가도 크게 움직였습니다.

다음 표는 2013년 1월부터 7월까지 일본 니케이225지수, 원화와 엔화 환율 그리고 KODEX일본TOPIX100의 등락을 정리한 것입니다.

 알아두세요 ──

환율은 투자자가 일일이 계산할 필요가 없다!

해외지수 ETF이지만 가격은 우리나라 화폐로 표시합니다. 이때 적용되는 기준환율은 한국증권전산(COSCOM)에서 10초마다 실시간 환율로 가격이 표시됩니다. 다시 말하면 바로 오늘 이 시간의 환율이 반영된 가격입니다. 예를 들어 KODEX차이나H 종목의 경우 홍콩증시에서 10% 상승하고 홍콩달러 대비 원화 환율이 3% 상승하고 있다면, 한국증시에 상장된 ETF 주가는 13% 상승한 주가로 표시됩니다. 물론 환율이 하락할 경우에는 반대겠지요.

기간	니케이225지수		환율		KODEX일본TOPIX100	
	지수	등락률	원/엔	등락률	주가	등락률
1/24	10,441		12.05		7,800	
5/23	15,942	52.7%	10.77	-10.6%	10,520	34.9%
6/13	12,415	-22.1%	12.00	11.4%	8,800	-16.3%
7/19	14,953	20.4%	11.13	-7.3%	10,120	15.3%
7/29	13,361	-10.6%	11.36	2.1%	9,400	-7.1%

▼ 해설

위의 표를 보면 2013년 1월 24일부터 5월 23일 사이 니케이225지수는 10,441포인트에서 15,942포인트로 무려 52.7% 급등했습니다. 그러나 같은 기간 KODEX일본TOPIX100은 34.9% 상승하는 데 그쳤습니다. 이유는 일본 엔화의 가치가 한국 원화에 비해 10.6%나 하락했기 때문입니다. 반면 5월 23일부터 6월 13일 사이에는 니케이225지수가 약 한

달 만에 22.1% 폭락했습니다. 그러나 원/엔 환율이 11.4% 오르면서 결과적으로 KODEX일본TOPIX100 하락률은 16.3%에 머물렀습니다. 환율이 해외지수형 ETF에 많은 영향을 미친다는 것을 확인할 수 있습니다.

다만 TIGER미국S&P500선물(H)의 경우 환헤지가 된 것이므로 S&P500이 상승한 만큼 오른다고 보아야 합니다. 일본은 예외이지만 일반적으로 해당 국가의 주가와 돈의 가치는 같은 방향으로 움직입니다. 따라서 일본을 제외한 여타 국가의 경우 해외지수가 오르고 해당 국가의 돈 가치도 함께 오른다면, 한국거래소에 상장되어 있는 해외지수 ETF의 주가는 해외지수가 오른 것보다 더 많이 오를 것입니다.

니케이225지수의 일봉 그래프

* 2013년 1월 1일~7월 29일 기준

환율(한국 원/일본 엔/유럽 유로)

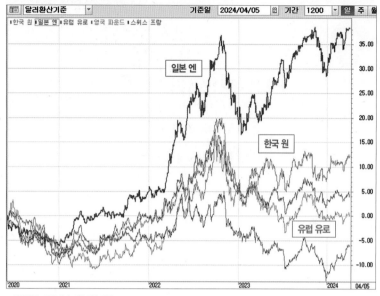

* 2020년~2024년 4월 5일 기준

KODEX일본TOPIX100(101280)

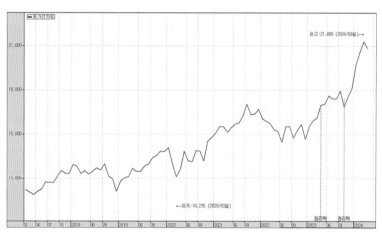

* 2017년 1월~2024년 4월 5일 기준

환율 추세 확인하는 법

환율이 해외지수 ETF 주가에 실시간으로 반영되기 때문에 환율 추세가 주가 추세 이상으로 중요하다는 것은 알겠는데, 환율 추세를 알 수 있는 사이트를 찾기가 쉽지 않다고요?

환율의 변동 상황과 환율 추세 그래프는 증권회사 HTS에서 확인할 수 있습니다. 예를 들어 신한금융투자 HTS의 경우 '해외주식 → 환전 및 외화 RP → 환율 차트 또는 환율 동향'을 클릭하면 환율과 함께 그래프를 볼 수 있습니다.

그 밖에 환율 추세를 쉽게 볼 수 있는 곳으로 포털 사이트 네이버(www. naver.com)가 있습니다.

① 먼저 네이버 홈페이지에 접속해 증권 창을 클릭합니다.

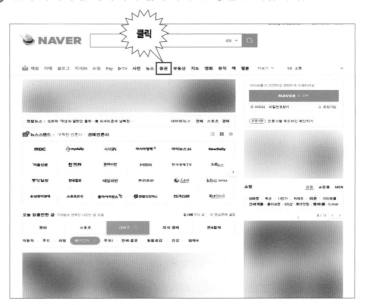

② 시장지표 창을 클릭한 뒤 원하는 국가의 환율을 클릭합니다.

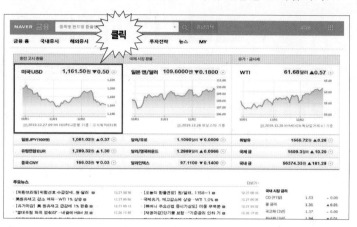

③ 국가별 환율 및 환율 그래프를 참고하세요.

점점 다양해지는
상품/통화/부동산 ETF

ETF라 하면 그동안에는 주식에 투자하는 주식형 ETF와 채권에 투자하는 채권형 ETF가 대부분이었습니다. 그러나 최근 원유, 귀금속, 금속, 농산물 같은 상품에 투자하는 ETF와 달러 같은 외국 화폐의 가치에 투자하는 ETF가 출시되었습니다. 이번 장에서는 다양한 상품/통화/부동산 ETF에 대해 알아봅시다.

상품/통화/부동산 ETF의 5가지 공통점

1 | 소액으로 투자가 가능하고 외국통화도 실시간으로 거래가 가능하다

금·은 등 귀금속과 농산물 그리고 원유와 같은 실물자산에 누구나 쉽게 소액으로 투자할 수 있으며, 외국통화도 실시간으로 거래가 가능합니다.

2 | 실물자산이 아닌 선물에 투자한다

상품과 통화 ETF는 실물자산에 투자하는 것이 아니라 선물가격을 추종하는 ETF입니다. 실물에 투자하지 않기 때문에 배당금이 있을 수 없습니다. 또한 파생상품인 선물에 투자하기 때문에 투자자금의 일부만 선물에 투자하고, 나머지는 현금으로 보유하거나 안전자산에 넣어둡니다.

3 | 환헤지 상품이다

상품/통화 ETF는 대부분 환헤지가 되어 있습니다. 다시 말해 HTS에서 확인되는 가격 이외에 별도로 환리스크에 대해 손익이 발생하지 않습니다. 환헤지가 된 것은 투자자 입장에서 장점이 될 수도 있고, 단점이 될 수도 있습니다. 만약 해당 국가의 통화가치가 올라가면 상승에 따르는 혜택을 누릴 수 없습니다. 반면 해당 국가의 통화가치가 떨어지면 하락에 따른 손실을 방지할 수 있습니다.

환헤지가 된 ETF는 종목에 '(H)'를 표시하여 헤지된 상품임을 밝힙니다. 국내상장된 상품/통화/부동산 ETF는 대부분 환헤지 상품이지만, TIGER구리실물(160580)과 TIGER부동산인프라고배당(329200)은 환헤지가 되어 있지 않습니다.

4 | 상품 ETF는 주식보다 더 투기적이다

기상 이변이 속출할 때 농수산물 가격이 급변하고, 세계경제가 위기를 맞이할 때 원자재 가격과 각국 환율이 급등락하는 것은 흔히 볼 수 있는 현상입니다. 원자재 및 농수산물의 선물가격은 등락이 심합니다. 실수요 거래에 투기적인 거래까지 가세하기 때문입니다. 국내증시에 출시된 ETF 중 콩과 은의 가격을 추종하는 종목은 연중 주가등락폭이 50~100%로 매우 큽니다. 헤지펀드가 가세하는 경우도 있습니다. 반면 원유나 통화의 경우는 상대적으로 등락폭이 작습니다.

알아두세요

GSCI지수

GSCI(Goldman Sachs Commodity Index)는 미국의 골드만삭스사가 1970년부터 작성하고 있는 대표적인 국제원자재가격지수입니다. 원유, 천연가스, 밀, 옥수수, 커피, 알루미늄, 구리, 니켈, 금 등 원자재 선물상품 종목의 세계 생산량을 기준으로 종목별 가중치를 둡니다.

5 | S&P에서 산출하는 GSCI지수를 추종한다

통화를 제외하고 귀금속, 농산물, 원유 모두 S&P에서 만든 상품으로 GSCI지수를 추종하도록 만들어진 ETF입니다.

주요 상품/통화/부동산 ETF

종류	종목명(코드번호)	기초지수	시가총액 (억원)	보수(%)	자산운용사
귀금속	KODEX골드선물(H)(132030)	S&P GSCI Gold(TR)	1,638	0.68	삼성자산
	KODEX은선물(H)(144600)	S&P GSCI Silber(TR)	780	0.68	삼성자산
	TIGER금은선물(H)(139320)	S&P GSCI Precious Metals Select(TR)	80	0.69	미래에셋자산
	TIGER구리실물(160580)	S&P GSCI Cash Copper	266	0.83	미래에셋자산
	ACE골드선물레버리지(합성H) (225130)	S&P WCI Gold×2	81	0.49	한국투자신탁
농산물	KODEX콩선물(H)(138920)	S&P GSCI Soybeans(TR)	64	0.68	삼성자산
	TIGER농산물선물 Enhanced(H)(137610)	S&P GSCI Agriculture Enhanced(ER)	150	0.69	미래에셋자산
원유	TIGER원유선물인버스(H) (217770)	S&P GSCI Crude Oil ER	140	0.69	미래에셋자산
	KODEX WTI원유선물(H) (261220)	S&P GSCI Crude Oil ER	679	0.35	삼성자산
통화	KODEX미국달러선물 (261240)	미국달러선물	552	0.25	삼성자산
	KODEX미국달러선물레버리지 (261250)	미국달러선물지수×2배수	328	0.45	삼성자산
	KODEX미국달러인버스 2x(261260)	미국달러선물지수×-2배수	1,250	0.45	삼성자산
부동산	TIGER미국MSCI리츠(합성H) (182480)	MSCI US REIT	1,194	0.24	미래에셋자산
	KINDEX미국다우존스리츠(합성H)(181480)	Dow Jones US Real Estate	139	0.30	한국투자신탁
	TIGER부동산인프라고배당 (329200)	FnGuide부동산인프라고배당	4,161	0.29	미래에셋자산

* 2024년 4월 기준

금, 은, 구리에 투자하는 귀금속 ETF

귀금속 ETF에는 금, 은, 구리 등을 대상으로 하는 ETF가 있고, 금과 은에 동시에 투자하는 ETF 그리고 이들을 대상으로 한 선물 ETF가 있습니다.

금값은 산업 수요보다 인플레이션과 달러가치에 따라 결정됩니다. 예전부터 금은 기축통화의 기준 역할을 해왔기 때문에 달러와 직접적인 연결고리가 없어진 지금까지도 인플레이션 헤지 수단으로 사용되고 있습니다. 따라서 달러가치가 떨어지면 금값이 오르고, 달러가치가 올라 안정되면 금값이 하락합니다.

은은 산업 수요가 많은 상품입니다. 따라서 경기가 살아나면 가격이 상승하고, 경기가 침체되면 가격이 하락하는 경향이 있습니다. 따라서 다음 그래프를 통해 알 수 있듯 금 ETF보다 은 ETF 주가의 등락폭이 더 큽니다.

KODEX골드선물(H)(132030)

스탠더드앤드푸어스가 산출하는 S&P GSCI Gold Total Return Index는 S&P GSCI Total Return Index의 귀금속 섹터 하위 지수 중 하나로, 뉴욕상품거래소에 상장되어 거래되는 금선물의 가격을 기준으로 산출되는 지수입니다. 금현물이 아닌 금선물에 투자하는 ETF로, 대부분의 자산은 금선물로 이루어지며 일부 골드 ETF를 편입합니다. 환율 변동의 영향을 제거하기 위해 환헤지(H)를 실시합니다.

KODEX골드선물(132030), KODEX은선물(144600), TIGER구리실물(160580)의
상대수익률 비교

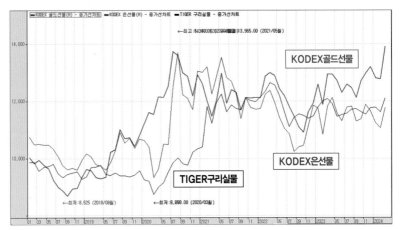

* 2018년 1월~2024년 4월 5일 기준

콩, 밀, 커피에 투자하는 농산물 ETF

한국거래소에 상장된 농산물 ETF로는 KODEX콩선물(H)과 TIGER농
산물선물Enhanced(H)가 있습니다. 콩은 대두지수 한 상품만을 추종합
니다. 그러나 농산물은 콩 이외에 밀, 옥수수, 커피, 설탕, 코코아, 면화
등 여러 농산물로 구성되어 있으며, 해마다 비중이 달라집니다. 따라서
콩 ETF는 등락폭이 클 수 있지만, 농산물 ETF는 여러 농산물 간 가격
등락이 상쇄되어 주가등락폭이 크지 않습니다.

농산물 가격은 기후, 특히 기상 이변이 생겼을 때 크게 움직이는 경향이
있고, 이때 헤지펀드들이 개입하기도 합니다.

세계경제와 함께 가는 원유 ETF

원유에 투자하는 ETF로는 TIGER원유선물인버스(H)와 KODEX WTI원유선물(H), KODEX WTI원유선물인버스(H)가 있습니다. 국제원유에는 3가지 종류가 있습니다. 미국의 서부텍사스중질유(WTI), 영국의 브랜트유 그리고 중동의 두바이유가 그것입니다. 그중에서 시카고상품거래소에서 원유지수로 사용되는 원유는 서부텍사스중질유입니다. 따라서 3가지 유가의 추세 방향은 동일하지만 등락폭과 등락 시기가 각기 다른 경우가 있습니다. 중동 두바이유의 가격이 올랐다고 뉴스에 보도되더라도 ETF의 주가는 오르지 않는 경우도 있고, 또 그 반대의 경우도 있습니다. 원유는 경기와 관련이 많습니다. 세계경제가 좋아지면 유가도 상승하고, 세계경제가 침체되면 유가도 하락합니다. 한편 최근 세계경제에서는 중국경제가 차지하는 비중이 높아지고 있으니 중국 경제성장률을 참고할 필요가 있습니다.

KODEX WTI원유선물(H)(261220)

S&P GSCI Crude Oil Index Excess Return의 수익률을 추적하는 ETF입니다. 뉴욕상업거래소에서 거래되고 있는 WTI 원유 선물가격으로 산출되는 기초지수인 S&P GSCI Crude Oil Index Excess Return의 추종을 목표로 하는 ETF입니다.

기초지수의 지수산출업자인 S&P는 WTI 원유선물시장 상황 등을 고려하여 기초지수의 보유 월물을 최근 월물이 아닌 다른 월물로 구성하는 등 보유 월물을 언제든지 일방적으로 변경할 수 있습니다.

달러와 엔화에 투자하는 통화 ETF

통화 ETF로는 달러선물, 엔선물의 레버리지/인버스 종목이 거래되고 있습니다. 달러선물은 달러가치가 올라갈 때, 달러선물인버스는 달러 가치가 하락할 때 주가가 상승합니다.

KODEX미국달러선물(261240)

한국거래소 미국달러선물지수의 수익률을 추적하는 ETF입니다. 달러화 투자도 이제 소액으로 편리하게 할 수 있습니다.

소액으로 원/달러의 방향성에 대한 투자가 가능하며, 주식계좌를 통해 편리하게 거래할 수 있습니다. 투자 기간(장기/단기), 환율 상승 또는 환율 하락(인버스 상품 선택)에 대한 기대, 위험 선호도(고위험·고수익 추구 시 2배 레버리지 상품 선택) 등 투자 목적에 따라 상품을 선택할 수 있습니다.

목표 투자 비중 유지를 위해 매일 리밸런싱 매매를 진행할 수 있고, 미국달러선물 증거금 등을 제외한 여유자금은 예금, 단기채권, 단기채권 ETF에 투자해 추가 수익을 추구하는 등의 포트폴리오를 구성할 수 있습니다.

간접적으로 안전하게 투자하는 부동산 ETF

부동산 ETF는 직접 부동산에 투자하는 것이 아니라, 리츠 등 부동산에 투자하는 상장기업에 투자하는 ETF입니다. 리츠는 투자자들로부터 자금을 모집해 부동산에 투자한 뒤 여기서 나오는 임대료, 매각 수익 등을 배당하는 상품입니다. 세계적으로 저금리가 장기화되면서 안정적인 대안 투자처로 부상하고 있습니다. TIGER부동산인프라고배당, TIGER미국MSCI리츠(합성H) 등이 있습니다.

TIGER부동산인프라고배당(329200)

국내 최초 부동산 상장 리츠, 인프라펀드에 투자하는 배당수익형 ETF 입니다. 주식 및 집합투자증권을 주된 투자 대상 자산으로 하며, FnGuide부동산인프라고배당지수를 기초지수로 하는 ETF입니다.

FnGuide부동산인프라고배당지수는 에프앤가이드에서 발표하는 지수로, 유가증권시장 상장 종목 중 기초 필터링을 통과한 종목들을 유니버스로 하고, 리츠 및 고배당 종목을 선정하여 구성합니다.

TOP 10 구성 종목

1	SK리츠	6	KB스타리츠
2	롯데리츠	7	맵스리얼티1
3	ESR켄달스퀘어리츠	8	코람코라이프인프라리츠
4	제이알글로벌리츠	9	신한알파리츠
5	맥쿼리리츠	10	삼성N리츠

* 2024년 4월 기준

고수익을 위한
ETF 매매시점
알아보기

투자 종목 찾는 어려움에서 벗어난 김소심 대리

회사 동료인 김소심 대리와 한고수 대리는 점심식사 후 휴게실에서 차를 마시며 대화를 나누었다. 김소심 대리가 말했다.

"주식 종목은 2,100개가 넘고, 주식형펀드도 1,300개가 넘어. 요즘 정말 주식 고르기가 너무 힘들어. 무슨 좋은 수가 없을까?"

한 대리가 싱긋 웃으며 답했다.

"그런 고민이라면 내가 해결해줄 수 있지."

자신 있게 말하는 한 대리에게 김 대리가 되물었다.

"뾰족한 수라도 있어?"

한 대리가 짧게 말했다.

"ETF에 투자하면 돼."

"ETF를 사나 주식을 사나 매한가지 아닌가?"

"주식투자나 ETF 투자나 증권시장에 투자한다는 점에서는 마찬가지야. 다른 점이 있다면 주식투자는 개별 종목을 사는 거고, ETF는 지수, 다시 말해 시장 전체를 사는 거지. 즉 ETF는 지수에 투자하는 거야."

김 대리는 지수에 투자한다는 말이 정확히 무슨 뜻인지 몰라 재차 물었다.

"종목에 투자하는 거나 지수에 투자하는 거나 결국 증권에 투자하는 건데, 뭐가 다르다는 거야?"

한 대리가 친절하게 설명했다.

"크게 2가지가 달라. 우선 개별 종목은 회사마다 특수한 상황이 있기 때문에 지수에 비해 크게 오르는 종목이 있는 반면, 크게 떨어지는 종목도 있잖아? 매번 오르는 종목만 고른다는 건 불가능에 가깝지. 자칫 종목을 잘못 선택한 날은 크게 낭패를 볼 수도 있고."

김 대리가 말했다.

"맞아. 나도 한때는 여러 종목에서 재미를 봤어. 그러다 루머를 듣고 산 종목이 잘못되어서 그동안 벌어둔 돈을 한방에 잃었지 뭐야. 이제는 종목 고르기가 겁이 나."

"또 한 가지는 ETF는 다수의 종목이 들어 있는 주식바스켓이라는 거야. 예를 들어 코스피200 ETF에는 우리나라 대표 우량주 200개 종목이 들어 있지. 그래서 특정 종목에 부도 같은 극단적인 상황이 발생하더라도 한 종목 때문에 치명적인 타격을 받는 일이 없어."

김 대리가 대꾸했다.

"그거야 지수니까 그렇겠지."

"그래서 개별 종목보다 안심하고 투자할 수 있다는 말이야. 거래소에서 지수를 산정할 때 끊임없이 문제가 발생하는 부실기업은 퇴출시키고, 대신 우량주를 편입시키기 때문에 시장대표지수는 장기적으로 보면 우 상향 추세일 수밖에 없지."

김 대리가 곰곰이 생각하다 말했다.

"그러고 보니 IMF 때인 1998년에 지수가 277포인트까지 폭락했잖아. 그때 상장기업 중 3분의 1가량이 부도가 나서 퇴출되거나 법정관리로 넘어가는 바람에 투자자들의 피해가 이만저만이 아니었다지. 그런데도 종합주가지수는 1년 반 만에 다시 1,000포인트를 돌파했고. 그때 ETF 같은 게 있어서 매수해두었다면 손해도 보지 않고 아주 괜찮았을 텐데."

"그래, 맞아. 그게 바로 ETF의 가장 큰 장점 중 하나야."

김 대리가 다시 물었다.

"그냥 주식형펀드에 가입하는 건 어때?"

"주식형펀드? 그것도 괜찮긴 한데, 수익률이 들쑥날쑥해서 어떤 펀드가 괜찮은지 주식을 고르는 것보다 더 어렵더라고. 신문을 보면 수익률 상위 펀드만 보도되지, 수익률이 나쁜 펀드는 잘 알려지지도 않잖아. 과거 국내외 통계를 보니 장기투자했을 때 주식형펀드의 평균수익률이 지수 수익률보다 못하더라고."

"결국 ETF 투자가 답이구나."

ETF 투자 무작정 따라하기

021

ETF, 단기와 중장기 투자법은 달라야 한다!

ETF도 주식이기 때문에 저가에 사고 고가에 매도하는 증권투자의 기본 원칙이 적용됩니다. 이번 장에서는 단기매매와 장기매매를 할 때 저가에 사서 고가에 매도하는 방법은 어떻게 다른지 알아봅시다.

똑똑한 단기투자를 위한 5가지 조건

사실 단기매매나 하루 내 매매하는 데이트레이딩은 성공하기가 어렵습니다. 먼저 자주 매매를 하면 무엇보다 수수료 때문에 ETF의 가장 큰 장점 중 하나인 저비용 효과가 사라집니다. 또한 하루 등락폭이 개별 주식에 비해 작은 것도 이유 중 하나입니다. 성공적인 주식투자를 위해서는 오랫동안 가지고 있을 주식을 신중하게 골라 매수한 뒤 현업에 충실하며 HTS를 꺼놓아도 걱정하지 않을 상황을 만드는 것이 무엇보다 중요합니다.

하지만 ETF도 주식이기에 단기매매 대상이 될 수 있습니다. 2008년부터 개인투자자들도 기관투자자와 외국인투자자가 주로 참여해오던 ETF시장에 적극적으로 참여하고 있으며, 그 비중 역시 점차 높아지고 있습니다. 특히 2010년 2월 레버리지 ETF가 등장하면서 단기매매는 꾸준히 증가하는 추세입니다.

 알아두세요 —

레버리지 ETF는 하루 등락률이 코스피200 등락률의 2배이므로 데이트레이딩을 하는 경우도 많습니다.

다섯째마당 고수익을 위한 ETF 매매시점 알아보기 **241**

그렇다면 단기매매에 성공하기 위해서는 무엇이 필요할까요? 단기매매에 필요한 조건은 다음 5가지입니다.

1 | 투자금액의 상한선과 나름의 투자 원칙

알아두세요

나름의 투자 원칙 만들기
《주식투자 무작정 따라하기》에
①종목 선정의 원칙, ②투자시점
선택의 원칙, ③이익극대화의 원칙
등이 자세히 나와 있습니다.

어떤 종목을 어떤 경우에 매수하고 매도할 것인지 사전에 나름의 투자 원칙을 만들어놓은 투자자만이 단기매매에 성공할 수 있습니다. 정해둔 투자 원칙대로 했는데 연속적으로 손실을 보았다면, 즉시 거래를 중단하고 투자 원칙을 재점검해야 합니다.

또한 1회 거래 한도를 포함한 투자금액의 상한선을 사전에 정해두는 것도 중요합니다. 투자금액 상한선은 만에 하나 예상과 달리 손해를 보았을 때 자신이 감당할 수 있는 범위를 말하므로 투자자가 경제적 상황에 맞게 스스로 정해야 합니다.

2 | 설정 규모가 크고 거래가 많은 종목 선정

유동성이 떨어지면 매매하고자 하는 가격과 시간에 거래하지 못할 위험이 있으므로 투자 대상 ETF의 설정 규모가 크고 거래가 많은 종목을 선정해야 합니다.

잠깐만요

단기매매를 할 때는 HTS 또는 MTS를 이용하자!

증권회사 영업점에서 오프라인으로 매매하면 거래세를 면제받는다 하더라도 왕복 1%의 수수료를 부담해야 합니다. ETF는 기업의 가치 등 확인해야 할 사항이 많지 않으므로 수수료가 싼 HTS나 스마트폰으로 거래하는 것이 좋습니다.

단기매매라 함은 투자 기간을 1~5일 정도로 두고 매매하는 것을 말하며, 하루에도 몇 차례씩 매매하는 데이트레이딩과 구분됩니다. 과거 종합주가지수의 변동폭을 보면, 평균적으로 일주일이면 3~5% 등락을 보여주기 때문에 그래프 매매에 능숙한 투자자라면 충분히 수익을 거둘 수 있습니다.

파생상품인 레버리지 ETF와 인버스 ETF가 거래량이 가장 많습니다. 그 다음으로 코스피와 코스닥을 추적하는 대표지수 ETF와 KODEX삼성그룹, KODEX증권 등이 거래가 많고, 해외 종목으로는 중국과 미국의 종목들이 유동성이 높은 편입니다.

3 | 평소 관심 종목의 주가등락폭 연구

ETF는 지수를 추종하는 상품이기 때문에 개별 종목에 비해 등락폭이 적습니다. 그러나 업종을 대표하는 섹터 ETF 그리고 해외지수 ETF는 상대적으로 등락률이 높습니다. 즉 해외증시와 주도주의 경우 끊임없는 연구가 필요합니다.

ETF마다 등락폭이 각기 다르므로 평소에 수수료를 제외한 주가등락률을 체크해두면 단기매매를 하기가 쉽습니다.

4 | 목표가에 도달하면 미련 없이 이익 실현

사전에 목표수익률을 정해두고 목표가에 도달하면 미련 없이 이익을 실현해야 합니다. 단기매매를 하던 투자자가 생각을 바꾸어 욕심을 부리면 판단력이 흐려집니다. 그러면 매매시점을 놓치게 되고, 본의 아니게 장기투자로 변신하게 됩니다. 증권시장에서는 늘 팔 기회보다 살 기회가 많다는 점을 잊지 마세요.

5 | 손절매 원칙을 정해두고 반드시 지키기

손절매(Loss Cut)란 현재의 손실을 정리함으로써 더 이상의 추가 손실을 막는다는 의미입니다. 주가가 자신이 예상했던 것과 다르게 움직이면 일단 현금화한 뒤 시간을 갖고 상황을 점검해보세요. '기회는 마음이 조급한 사람을 피해간다'라는 말을 명심하세요. 그렇다면 얼마나 하락했을 때 손절매를 하는 것이 좋을까요? 보통은 5~10% 범위 내에서 투자자 본인이 결정하면 됩니다.

알아두세요 ───

일봉, 120분봉, 5일 이동평균선

그래프에 나타내는 봉 하나가 하루의 주가를 나타내면 일봉, 120분 동안의 주가를 나타내면 120분봉입니다. 5일 이동평균선은 5일간의 평균 주가를 나타내는 평균선입니다. 주가가 상승을 이어갈 때는 5일 이동평균선 위에서, 주가가 하락을 이어갈 때는 5일 이동평균선 아래에서 움직입니다.

물론 단순히 하락률로만 결정할 것이 아니라, 120분봉 또는 일봉 그래프가 추세선을 이탈하거나 5일 또는 20일 이동평균선을 하향 돌파하는 등 차트상의 해석을 참고할 수 있습니다.

ETF에 딱 맞는 중장기 투자법

ETF는 중장기 투자를 하기에 적합한 금융상품입니다. 중장기 투자란 몇 주 또는 몇 개월에 걸쳐 투자하는 방법입니다. 혹자는 ETF는 무조건 장기투자를 해야 한다고 말합니다.

세계적인 인덱스펀드를 개발한 존 보글은 저서 《모든 주식을 소유하라》를 통해 인덱스펀드는 장기로 투자해야 한다고 주장하면서, ETF를 '양의 가죽을 쓴 늑대'라고 혹평했습니다. 손쉬운 매매의 유혹 때문에 장기투자가 현실적으로 불가능하다고 보았기 때문입니다.

우리나라의 대표지수인 코스피200의 경우도 1년 중 저점과 고점의 등락률이 30~50% 범위로 움직일 확률이 무려 70%가 넘습니다. 그러니 본인의 자산가치가 10% 이상 급변하고 있는데도 태연하게 기다리라고 말하는 것은 무리가 있습니다.

미국의 경우 주요 섹터 ETF의 평균연간회전율은 200%에 이른다고 합니다. 여기서 회전율은 거래량회전율을 말합니다. 거래량회전율은 일정 기간 중 누적거래량을 전체 발행 주식수로 나눈 뒤 100을 곱해 구하며(누적거래량 ÷ 전체 발행 주식수 × 100), 상장주식이 일정 기간에 몇 회전했는지를 나타냅니다.

인기가 높은 ETF의 경우 연간회전율이 700%를 넘어서기도 합니다. 회전율이 200%면 주식 보유 기간이 6개월이고, 700%면 약 1.5개월밖에 되지 않습니다.

이 책에서는 추세선과 이동평균선만으로 매매시점을 판단할 것을 제안합니다. 단기매매를 지양하고 중장기 투자를 하기 위해 어려운 기술적 분석 기법을 모두 공부할 필요는 없습니다. 마음 편히 증권투자를 하려고 ETF 투자를 선택했는데 주식처럼 신경을 많이 쓴다는 것은 모순이기 때문입니다.

물론 중장기 투자 시에도 단기투자와 같은 요령이 필요합니다. 최소한 뒤에 이어서 소개하는 2가지 기법, 추세선과 이동평균선을 적절히 활용할 것을 추천합니다.

✏️ 알아두세요 ─────

추세선과 이동평균선
이어지는 장에서 추세선과 이동평균선으로 매매시점을 판단하는 방법을 설명합니다. 추세선과 이동평균선을 잘 이해하면 매도 및 매수 타이밍을 적절히 잡을 수 있어 ETF 투자 이익을 극대화할 수 있습니다. ETF 투자에 아주 요긴한 내용이니 꼭 읽어보세요!

잠깐만요

적립식 투자자는 매매시점을 신경 쓸 필요가 없어요!

적립식 투자자는 달러평균법에 의거해 주식을 매수하는 전략을 사용하므로 주가가 하락할 때 오히려 더 싸게 매수할 수 있다는 장점이 있습니다. 따라서 그래프로 매매시점을 찾는 기법은 임의식 투자자일 경우에만 해당된다는 사실을 기억하세요.

추세선을 활용해 매매시점 파악하기

그래프를 이용해 ETF 매매시점을 파악할 수 있습니다. 이번 장에서는 추세선 활용 방법에 대해 알아봅시다.

추세선이란 주가흐름의 방향을 나타내는 선입니다. 주가는 일정한 기간에 걸쳐 같은 방향으로 움직이는 경향이 있는데 이를 '추세'라 하고, 추세를 알아보기 쉽게 직선으로 나타낸 것을 '추세선'이라고 합니다.

주가흐름을 보여주는 지지선과 저항선

추세선에는 지지선과 저항선이 있습니다. 지지선이란 주가가 상승할 때 저점과 저점을 연결한 상향 직선이고, 저항선이란 주가가 하락할 때 고점과 고점을 연결한 하향 직선입니다.

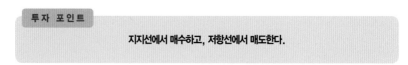

투 자 포 인 트

지지선에서 매수하고, 저항선에서 매도한다.

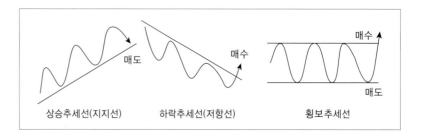

상승추세선(지지선)   하락추세선(저항선)   횡보추세선

HTS에서 추세선 보는 법

▼ 예제

추세선은 차트에 기본으로 나타나는 것이 아니므로 본인이 HTS상에서 도구 바를 활용해 그리거나 추세선 툴을 이용해야 합니다.
다음 그래프의 추세선으로 매수시점과 매도시점을 알아볼까요?

KOSEF200 ETF의 추세선

* 2013년 5월 28일~10월 4일 기준

▼ 해설

위 그래프에서 A, C, E 선은 저항선으로, 주가가 이 선을 상향 돌파하면 매수합니다. B, D, F 선은 지지선으로, 주가가 이 선을 하향 돌파하면 일단 매도해둡니다. 매수시점은 7월 11일, 8월 12일, 8월 23일이고, 매도시점은 8월 6일, 8월 20일, 9월 17일입니다.

추세선의 신뢰도를 가늠하는 법

길이가 길수록 신뢰도가 높다는 뜻

추세선이 길다는 것은 시간단위가 길고, 추세선과 가격이 자주 만난다는 것을 의미합니다. 이는 주가가 추세선에 닿을 때마다 지지나 저항을 받고도 추세를 이어갔다는 뜻이므로 추세선의 신뢰도가 높음을 의미합니다. 강세장일 경우 추세는 보통 1~3개월 정도 이어집니다.

알아두세요

추세에 역행해 잔파도를 타지 마세요

상승 추세일 때 고점에 매도하고 저점에 다시 사는 잔파도를 타기 위해 보유주식을 매도할 경우, 결국 판 가격보다 더 높은 가격에 사게 되거나 더 큰 수익을 낼 기회를 놓치게 됩니다. 특히 하락 추세에서 잔파도를 타기 위해 매매하는 것은 실패의 지름길이라고 할 수 있습니다.

기울기는 매수자 또는 매도자 세력의 강도

가파른 추세선은 매수 또는 매도 세력이 급격히 움직이고 있음을 나타냅니다. 초보투자자라면 이와 같이 주가가 급격히 움직일 때 합류해 분위기에 휘말리지 말고, 주가가 완만한 기울기에 있을 때 매매하는 것이 실수를 줄일 수 있어 유리합니다.

추세선을 이용한 매매의 기술

상승 추세일 때는?

상승 추세일 때는 매수 관점에서 그래프를 봅니다. 주식이 없다면 매수하고, 주식을 갖고 있다면 계속 보유하고 있어야 합니다. 그러나 만약 주가가 지지선을 하향 돌파할 경우에는 일단 매도합니다.

하락 추세일 때는?

하락 추세일 때는 매도 관점에서 그래프를 봅니다. 주식이 있다면 매도하고, 현금을 보유하고 있다 해도 주식을 매수해서는 안 됩니다. 그러나 만약 주가가 저항선을 상향 돌파할 경우에는 매수합니다.

추세선으로 KODEX200의 매수·매도시점 파악하기

* 자료: KODEX200 월봉 그래프(2006년 7월 1일~2013년 10월 4일 기준)

주가파동이론이란 무엇이며, 어떻게 활용하나요?

'파동'이란 일정한 기간에 걸쳐 고점과 저점을 반복하며 움직이는 것입니다. 상승 파동은 N자형으로 상승(1파), 하락·조정(2파), 상승(3파)으로 움직이는 것이 기본 형태입니다. 상승파인 1파, 3파는 폭이 크고 긴 반면, 조정파인 2파는 작고 완만합니다. 따라서 주가가 상승 파동을 그릴 때는 매도를 자제하고 조정 때마다 매수하는 것이 좋습니다.

하락 파동은 역N자형으로 하락(1파), 반등(2파), 하락(3파)으로 움직이는 것이 기본 형태입니다. 하락파인 1파, 3파는 폭이 크고 긴 반면, 조정파(흔히 '자율반등'이라고 함)인 2파는 작고 완만합니다. 따라서 주가가 하락 파동을 그릴 때는 매수는 보류하고 반등 때마다 매도하는 것이 좋습니다.

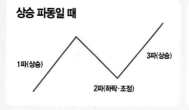

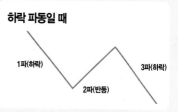

무작정
따라하기

추세선으로 ETF 매매시점 찾는 법

▼ 예제 다음은 KODEX자동차의 주봉 그래프입니다. 추세선을 그려 매수·매도
시점을 찾아보세요.

KODEX자동차(091180) 주봉 그래프

* 2012년 7월 13일~10월 4일 기준

매도시점은 2012년 10월 12일, 2012년 12월 28일, 2013년 4월 5일입니다. 매수시점은 2012년 11월 23일, 2013년 2월 8일, 2013년 5월 3일입니다.

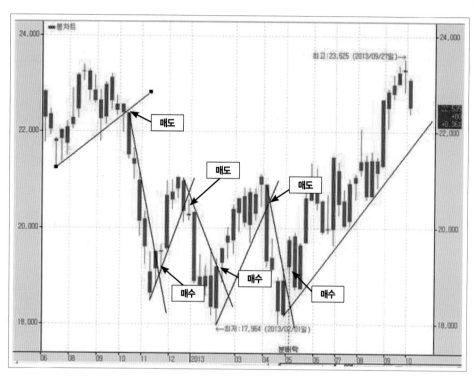

그래프로 추세를 판단할 때는 해외증시도 참고하자!

각국의 증권시장은 실시간으로 서로 영향을 주고받는 사이가 되었습니다. 우리나라의 증권시장에서도 외국인 직접투자가 허용된 1992년부터 세계증시 동조화 현상이 두드러지게 나타났으며, 그중에서도 특히 미국의 다우와 나스닥시장의 주가와 매우 유사한 추세를 보이고 있습니다. 따라서 한국증시를 예측하기 위해 세계증시를 확인해보는 일은 이제 필수가 되었습니다.

알아두세요

세계증시 그래프 보는 방법
증권회사 홈페이지에 들어가면 세계증시의 수치뿐 아니라 그래프도 볼 수 있습니다. HTS 프로그램에서도 동일하게 볼 수 있습니다.

ETF 투자
무작정 따라하기

023

이동평균선으로
매매시점 알아보기

이동평균선이란 변화무쌍한 주가의 흐름을 객관적으로 관찰할 수 있도록 평균가격으로 계산해 연결한 선으로, 시장가치에 대한 투자자들의 평균적인 합의가 반영된 선입니다. 이번 장에서는 이동평균선으로 어떻게 매매시점을 잡는지 알아봅시다.

이동평균선을 계산하는 값에는 주가와 거래량이 있습니다. 지수를 추종하는 ETF의 특성상, 섹터와 스타일 ETF는 거래량을 참고하지만, 시장 전체를 대표하는 시장대표 ETF, 배당 ETF 등은 상대적으로 거래량 지표가 덜 중요합니다.

중장기 투자는 20일선을 기준으로

주가 이동평균선은 5일, 10일, 20일, 60일, 120일, 200일 등 기간별로 세분화되어 있습니다. 보통 중장기 투자를 하는 투자자들은 20일, 60일, 120일, 200일선을 주로 활용하고, 단기매매를 하는 투자자들은 20일, 10일, 5일, 30분선을 주로 활용합니다.

ETF 투자 시에는 단기매매를 지양해야 하므로 중장기 선을 투자 기준으로 삼는 것이 좋습니다. 이 책에서는 20일선을 기준으로 매수·매도 시점을 찾아보겠습니다.

이동평균선은 차트 메뉴를 눌러 그래프를 그릴 때 기본값으로 나타납니다. 5일선, 10일선, 20일선, 60일선, 120일선, 200일선 등이 나타나는데, 그중에서 20일선이 가장 기본입니다. 20일선을 중심으로 이동평균선 보는 법을 알아봅시다.

KODEX삼성그룹(102780) 일봉 그래프

* 2012년 12월~2013년 7월 기준

잠깐만요

이동평균선은 지지선과 저항선을 알아볼 때도 활용해요!

상승하던 주가가 20일선을 하향 돌파한다면 주가는 어디까지 하락할까요? 1차적으로 60일선까지 하락한다고 보고, 60일선이 깨지면 다음에는 120일선이 저항선이 된다고 봅니다. 반대로 주가가 20일선을 상향 돌파한다면 1차적으로 60일선이 저항선이 되고, 60일선까지 돌파하면 120일선이 저항선이 된다고 봅니다.

상승 추세일 때 매매 방법

20일 이동평균선이 상승 추세에 있고, 5일선과 주가가 그 위에 있으면 상승 추세로 볼 수 있습니다. 상승 추세일 때는 매수하되, 매도는 유보해야 합니다. 그러나 주가가 5일선과 20일선을 차례로 깨고 내려오면 하향 추세로 전환되었다고 보고 매도해야 합니다. 나아가 60일선을 하향 돌파하면 대세가 하락으로 전환되었다고 봅니다.

하락 추세일 때 매매 방법

20일 이동평균선이 하락 추세에 있고, 5일선과 주가가 그 아래에 있으면 하락 추세로 봅니다. 하락 추세일 때는 매도하되, 매수는 유보해야 합니다. 그러나 주가가 5일선과 20일선을 차례로 상향 돌파하면 상승 추세로 전환된다고 보고 매수해야 합니다. 나아가 60일선을 상향 돌파하면 대세가 상승으로 전환되었다고 봅니다.

개별 주식보다 ETF 거래 시 더 유용한 그래프 활용법

추세전환을 파악하기가 쉽다

금융회사들은 펀드투자 시 무조건 장기투자해야 한다고 말합니다. 그러나 현실적으로 5년 또는 10년 이상 펀드에 장기투자할 투자자는 연기금이나 기관투자자가 아닌 이상 매우 드물다고 보아야 합니다. 그래프 이용에 자신이 없는 투자자라면 할 수 없이 장기투자를 해야겠지만, 조금만 노력을 기울이면 추세선과 이동평균선, 단 2개의 그래프만으로도 수익률을 더 높일 수 있습니다.

개별 종목의 그래프 예측보다 지수 그래프 예측이 보기도 쉽고 적중률도 높습니다. 바다에서 항공모함과 구축함이 방향을 바꾸는 장면을 떠

올려보세요. 항공모함은 구축함만큼 쉽게 방향을 바꿀 수 없습니다. 구축함의 회전 각도보다 거대한 항공모함의 회전 각도가 더 완만하고 크기 때문입니다. 동일한 원리로, 주가가 기존의 추세를 전환할 경우 지수가 개별 주식보다 방향 전환 횟수가 적은 대신, 더욱 크고 완만하게 추세를 바꾸기 때문에 추세전환을 파악하기가 쉽습니다.

그래도 잦은 매매는 자제할 것

추세선이나 이동평균선으로 1년에 1~2회, 많으면 3~4회 매매하는 것은 무방하지만, 만약 회전율이 지나치게 높다면 주의해야 합니다. 투자자는 일주일 이내로 단기매매를 할 것인지, 아니면 중장기 매매를 할 것인지 스스로 결정하고 그 원칙을 지켜나가야 합니다. 그러나 어느 쪽이든 그래프 보는 법을 기본적으로 익혀두어야 합니다.

매도 후에는 매수신호가 나올 때까지 현금을 보유하자

그래프를 활용할 때는 한 종목의 ETF에 집중해야 합니다. 특히 시장대표 ETF에 투자하는 동안 매도신호가 출현해 현금화했다면, 다시 매수신호가 나올 때까지 현금을 보유하고 기다리는 것이 좋습니다. 쉬는 동안 잠시 다른 ETF 종목 또는 개별 주식에 투자해 수익을 내고 다시 매도한 ETF를 매수하려고 한다면 두 마리 토끼를 모두 놓치는 결과를 가져올 수도 있습니다.

ETF 주가는 순자산가치(또는 기준가격)와 이론가격을 크게 벗어나지 않는 범위 내에서 형성됩니다. 대체로 배당부시세일 경우에는 기준가보다 높게 형성되는 경우가 많고, 배당락 직후에는 기준가 이하에서 형성되는 경우가 많습니다. 그러나 주가와 순자산가치가 크게 벌어지는 상황도 발생할 수 있으므로 매매주문을 내기 전에 꼭 확인해보아야 합니다.

알아두세요

그래프 분석을 전문적으로 하려면?

추세선과 이동평균선 이외에 MACD, 스토캐스틱, 볼린저밴드, 일목균형표 등의 지표들도 주가의 추세 지속 여부와 추세의 변곡점을 알아내는 데 도움이 됩니다. 그래프 분석을 전문적으로 활용하려면 《차트분석 무작정 따라하기》를 참고하세요.

배당부시세

주식, 채권, 실물자산 등 여러 배당을 받을 수 있는 시세입니다. 12월 결산 기업의 경우 12월 말에 주식을 보유하고 있어야 하고, 분기 배당을 하는 기업의 경우 분기 말에 주식을 보유하고 있어야 배당을 받을 수 있습니다. 배당을 받으려면 기준일 2일 전에 주식을 매수해야 합니다.

배당락

배당기준일이 지난 주가를 말합니다. 배당락시세라 해서 인위적으로 가격이 달라지는 것은 아니고 투자자가 알아서 매매해야 합니다. 따라서 증권시장이 강할 때는 배당락시세가 예외적으로 상승하는 경우도 있습니다.

알아두세요

기준가격(순자산가치, NAV)
기준가격은 매일 공표되며, 증권
회사 HTS 또는 운용회사 홈페이
지에 들어가면 볼 수 있습니다.

그럼 주가가 기준가격과 별도로 움직인 사례를 볼까요?

KODEX200 기준가격

날짜	거래가격(원)			펀드기준가격(원)		코스피200	
	종가	증감	거래량	기준가격	증감	종가	증감
2009/1/5	15,615	255	2,580,880	15,752.68	264.64	153.83	2.68
2009/1/2	15,360	510	2,301,330	15,488.17	462.07	151.15	4.80
2008/12/31				15,026.16			
2008/12/30	14,850	−10	2,619,206	15,026.23	64.58	146.35	0.63
2008/12/29	14,860	180	1,883,788	14,961.65	243.10	145.72	−0.09
2008/12/26	14,680	−130	2,149,915	14,718.55	−117.05	145.81	−1.21
2008/12/24	14,810	−180	2,484,962	14,835.60	−178.57	147.02	−1.91
2008/12/23	14,990	−430	2,159,912	15,014.17	−496.16	148.93	−5.05
2008/12/22	15,420	−30	2,426,476	15,509.33	−12.78	153.98	−0.12

* 2008년 12월 21일~2009년 1월 5일 기준, 12월 31일은 증권시장 휴장일

2008년 10월 20일 KOSEF고배당(104530) 주가가 하한가를 기록하며 15%
나 하락했습니다. 특이한 점은 당일 코스피가 2.28%나 상승했는데도
하한가로 떨어졌다는 것입니다. 왜 이러한 현상이 발생했을까요?
ETF는 주식바스켓으로 구성된 펀드를 기초로 발행된 증권으로, 본질가
치인 순자산가치와 시장가격으로 나누어집니다. 시장가격은 순자산가
치를 참고로 하지만, 그보다는 그때그때 수급에 따라 결정됩니다.

2008년 10월 KOSEF고배당 일별수익률 추이

날짜	주가등락률	NAV수익률	괴리율(주가 − NAV) ÷ NAV × 100	코스피등락률	ETF 주가
10월 15일	−2.45%	−2.85%	−0.29%	−2.00%	5,565원
10월 16일	−9.70%	−10.53%	0.64%	−9.44%	5,025원
10월 17일	13.43%	−5.52%	20.82%	−2.73%	5,700원
10월 18일	−15.00%	0.86%	1.93%	2.28%	4,850원
10월 19일	−5.05%	−0.89%	−2.35%	−0.95%	4,605원

2008년 10월은 증시가 금융공황 상태에서 급등락을 반복하던 시기였습니다. 10월 20일에는 주가가 수급에 의해 일시적으로 급락했습니다. 앞의 표는 당시 20일을 전후로 한 주가 동향입니다.

문제는 당시 10월 17일 주가가 순자산가치에 비해 비정상적으로 올랐다는 것입니다. 이날 코스피는 2.73% 하락한 반면, ETF 주가는 오히려 13.43%나 올랐습니다. 이와 같은 현상이 발생한 이유는 거래가 많지 않을 때 누군가가 소량으로 주가를 올렸기 때문입니다.

주가와 순자산가치 사이에 괴리가 크게 벌어지면 유동성 공급자가 주가를 적절하게 조절해주는데, 유동성 공급자의 역할이 원만하지 못하면 이런 현상이 벌어집니다.

따라서 매매주문을 실행할 경우 주가가 순자산가치에 비해 지나치게 높을 때는 따라가며 매수해서는 안 됩니다. 같은 이유로 주가가 순자산가치에 비해 지나치게 낮다면 좋은 매수시점이 되겠지요.

 알아두세요

이론가격

ETF의 추적 대상이 되는 지수를 기준으로 계산한 가격입니다. 보통 해당 지수에 승수를 곱해 산출합니다. 예를 들어 코스피200이 150.00이면 여기에 대응하는 코스피200 ETF(KODEX200, KOSEF200)의 이론가격은 승수 100을 곱한 15,000원이 됩니다. ETF는 기본적으로 이론주가를 추적하는 인덱스펀드라는 점을 기억하세요.

잠깐만요

ETF 시세는 3가지 가격을 함께 보세요!

ETF에는 3가지 가격, 즉 주가, 기준가격, 이론가격이 있습니다. 256쪽의 'KODEX200 기준가격' 표에서 각각의 가격을 확인해보세요.

주가: 시장에서 수급에 따라 시시각각으로 변하는 가격(2009년 1월 2일 주가는 15,360원)

기준가격(또는 순자산가치 NAV): 펀드 순자산총액 ÷ 총발행주식수(2009년 1월 2일 기준가격은 15,400.17원)

이론가격: 추적지수 × 승수(2009년 1월 2일 이론주가는 15,115원. 코스피200 종가 151.15 × 승수 100)

이동평균선으로 ETF 매매시점 찾는 법

▼ 예 제 다음은 KODEX기계장비(102960)의 일봉 그래프입니다. 20일 이동평균선으로 매수·매도시점을 찾아보세요.

KODEX기계장비(102960) 일봉 그래프

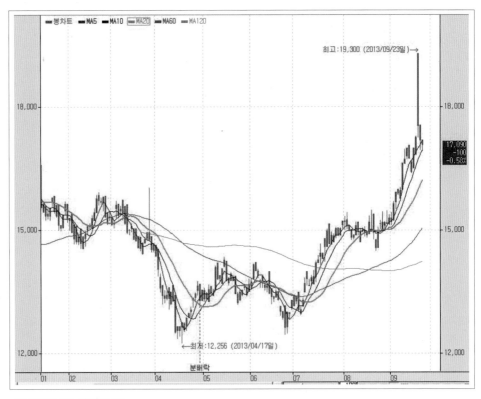

* 2013년 1월 18일~10월 4일 기준

▼ 해설   20일 이동평균선을 상향 돌파하면 매수신호, 하향 돌파하면 매도신호로 봅니다. 매수시점은 2013년 2월 8일, 4월 25일, 7월 8일, 8월 27일이고, 매도시점은 2013년 3월 3일과 6월 14일입니다.

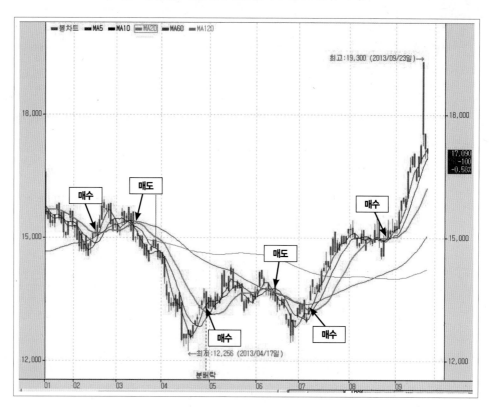

주가가 이동평균선과 수렴한 이후에는 반드시 변화가 옵니다. 보통 주가의 변곡점이 되는 경우가 많습니다. 상승하던 5일, 20일, 60일 이동평균선이 수렴하면 하락으로 전환되는 경우가 많고, 반대로 하락하던 이동평균선들이 수렴하면 상승으로 전환되는 경우가 많습니다. 주가와 5일 이동평균선이 20일선을 상향 돌파하면 매수신호로 보고, 하향 돌파하면 매도신호로 봅니다.

경제요인으로
증권시장 대세 판단하기

이번 장에서는 ETF 투자에서 필수 사항인 증권시장 대세 판단 방법에
대해 알아봅시다.

주식투자자에게 시장을 읽는 눈은 필수!

증권시장 대세 판단은 투자수익률을 결정할 때 대단히 중요한 역할을
합니다. 특히 개별 종목이 아니라 시장을 보고 투자하는 ETF는 더욱 그
러합니다. 2004~2007년 펀드 열풍이 불었을 때 많은 투자자가 펀드에
가입했고, 그 결과 참담한 피해를 입었습니다.
이는 펀드에 투자한 사람, 창구에서 펀드 가입 상담을 해준 사람 모두
과거 수익률은 잘 알고 있었지만 미래 투자수익에 대한 예측에는 무지
했기 때문입니다.

ETF 투자를 할 때는 국내지수 ETF에 투자할 것인가, 해외지수 ETF에
투자할 것인가, 국내 ETF 중 어떤 유형의 ETF에 투자할 것인가, 어느
시기에 매수하고 어느 시기에 매도할 것인가를 예측해야 합니다.
ETF 종류와 투자 시기는 투자자가 스스로 결정해야 합니다. 개별 주식
투자에서도 마찬가지이고, 장기투자라고 해서 예외일 수 없습니다. 본
인이 결정할 수 없으면 투자하지 말아야 합니다.

저는 《대한민국 주식투자 100년사》에서 한국 증권시장 60년의 역사를 통해 대세를 결정지은 공통분모인 '증시 대세를 판단하는 기준'을 제시한 바 있습니다. 즉 증권시장 대세 판단 기준으로 경제적 요인, 수급적 요인, 기술적 분석을 제시하고, 각 요인별로 판단 기준을 제시했습니다. 이 장에서는 그중 경제적 요인을 발췌해 싣고자 합니다.

증권시장의 대세를 판단하는 3가지 기준

증권시장에 영향을 미치는 경제적 요인은 상당히 많습니다. 경기(선행·동행지수, 생산·출하·재고·소비·고용 관련 지표 등), 경제성장률, 금리, 환율, 물가, 통화량, 경상수지, 기업의 이익증가율 등 여러 경제적 요인이 독자적으로 또는 상호연관성을 가지고 주가에 영향을 미칩니다.

경제 전문가가 아닌 일반투자자가 좀 더 쉽게 대세를 판단할 수 있는 방법은 없을까요? 과거 증권시장의 역사를 보면 여러 경제적 요인 중 대세를 결정짓는 공통적인 변수를 찾아볼 수 있습니다.

1 | 주식에 대한 초과기대수익률

주식에 대한 초과기대수익률이란 예금처럼 안정적인 수익에 비해 조금 위험을 감수하더라도 주식에 투자함으로써 얻을 수 있는 초과수익률입니다. 즉 '한국 전체 주식투자 예상수익률 − 회사채 수익률(또는 국공채나 정기예금 이자율) = 주식에 대한 초과기대수익률'입니다. 주식투자 예상수익률은 흔히 주가수익비율(PER)의 역수로 계산합니다.

만약 한국의 PER이 8배라면 예상수익률은 12.5%(1/8 × 100)이고, PER이 15배라면 예상수익률은 6.7%(1/15 × 100)가 됩니다. 이때 채권수익률(또는 정기예금 이자율)이 7%라면, 투자자가 주식에 투자해 얻을 수 있는 초과

수익률은 과연 얼마나 될까요? 초과기대수익률 공식으로 계산해봅시다.

주식투자 수익률은 PER이 8인 경우 1/8 × 100 = 12.5%입니다. 따라서 주식투자로 기대되는 초과수익률은 5.5%(예상수익률 12.5% − 채권수익률 7%)입니다. 즉 채권에 투자하는 것보다 주식에 투자함으로써 5.5%의 초과수익률이 기대됩니다. 이 경우 주식에 투자하는 것이 유리하므로 증권시장에 자금이 유입될 것입니다.

그러나 채권수익률이 변함없이 7% 수준에 있을 때 PER이 15가 되었다면 기대수익률은 −0.3%(예상수익률 6.7% − 채권수익률 7%)가 됩니다. 기대수익률이 마이너스인데 안전하고 이율이 높은 정기예금이나 채권투자를 두고 누가 위험이 따르는 주식에 투자하려고 할까요? 따라서 주식시장에서 자금이 빠져나갈 것이고, 시장은 침체될 것입니다.

주식의 초과기대수익률 공식만 보아도 PER이 매우 중요하다는 사실을 알 수 있습니다. S&P500지수의 1985년 이후 평균 PER은 15.5배입니다. 1989년 코스피가 처음으로 1,000포인트를 돌파했을 때 PER은 26배로 매우 높았습니다. 또한 1999년 IT주 버블 때는 PER이란 개념 자체가 실종된 결과, 참담한 주가 하락을 경험했습니다.

2007년 중국 상하이종합지수가 6,000이 넘었을 때(2007년 10월 16일 장중 최고 6,124.04포인트) PER은 40배를 넘어섰습니다. 〈월스트리트 저널〉과 워런 버핏(Warren Buffett)은 "주가수익비율(PER)로 보아 중국증시의 버블은 위험 수위에 다다랐다"라고 경고했지만, 사람들은 "중국의 경제성장률이 높은 것을 고려할 때 단기에 버블이 꺼질 염려는 없다"라고 주장했습니다. 아무리 성장률이 높다 하더라도 개별 종목이 아닌 종합지수의 PER이 20배를 넘어서면 버블이 심하다고 볼 수밖에 없습니다. 결국 그후 중국증시 주가 하락은 세계증시 평균하락률보다 더 컸습니다.

60년 역사의 한국증시에서도 주식에 대한 초과기대수익률이 높을수록 증시는 강세를 보였고, 마이너스일 때는 약세를 면치 못했습니다. 지금의 우리나라는 어떤가요? 독자 여러분이 직접 주식에 대한 초과기대수익률을 산정해보세요. 그러면 한국증시가 다른 나라에 비해 매력적인지 아닌지 판단할 수 있을 것입니다.

2 | GDP성장률과 소비자물가상승률

GDP성장률에서 소비자물가상승률을 뺀 것이 '물가를 감안한 실질경제성장률'이고, 실질구매력입니다. 이 수치가 높을수록 대세 상승 강도가 강했고, 낮거나 마이너스이면 대세가 횡보하거나 하락했습니다. 물가상승률이 성장률을 갉아먹기 때문입니다.

60년 한국증시 역사를 돌아보더라도 스태그플레이션(저성장·고물가) 또는 디플레이션(저성장·저물가) 상황에서는 증시 상승을 기대하기 어려웠습니다. 예를 들어 GDP성장률이 3%인데 소비자물가상승률이 5%인 국가가 있다면 그 나라의 주식시장은 상승하기 어려울 것입니다. 기업 또는 가계의 부가 실질적으로 감소하기 때문입니다.

반면 GDP성장률이 5%인데 소비자물가상승률이 3%라면 어떨까요? 금리가 높아 주식에 대한 초과기대수익률이 마이너스가 아닌 이상 주식시장 대세는 상승세일 것입니다.

3 | 경상수지의 규모와 추세

경상수지 흑자폭이 클수록 대세는 상승 추세였고, 적자폭이 클수록 시장은 약세를 면치 못했습니다. 특히 증시에서 폭발적인 주가 상승 뒤에는 언제나 대규모 경상수지 흑자가 있었습니다. 그러나 경상수지는 흑자인지 적자인지보다 그 규모와 추세가 더 중요합니다.

그리고 앞서 말한 '주식에 대한 초과기대수익률', '물가를 감안한 실질경제성장률'에 비해 대세 결정 요소로서 비중은 크지 않은 반면, 대세 강도에는 크게 영향을 미치는 경향이 있습니다.

이상의 3가지 조건이 같은 방향으로 일치할 때는 대세 판단이 쉽습니다. 그러나 만약 3가지 조건 중 엇갈린 조건이 나온다면, 각 조건의 수위를 파악하고 수급적 요인과 기술적 분석 요인을 함께 고려해 판단해야 합니다. 증권시장 대세 판단 공식은 세상 어디에도 없습니다. 하지만 기본적인 요건들을 점검해보면 방향은 잡을 수 있습니다.

참고로 PER, GDP성장률, 물가, 경상수지 등은 과거 수치보다 6개월 이상 전망치를 기준으로 사용해야 합니다. 주가는 경기에 비해 3~6개월 먼저 움직이며, 미래 경제 상황을 선반영하기 때문입니다. 따라서 투자자들이 경기가 좋다, 나쁘다를 피부로 느낄 때는 이미 주가가 상당한 수준까지 상승해 있거나 하락해 있을 것입니다.

그래도 대세 판단이 어렵다고요? 이 세상에 쉽게 돈을 벌 수 있는 방법이 있을까요? 어렵다고만 생각하지 말고 매일 언론에 보도되는 경제기사들을 조금씩이라도 챙겨보고, 앞서 알아본 기준들을 적용하다 보면 나름의 안목이 생길 것입니다. 투자의 귀재 워런 버핏은 "1% 수익률을 높이기 위해 노력을 아끼지 말아야 한다"라고 했습니다.

대세 전환을 판단하는 방법은?

ETF 투자를 하기 전에는 반드시 증권시장의 대세 전환을 판단해야 합니다. 대세가 한 방향으로 지속되는 동안에는 투자 판단이 쉽습니다. 그러나 투자에서 성공과 실패의 갈림은 대세의 변곡점에서 이루어집니다. 대세의 변곡점, 즉 하락하던 대세가 상승으로 전환되는 시점 또는 상승하던 대세가 하락으로 전환되는 시점을 쉽게 파악할 수 있는 방법을 알아봅시다.

하락하던 대세가 상승으로 전환되는 것을 판단하는 기준에는 다음 6가지가 있습니다.

1 | 경기가 좋아진다

그동안 하락하기만 하던 경기선행지수가 3개월 이상 상승하고 있다는 보도가 나오면 경기가 상승으로 전환되었다고 추정할 수 있습니다. 이후 경기후행지수와 경제성장률이 높아지고 있다는 보도가 나오면 경기 상승을 확신해도 됩니다.

알아두세요

경기선행지수의 구성
①재고순환지표, ②경제심리지수, ③기계류내수출하지수, ④건설수주액, ⑤수출입물가비율, ⑥코스피, ⑦장단기금리차.

기준금리
금융통화위원회가 발표하는 정책금리로 금융기관 사이에 단기자금 거래가 이루어질 때 기준이 되는 금리(RP)입니다. 한국은행은 환매조건부채권의 매매를 통해 정책금리를 유지합니다. 환매조건부채권이란 일정 기간 뒤에 미리 정해진 가격에 되사는 조건으로 판매하는 채권을 말합니다.

2 | 기준금리를 올린다

경기가 호전되기 시작하면 그동안 내려갔던 금리가 다시 오르기 시작합니다. 기준금리의 상승 전환은 증시 대세 상승 판단에 중요한 요소가 됩니다. 금리 변화는 국내보다 해외에서 먼저 보도됩니다. 예를 들어 미국에서 기준금리를 올렸다는 보도가 나오면 '우리나라도 곧 금리를 올리겠구나!' 하고 생각하면 됩니다. 주가가 오르고 있다면 일시적인 것이 아니라 대세가 상승하고 있다고 판단해야 합니다.

3 | 환율이 하락한다

오르기만 하던 환율이 더 이상 오르지 않거나 하락으로 전환되고 있다는 보도가 나옵니다. 반대로 환율이 상승한다는 보도가 나오면 우리나라 돈의 가치가 하락하고 있다고 생각하면 됩니다.

4 | 경상수지가 흑자로 전환된다

적자를 기록하던 경상수지가 흑자를 기록하기 시작했다는 보도가 나옵니다. 경상수지의 흑자폭이 클수록 대세 판단의 확신이 높아집니다.

5 | 외국인이 매수한다

외국인이 지속적으로 우리나라 주식을 매수합니다.

6 | 일봉 그래프의 변동을 판단한다

일봉 그래프에서 주가가 60일 이동평균선 위로 올라서고, 주가, 5일선, 20일선, 60일선이 위에서부터 차례로 정배열되면 대세가 상승으로 전환되었다고 판단할 수 있습니다.

상승하던 대세가 하락으로 전환되는 것을 판단하는 기준은 다음 6가지입니다.

1 | 경기가 나빠진다

그동안 상승하기만 하던 경기선행지수가 3개월 이상 하락하고 있다는 보도가 나오면 경기가 하락으로 전환되었다고 추정할 수 있습니다. 이후 경기후행지수와 경제성장률이 낮아지고 있다는 보도가 나오면 경기 하락을 확신해도 됩니다.

2 | 기준금리를 내린다

경기 하강을 막기 위해 또는 침체된 경기를 살리기 위해 금리를 내리는 경우가 많으므로 기준금리 인하는 경기 하락을 확인할 수 있는 중요한 요소입니다. 미국에서 금리를 내렸다는 보도가 나오면 우리나라도 곧 금리를 내릴 것이라고 생각하면 됩니다. 즉 지금 떨어지는 주가가 일시적이 아니라 대세가 하락하고 있다고 판단해야 합니다.

3 | 환율이 상승한다

환율이 상승한다는 보도가 나오면 우리나라 돈의 가치가 하락하고 있다고 생각하면 됩니다.

4 | 경상수지가 적자로 전환된다

흑자를 기록하던 경상수지가 적자로 전환되었다는 보도가 나옵니다. 적자폭이 클수록 대세 하락의 강도가 높습니다.

5 | 외국인이 매도한다

외국인이 지속적으로 우리나라 주식을 매도합니다.

6 | 일봉 그래프의 변동을 판단한다

일봉 그래프에서 주가가 60일 이동평균선 아래로 내려오고, 위에서부터 60일선, 20일선, 5일선, 주가 순으로 역배열되면 대세가 하락으로 전환되었다고 판단할 수 있습니다.

위 대세 판단 기준 중에 경기와 금리에 가장 큰 비중을 두고, 나머지 요소들은 참고 자료로 활용하기 바랍니다.

여섯째
마당

ETF 200%
활용 전략

ETF로 성공적인 증권투자를 즐기는 성공해씨

세계적인 장기 불황 탓에 모두들 힘들어하고 있는데 성공해씨는 즐거운 마음으로 회사 일에 열중하고 있었다. 콧노래를 부르며 밝은 표정으로 일을 하고 있는 성공해씨에게 동료 직원이 말을 걸었다.

"성공해씨, 요즘 무슨 좋은 일이라도 있어요? 모두 표정이 어두운데 혼자만 콧노래를 부르고 있어서요."

성공해씨가 웃는 얼굴로 대답했다.

"회사가 어려울수록 우리가 더욱 즐거운 마음으로 열심히 근무해야 하지 않을까요?"

"맞는 말이긴 한데요… 성공해씨가 유독 신나 보여서요. 뭔가 좋은 일이 있는 거죠? 무슨 일인지 좀 알려줘요!"

그러자 성공해씨가 비밀이라도 이야기하는 듯한 표정으로 말했다.

"사실은 1년 전에 ETF에 투자했는데, 15%나 수익이 났지 뭐예요."

1년 정기예금 이자율이 2~3%밖에 되지 않는데 그에 비하면 무려 5배나 수익이 난 것이었다. 그 말에 동료 직원이 깜짝 놀라며 말했다.

"회사 일도 바쁠 텐데 언제 증권투자를 해서 그만큼 수익을 냈어요? 주식투자는 시간과 노력이 많이 필요하다고 하던데……."

성공해씨가 말했다.

"ETF는 종목에 투자하는 게 아니라 지수에 투자하는 거라 개별 종목처럼 신경을 많이 쓰지 않아도 돼요. 저는 코스피200을 추적하는 ETF에 투자했는데, 시세 확인은 따로 하지 않고 TV 뉴스나 신문으로 확인해요. 뉴스나 신문만 확인해도 ETF 종목의 수익률을 바로 알 수 있어서 전혀 힘들지 않아요."

동료 직원이 고개를 끄덕였다.

"아, 그럼 회사 일을 열심히 하면서도 증권투자하는 데 지장이 없겠네요."

"맞아요. 스마트폰으로 쉬는 시간에 잠깐 거래하거나, 출근 전에 사전예약 주문을 걸어두면 돼요. 주식과 거래 방식이 비슷해서 펀드보다 쉽고 마음도 편해요. 다음달에 보너스가 나오면 증권사 ETF를 사보려고요."

"성공해씨는 언제나 한발 앞서 나가시네요. 아니, 나도 하면 되지? 오늘 퇴근하고 ETF 공부부터 시작해야겠어요."

동료 직원의 웃음에 성공해씨도 함께 웃었다.

핵심/주변 투자 전략을 포트폴리오에 적용하기

막상 ETF 투자를 시작하려고 해도 어떤 종목에, 어느 정도 비중으로 투자해야 할지 막막할 수 있습니다. 이번 장에서는 이에 대해 자세히 알아봅시다.

핵심/주변 전략(Core & Satellite Strategies)은 일정 부분 시장수익률을 확보하면서 '시장수익률 + α'를 얻고자 하는 투자 전략입니다. 시장대표지수에 투자해 안정적인 수익을 얻고, 나아가 주변 종목에 투자해 추가수익률을 얻고자 하는 것입니다.

'핵심'이란 말은 코스피200 또는 KRX100처럼 시장 전체 수익률을 추적하는 ETF를 말하고, '주변'이란 섹터지수 ETF, 스타일지수 ETF, 해외지수 ETF, 기타 ETF 또는 개별 주식 등 비교적 위험이 큰 종목이 될 수 있습니다. 구체적인 방법은 포트폴리오를 구성하되 핵심 ETF에 기본적으로 반 이상 투자하고, 나머지로 주변 ETF에 투자하는 것입니다.

시장대표지수 ETF의 수익률은 등락이 심하지 않고 장기적으로 우상향하는 경향이 있어 상대적으로 안정성이 높습니다. 반면 그 외 ETF는 기대수익과 위험이 모두 높습니다. 선진국의 경우 기관투자자나 규모가 큰 투자자들이 주로 핵심/주변 전략을 활용하지만, ETF는 주가가 작은 편이기 때문에 개인 소액투자자들도 알아두면 유익하게 활용할 수 있습니다.

그럼 구체적으로 핵심과 주변을 어떤 종목으로, 어떤 비율로 배정하는 것이 좋은지 알아봅시다.

먼저, 시장대표지수를 추적하는 ETF, 즉 코스피200, KRX100, MSCI Korea를 추적하는 핵심 ETF에 일정 비율, 예를 들어 70%를 배정합니다.
그리고 나머지 30%로 투자자가 생각하기에 시장평균 이상 초과수익이 가능할 것 같은 주변 ETF, 즉 자동차, 반도체, IT, 건설, 은행, 증권 등의 섹터지수 ETF 또는 투자자가 평소에 눈여겨둔 개별 주식에 투자합니다.
이때 주변 ETF 중 하나를 선택해도 되고, 금액이 클 때는 2~3개 종목으로 분산해도 됩니다. 배정 비율을 한 번 정했다고 해서 계속 고집할 필요도 없습니다. 시장 상황이 바뀔 때마다 투자 비중을 적절히 변경하는 것이 더욱 효과적이니까요.

시장대표지수를 따르고 싶은 경우

시장대표지수 ETF 70% (코스피200, KRX100 등)	섹터지수 ETF 30% (반도체, 자동차, 증권 등)

성장주에 비중을 두고 싶은 경우

시장대표지수 ETF 30% (코스피200, KRX100 등)	섹터/테마 ETF 50% (4차산업, 반도체, 2차전지, 바이오, 헬스케어 등)	해외지수 ETF 20% (미국, 중국, 일본, 베트남 등)

안정성에 비중을 두고 싶은 경우

시장대표지수 ETF 30% (코스피200, KRX100 등)	채권형 ETF 50% (국고채, 통안채 등)	개별 주식 20% (삼성전자, 포스코, KB은행 등 대형주와 우량주)

위 사례는 어디까지나 예시에 불과합니다. 주변 ETF를 선정할 때 중요한 것은 무엇보다 투자자가 잘 아는 분야에 비중을 두어야 한다는 점입니다. 특별히 주변 종목이 보이지 않을 때는 억지로 종목을 고르려 하지 말고 시장대표지수 ETF를 선정하는 것을 추천합니다.

포트폴리오에 따른 투자수익률 계산해보기

투자자가 투자 기간, 투자금액, 투자 비중을 입력하면 작성한 포트폴리오에 따른 투자수익률을 예측해볼 수 있습니다. 이 책에서는 삼성자산운용의 사례를 들지만 미래에셋자산 등 다른 자산운용사도 유사합니다.

① 삼성자산운용 코덱스 홈페이지에 접속합니다. '투자 정보 → ETF 계산기'를 클릭합니다.

② 투자 기간은 3년, 투자금액은 3,000만원을 입력합니다.

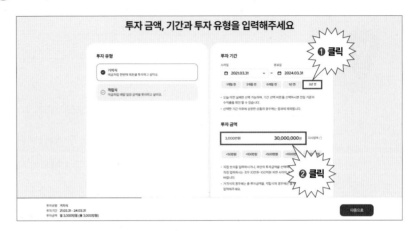

③ 투자 비중을 입력합니다. 코스피200 ETF 30%, 코스닥150 ETF 30%, 반도체 ETF 20%, 미국S&P500선물 ETF 20%를 입력해봅니다.

④ 투자수익률을 볼까요? 12.47%가 나왔군요. 이것은 과거 투자 성과를 기준으로 계산한 것이므로 미래에도 동일한 수익률이 나온다고 생각해서는 안 됩니다. 실제 수익률은 시장 상황에 따라 예상보다 높을 수도 있고 낮을 수도 있습니다.

계산 결과, 투자자님의 손익금액은 3,084,442원입니다.

가입 기간 : 2021년 03월 31일 ~ 2024년 03월 31일(3년)   전일 기준으로 다시계산

투자금액	평가금액/수익률
30,000,000원	33,084,442원/+12.47%

· 입력하신 총 투자금액을 각 종목의 투자 수량으로 배분하는 과정에서 투자수량이 정수로 계산되어 투자금액이 배분되므로, 입력한 총 투자금액과 투자성과의 합계에 차이가 있을 수 있습니다. 예) 총 투자금액 100,000원으로 15,000원짜리 종목에 각 100%씩 투자 시 6주 투자한 것으로 가정하여 (6.6주 투자가 불가하므로) 투자금액 합계는 9만원으로 계산됩니다.

레버리지를 이용하는 신용매수와 대주매도

ETF를 거래할 때 신용매수와 대주매도를 활용하는 방법을 알아봅시다. 신용매수와 대주매도는 주가가 상승 또는 하락이 확실하다고 판단될 때 증권회사로부터 자금을 빌려 매수하거나, 주식을 빌려 매도하는 방법입니다. 레버리지를 높여 수익률을 극대화하는 것이지요.

주가 상승이 예상될 때는 신용매수

주가가 상승할 것으로 예상될 때는 신용매수를 합니다. 주가가 상승할 것으로 판단되지만 자금이 100만원밖에 없을 경우, 증권회사(또는 증권금융)로부터 100만원의 추가 자금을 빌려 주식이나 ETF를 매수할 수 있습니다. 만약 다른 주식이 있을 때는 기존 주식을 대용으로 하고 보유한 현금과 더해 더 많은 금액의 ETF를 매수할 수도 있습니다. 이렇게 신용으로 주식을 매수한 경우 ETF 주가가 5%만 올라도 10% 이상의 수익을 거둘 수 있습니다. 반대로 주가가 10%만 하락해도 20% 이상의 투자 손실을 입게 됩니다.

신용융자비율, 신용 기간, 신용이자 등 신용에 관한 제도는 증권회사마다 조금씩 차이가 있으므로 HTS로 사전에 조건을 확인해보아야 합니다. 보통 신용융자비율은 투자금액의 40~60%이고, 신용거래 기간은 3~5개월입니다.

신용거래 투자 요령 3가지

1 | 목표 가격과 손절매 가격을 미리 설정한다

시장대표 ETF는 개별 종목에 비해 안정성이 높은 대신 등락폭이 적습니다. 즉 목표수익률도 낮게 잡아야 합니다.

2 | 일시적, 예외적으로 이용한다

신용으로 매수한 ETF 주가가 예상과 다르게 하락할 경우 또는 상승률이 부진할 경우 주가 하락에 신용이자까지 부담해야 합니다. 1년 내내 신용거래를 한다면 투자에 실패할 확률은 점점 높아질 것입니다.

3 | 투자 경험이 적은 투자자는 신용거래를 자제한다

신용매수와 대주거래는 레버리지가 높아 주가 예측이 맞을 때는 몇 배 높은 투자수익을 거둘 수 있지만, 예측이 빗나갈 경우에는 손실 위험이 매우 높습니다. 원금을 몽땅 잃은 것으로도 모자라 추가 자금을 입금해야 하는, 소위 깡통계좌가 발생할 수도 있습니다. 따라서 초보자의 경우 신용매수나 대주매도를 삼가야 합니다.

주가 하락이 예상될 때는 대주매도

주가가 하락할 것으로 예상되면 대주매도를 합니다. 대주매도는 주가가 하락할 것으로 예상되지만 보유주식이 없을 때 주식을 빌려 매도하고, 나중에 주가가 하락하면 매수해 차익을 실현하는 방법입니다. 신용거래와 반대되는 개념이지만, 대주매도도 신용거래의 일종이므로 거래 방식은 유사합니다.

이를테면 100만원의 현금, 증거금으로 KODEX200 100주를 2만원에 대주매도(신용매도)했는데 주가가 10% 하락해 18,000원이 되었다면, 18,000원에 매수해 상환하고 20만원의 차익을 실현할 수 있습니다.

> 20,000원 × 100주 대주매도 − 18,000원 × 100주 매수 상환 = 200,000원

반대로 주가가 10% 올라 22,000원에 주식을 사서 상환하면 20만원의 손실을 입게 됩니다.

> 20,000원 × 100주 대주매도 − 22,000원 × 100주 매수 상환 = − 200,000원

하락장에 대처하는 방법

투자자가 하락장에 대처할 수 있는 방법에는 다음 3가지가 있습니다.

1 | 보유주식 매도

주식을 보유한 투자자가 손해를 줄일 수 있는 소극적인 방법으로, 가장 보편적인 방법입니다.

2 | 파생상품 이용

알아두세요

콜옵션, 풋옵션
파생상품과 관련한 콜옵션, 풋옵션에 대한 설명은 51쪽 〈잠깐만요〉를 참고하세요.

선물을 매도하거나 옵션의 경우 콜옵션을 매도하고, 풋옵션을 매수하는 방법입니다. 이는 다시 주식을 보유한 채 선물을 매도하는 소극적인 헤지 방법과 보유주식 없이 선물을 매도하는 적극적인 방법으로 나뉩니다. ETF의 경우 투자한 종목에 인버스 종목이 거래되고 있다면 해당 종목을 매수할 수도 있습니다.

3 | ETF 대주매도

시장이 하락할 것으로 예상되면 ETF를 대주매도하여 투자수익을 거둘 수 있습니다. 또 현물주식을 보유하고 있는 경우 주식을 매도하지 않고 보유한 채 ETF를 매도하면 주가 하락에 대한 헤지가 가능합니다. 보유 주식을 매도하는 것보다 비용이 저렴합니다.

또한 ETF는 만기가 없기 때문에 선물의 경우처럼 롤오버 비용을 추가로 부담할 필요가 없으며, ETF 변동폭이 시장과 동일하게 움직이기 때문에 선물을 매도하는 것보다 위험도 적습니다.

마지막으로 ETF를 공매도하는 방법이 있습니다. 공매도란 주식이 없을 경우 주식을 장기간 보유하는 기관투자자로부터 대차거래로 주식을 빌려 매도하는 것입니다.

목표와 성향에 맞춘
국제 분산투자 활용법

국제 분산투자를 할 때는 어느 국가에 얼마나 비중을 둘 것인지 잘 결정해야 합니다. 이번 장에서는 국제 분산투자 활용법을 알아봅시다.

2005~2007년 중국펀드, 브릭스펀드 등이 대박 수익을 내면서 우리나라 투자자들도 해외증시에 관심을 갖기 시작했습니다. 그 결과 많은 투자자가 대박도, 쪽박도 모두 맛보았습니다. 일단 해외펀드에 투자하면 몇 가지 불편한 점이 있습니다.

· 운용보수가 연 2~3%로 거래비용이 너무 높다.
· 시세 확인이 안 된 상태로 거래해야 한다.
· 가입과 해지 때 시차가 많아 환금성이 나쁘다.

해외 ETF는 이러한 단점들을 일거에 해결할 수 있는 상품입니다. 이제 국내투자자들도 어디서나 HTS 또는 MTS로 해외 ETF를 매매함으로써 스스로 국제 분산투자 포트폴리오를 구성할 수 있게 되었습니다. 국제 분산투자 포트폴리오를 짜는 것은 어렵지 않습니다.

우리나라에는 중국, 미국, 일본, 유럽, 북미, 남미, 아시아 등 총 325개 해외주식의 ETF가 상장되어 있습니다(2023년 12월 기준). 향후 미국 시카고 시장, 유럽, 동유럽, 중동, 아프리카 등의 해외 ETF가 상장될 예정입니다. 신규 해외 ETF가 상장되는 것을 전제로 국제 분산투자 방법을 알아봅시다.

국제 분산투자 포트폴리오 구성은 어느 국가에 얼마나 비중을 둘 것인가가 핵심입니다. 이는 투자자의 투자 성향과도 관계가 깊습니다. 즉 위험이 따르더라도 고수익을 추구하는 성향인지, 아니면 고수익보다 안정적인 수익을 추구하는 성향인지를 먼저 스스로 판단해야 합니다. 미국, 일본, 유럽 등 선진국의 증시는 수익성보다 안정성이 높은 반면, 브릭스, 중국, 인도, 러시아, 터키, 남아공, 멕시코, 칠레, 중동, 동유럽, 아프리카 등 경제성장률이 높은 이머징 국가의 증시는 안정성이 떨어지는 대신 주가 등락이 심해 고위험·고수익의 가능성이 상존하기 때문입니다.

고위험·고수익을 목표로 할 경우

국내 시장대표지수 ETF 40% (코스피200, 코스닥150, KRX100)	해외지수 ETF 60% [KODEX중국본토A50, TIGER미국S&P500선물(H), TIGER미국나스닥100]

안정적인 수익을 목표로 할 경우

국내증시 ETF 80% (시장대표지수 ETF 30%, 채권형 ETF 50%)	해외지수 ETF 20% (KODEX일본TOPIX100, KINDEX중국본토CSI300)

위 사례는 예시일 뿐이며, 투자자가 본인의 성향에 맞게 포트폴리오를 구성하면 됩니다. 다양한 조합과 비율로 포트폴리오를 구성할 수 있습니다.

똑똑한 유휴자금 활용법과 차익거래 투자 전략

알아두면 좋은 ETF로 유휴자금을 활용하는 방법과 차익거래법을 소개하도록 하겠습니다. ETF는 주식투자를 하다가 남은 유휴자금을 투자하기 좋은 종목입니다. 또 같은 지수나 상품을 추적하는 ETF가 많다는 점을 활용한 차익거래가 가능합니다.

종목이 고민될 때 유휴자금 활용법

기관투자자들이 자금을 운용할 때, 예를 들어 종목을 교체하거나 자금은 있는데 마땅한 종목이 보이지 않을 때 일시적으로 현금을 보유하는 경우가 있습니다. 펀드를 운용하면서 일정한 비율의 현금을 보유하는 원칙을 정해두는 경우도 있습니다.

현금을 보유하면 시장이 상승할 경우 보유분만큼 기회손실 비용이 발생하고 펀드수익률도 낮아질 수 있습니다. 이때 유휴자금을 ETF에 적절히 투자하는 방법을 유휴자금 주식운용(Cash Equitization)이라 하며, 기관투자자가 주로 활용합니다.

유휴자금을 운용할 때 시장대표지수, 섹터지수, 스타일지수, 해외지수 등의 ETF를 활용하면 자금이 필요할 때 매도해 신속하게 활용할 수 있습니다.

유휴자금 활용법은 기관투자자보다 개인투자자에게 더 유용할 수 있습니다. 종목을 매매하다 보면 마땅한 종목이 보이지 않을 때가 있습니다. 그럴 경우 시장이 상승하고 있다면 일단 시장대표지수 ETF를 매수해두고 적당한 종목이 나타날 때까지 기다리면 됩니다.

만약 증권주가 시장주도주라 증권주를 사고 싶은데 구체적인 종목 선정을 하지 못하고 있다면, 증권섹터 ETF를 매수해두었다가 구체적인 종목이 나타나면 그때 ETF를 매도하고 해당 증권주를 매수하면 됩니다.

빠르게 수익 내는 차익거래 투자 전략

차익거래는 동일한 종류의 ETF 중에서 가격이 비싼 ETF는 매도하고 가격이 싼 ETF는 매수해 위험 부담 없이 차익을 얻는 방법입니다. 기관투자자가 주로 활용하며 개인투자자들은 활용하기 어렵습니다. 가격의 차이는 시간이 지나면 소멸하므로 개인투자자가 짧은 시간에 가격 차이를 발견하고 차익거래를 하는 것은 결코 쉬운 일이 아니기 때문입니다. 그래도 참고로 알아둘 필요가 있습니다. 차익거래에는 다음 2가지 방법이 있습니다.

1 | 주가와 순자산가치의 일시적인 가격 차이

ETF 가격은 순자산가치에 근접하게 형성되는 것이 정상입니다. 그러나 일시적으로 가격이 순자산가치에 비해 지나치게 높거나 낮게 형성되는 경우가 있습니다.

- ETF 가격 > 순자산가치일 경우 → ETF 매도, 주식바스켓 매수
- ETF 가격 < 순자산가치일 경우 → ETF 매수, 주식바스켓 매도

주식바스켓은 기관투자자만 매매가 가능하며, 차익거래 때문에 ETF 주가가 기준가격 아래에 있는 것이 보통입니다. ETF는 거래세가 없고 주식바스켓은 거래세가 있기 때문에 거래세 0.3%만큼 가격에 차이가 나게 됩니다. 주가가 기준가보다 늘 높게 형성되는 종목이 있다면 그것은 대차거래가 활발하지 않기 때문이라고 생각하면 됩니다.

2 | 동일한 기초자산을 추적하는 ETF의 일시적인 가격 차이

예를 들어 코스피200을 추적하는 KODEX200과 KOSEF200 간의 차익거래 방법은 다음과 같습니다.

- 주가가 KODEX200 > KOSEF200일 경우 → KODEX200 매도, KOSEF200 매수
- 주가가 KODEX200 < KOSEF200일 경우 → KOSEF200 매도, KODEX200 매수

ETF도 주식투자,
위험을 알고 하자!

ETF 투자도 주식투자인 만큼 위험이 있을 수 있습니다. 이번 장에서는 ETF에 내재된 투자 위험을 알아봅시다.

ETF의 특징은 우량주에 장기·분산투자하는 것입니다. 일반 주식투자에 비해 상대적으로 위험이 적다는 것이지, 어디까지나 증권투자이므로 위험을 알고 사전에 대비할 필요가 있습니다.
구체적인 위험 관리 방법은 다음과 같습니다.

· 안전자산과 위험자산에 적절히 분산해야 한다. 안전자산은 현금이나 채권을 말한다.
· ETF 종목별로 위험의 강도를 알고 종목을 선정해야 한다. 일반적으로 고수익을 목표로 하는 종목은 상대적으로 위험도도 높다.
· 사전에 자기 나름의 투자 원칙을 만들어놓아야 한다. 원칙에는 종목 선정의 원칙, 매매시점 선정의 원칙, 이익극대화의 원칙, 위험 관리의 원칙 등이 있다.

ETF는 기본적으로 주식에 투자하는 펀드로, 증권시장에서 주식처럼 거래되는 금융상품이므로 필연적으로 위험이 따릅니다. ETF는 예금이 아니므로 예금자보호법의 보호를 받지 못합니다. 따라서 위험 내용과 대처 방안을 충분히 알고 있어야 합니다.
ETF의 위험 중에는 가격이 하락할 위험이 가장 큽니다. 그 밖의 위험은 미미하므로 지나치게 두려워할 필요는 없습니다.

가격 하락 위험은 언제나 존재한다

가격 하락은 크게 2가지로 나누어볼 수 있습니다. 하나는 증권시장이 하락을 보일 경우이고, 다른 하나는 개별 종목의 하락입니다.

경제성장률과 경기가 하락하면 기업의 실적이 악화되고, 필연적으로 증시도 침체됩니다. 증시시장이 하락세로 접어들면 상승 종목을 찾기 어렵습니다. 이런 상황을 흔히 '체계적 위험'이라고 합니다.

반면 전체 증권시장의 흐름과 관계없이 개별 종목의 악재로 주가가 하락할 위험을 흔히 '비체계적 위험'이라고 합니다. 경영 실패로 인한 영업 실적 부진, 노사 분규, 불의의 사고 등 특정 기업에 발생하는 위험은 매우 많습니다.

ETF는 지수를 추적하는 상품으로 여러 기업에 분산투자해 비체계적 위험은 제거되지만, 시장 전체가 하락함으로써 입게 되는 손실은 피할 수 없습니다.

유동성 위험을 피하는 법

거래가 활발하지 않아 매수·매도가 원활하지 않은 상황을 말합니다. 시장을 대표하는 ETF를 비롯한 인기 ETF는 거래가 활발한 반면, 거래가 원활하지 않은 종목도 많이 있습니다. 거래가 부진한 이유는 상장된 지 얼마 되지 않아 일반인에게 홍보가 덜 된 경우, 투자자가 상품 자체에 접근하기 어려운 경우 등 다양합니다.

알아두세요 ─────

유동성 공급자의 역할
상장된 ETF가 원활하게 거래되도록 지정판매회사 중에서 유동성 공급자를 정해둡니다. 상장된 ETF의 거래가 원활하지 못하면 상품의 생명력이 떨어지기 때문입니다. 개인투자자들은 유동성공급자제도를 통해 거래소에서 실시간으로 기준가에 근접한 가격에 쉽게 ETF를 매매할 수 있습니다. 그러나 경우에 따라서는 이론가격을 기준으로 한 호가의 범위가 넓어지는 경우도 있습니다. 특히 해외 ETF는 국내 ETF에 비해 호가의 범위가 넓어지는 경우가 있으므로 주의해야 합니다.

거래가 부족하면 추적지수와 가격이 따로 움직이거나 소량의 주문으로 주가가 급변하는 경우가 있습니다. 이와 같은 상황에 대비해 유동성 공급자를 두고 있지만, 유동성 공급자가 역할을 제대로 하지 못하는 종목이 있는 것이 현실입니다.

설정액이 50억원 미만으로 떨어지거나 월평균 거래량 10만주 미만이 지속되면 상장폐지될 수도 있습니다. 물론 상장폐지되더라도 순자산가치 기준으로 청산되어 투자자에게 큰 피해는 없지만, 여러 가지 불편한 상황이 발생합니다. 유동성 위험을 피할 수 있는 방법은 거래가 지나치게 적은 종목을 매수 종목에서 제외하는 길밖에 없습니다. 우리나라 ETF 중에는 아직까지 거래가 빈약한 종목이 많으니 주의하세요.

혹시 모를 신용위험

신용위험이란 ETF에 편입되어 있는 종목들 중 경영 상태나 재무 상태가 악화되거나 부도가 발생해 주가가 폭락할 위험을 말합니다. 소위 믿고 있던 종목이 위기에 처하고 주가가 폭락하는 경우입니다. 예를 들어 쌍용차가 2009년 1월 15일 법정관리를 신청함에 따라 증권거래소는 코스피200에서 쌍용차를 제외하고 삼광유리를 새롭게 포함시켰습니다. 그전에 쌍용차의 주가가 폭락했지만 100개 이상 종목이 편입되어 있는 코스피200 ETF의 주가에는 큰 영향을 미치지 못했습니다. ETF에는 많은 종목이 편입되어 있고, 한 종목이 30% 이상 비중을 차지하지 못하도록 되어 있기 때문에 한 종목이 지수에 미치는 영향은 미미합니다. 오히려 개별 종목인 쌍용차에 직접 투자했다가 발생했을 손실을 생각하면 매우 안전하다고 볼 수 있습니다.

위험은 어떻게 관리해야 하나요?

금융자산 중 ETF 투자 비율을 사전에 정해둔다

예컨대 1,000만원의 현금이 있다면 500만원만 ETF에 투자하고 나머지 50%는 금융기관에 예금해두는 방법입니다. 주가가 예상대로 움직여주면 좋겠지만 예상을 빗나가는 경우가 있고, 본의 아니게 장기투자로 변해 자금이 묶이는 경우도 있어 이에 대비하는 것입니다.

투자 위험에 대비한 ETF 종목을 선정한다

고위험·고수익 상품에 투자할 때는 합리적인 판단이 전제가 되어야 합니다. 위험의 크기를 비교해보면 다음과 같습니다.

- 국내 ETF < 해외 ETF
- 선진국 증시 < 이머징 국가 증시
- 시장대표지수 < 섹터(업종), 스타일

특히 해외 ETF에 투자할 경우에는 환율 등락이 주가 등락에 크게 영향을 미치므로 환율이 예측되지 않을 때는 해외투자에서 손을 떼야 합니다.

사전에 목표가와 손절매도 가격을 정해두고 반드시 지킨다

이익극대화의 원칙은 '이익은 크게, 손실은 적게'입니다. 목표가를 정해두었더라도 추세선과 이동평균선을 보았을 때 상승 추세가 이어지면 주가가 추세선을 이탈하는 것을 확인하고 매도하는 것이 이익을 극대화하는 방법입니다.

손절매 원칙으로 정해둔 손절매도 가격이 되면 마음이 아프더라도 반드시 매도해야 합니다. 팔고 나서 주가가 오르면 어떡하나 고민하면 안 됩니다. 매도 후 주가가 매수 원칙에 들어오면 다시 매수하는 한이 있어도 매도해야 합니다. 이것을 지키지 않으면 더 큰 손실을 입을 가능성이 크기 때문입니다. 원칙에 따라 기계적으로 매매하기 위해서는 사전에 자기 나름의 투자 원칙을 만들어놓아야 합니다.

목표와 현실의 괴리, 추적오차 위험

ETF는 수익률이 주가지수와 연동되도록 설계된 상품입니다. 즉 순자산가치(NAV)가 지수와 일치되게 운용하는 것을 목표로 하고 있습니다. 그러나 현실적으로 자산을 운용하다 보면 차이가 발생하는 경우가 더 정상일 정도입니다. 그 이유는 펀드 구성이 완전복제 방식이 아니라 부분복제 방식을 따르고 있기 때문입니다. 이는 주식바스켓에서 발생하는 배당금과 운용보수 등 비용을 정산하는 과정에서도 추적오차가 발생하는 요인이 되고 있습니다.

추적오차율이 10%가 넘는 상태로 3개월 이상 지속되면 상장폐지 요건이 되므로 추적오차율에 관심을 가질 필요가 있습니다.

추적오차율(%) = (기준지수 − 순자산가치) ÷ 기준지수 × 100

ETF의 구조와 지수 복제, 초기 가격

비용이 적을 수밖에 없는 ETF의 구조

ETF시장도 주식시장과 마찬가지로 발행시장과 유통시장으로 나뉩니다. 유통시장은 개인투자자들이 발행된 ETF를 주식과 동일한 방법으로 거래하는 시장입니다. 발행시장은 ETF가 최초로 발행되는 시장으로, 큰 단위로 설정 또는 환매가 이루어집니다. 이 발행시장에는 기관투자자만 참여할 수 있습니다. 따라서 기관투자자가 해당 ETF를 설정하면 해당 종목의 발행주식수가 그만큼 증가하고, 환매하면 발행주식주가 줄어듭니다. 인기 있는 ETF 종목의 발행주식수가 계속해서 증가하는 이유는 이 때문입니다.

ETF 발행시장의 구조가 복잡해 초보자에게는 어렵게 느껴질 수 있습니다. 발행시장에서 ETF 설정을 원하는 기관투자자는 지정판매회사로 지정된 증권회사를 경유해 ETF 설정에 필요한 주식바스켓을 납입하고 ETF를 인수합니다. 반대로 환매할 때는 ETF를 납입하고 주식바스켓을 인수합니다.

기관투자자가 자금을 불입하면 지정판매회사는 자산운용회사가 구성해놓은 주식바스켓 구성 비율에 따라 개별 주식을 매수합니다. 지정판매회사가 주식바스켓을 수탁은행에 납입하면 자산운용회사는 지정판매회사를 거쳐 기관투자자 계좌에 ETF를 입고합니다.

기관투자자가 ETF를 설정할 때는 지정판매회사를 통해 직접 주식을 매수해 주식바스켓을 수탁은행에 맡기고, 환매할 때는 보유하고 있던 ETF를 납입하고 대신 맡겨둔 주식바스켓을 찾아옵니다.

일반 펀드의 경우(인덱스펀드 포함) 설정과 환매할 때 현금으로 거래하지만, ETF는 주식바스켓만 오갈 뿐 현금 거래가 이루어지지 않으므로 ETF가 환매되었다고 해서 반드시 시장에 매물이 나오는 것은 아닙니

알아두세요

거래단위(CU: Creation Unit)
발행시장에서 설정 또는 환매 시 주식바스켓과 교환되는 ETF 증권 블록의 최소 단위를 말합니다. CU의 크기는 자산운용회사에서 정하는데, 상품별로 1만~40만주입니다. 1CU를 구성하는 ETF 주식수는 40만주, 30만주, 10만주, 2만주 등 정배수로만 가능합니다.

다. 또한 자산운용회사는 주식을 매매할 일이 없어 펀드비용이 많이 들어갈 이유가 없습니다.

ETF시장 흐름도

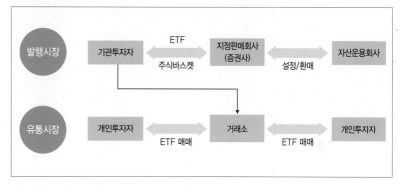

* 자료: 한국거래소

지금부터 설명하는 용어들을 알아두면 ETF 발행시장을 보다 쉽게 이해할 수 있습니다. 개인투자자들은 몰라도 되는 내용이니, 너무 어렵거나 마음이 바쁘면 다음 기회에 읽어보세요.

ETF 설정

ETF는 구체적으로 어떻게 만들어질까요? 다음 그림을 보면서 설명을 따라가보세요.

ETF 설정 흐름도

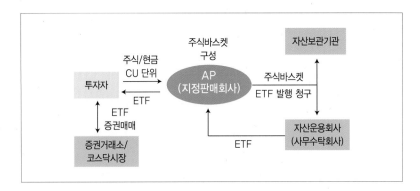

기관투자자가 지정판매회사에 현금을 납입하면 지정판매회사는 기관을 대신해 자산운용회사가 미리 정해둔 주식바스켓을 구성합니다. 지정판매회사는 주식바스켓을 자산보관기관에 납입하고, 자산운용회사에 ETF 발행을 청구합니다. 자산운용회사는 자산보관기관에 주식바스켓이 납입되었는지 확인한 뒤 ETF를 발행하고, 발행된 ETF는 증권회사 기관투자자 계좌에 입고됩니다. 그러면 개인투자자들이 이렇게 설정된 ETF를 유통시장에서 매매합니다.

ETF 환매

환매할 때는 설정의 경우와 반대 경로를 거쳐 ETF를 제출하고 주식바스켓과 소량의 현금(배당 상당액 등)을 돌려받습니다.

ETF 환매 흐름도

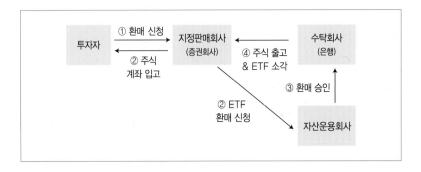

설정과 환매는 시장이 종료되기 이전까지 전화 또는 규정된 통신수단으로 하며, 주문접수일에 결정되는 순자산가치(NAV)에 기초해 이루어집니다. 자산운용회사는 설정과 환매를 위해 매일 장 종료 후 종가에 기초해 익일의 발행·환매에 필요한 종목 명단과 각 종목의 주식수, 소량의 현금이 기록된 PDF를 익일 개장 전까지 산출해 결제기관에 통보합니다.

PDF(Portfolio Deposit File)

PDF는 ETF의 구성 종목 내역을 말합니다. 1PDF는 1CU와 같습니다. 자산운용회사는 ETF의 포트폴리오 단위인 1CU의 구성 내역을 매일 발표합니다. 이를 통해 ETF의 투명성이 제고되고, 설정과 해지를 하고자 하는 기관투자자들은 이 포트폴리오 구성 내역을 참고해 결정을 내립니다.

투자자가 ETF의 PDF를 알아보려면 어떻게 해야 할까요? 자산운용회사 홈페이지에 들어가 'PDF' 메뉴를 클릭하면 종목별 구성 내역을 볼 수 있습니다.

지정판매회사(AP: Authorized Participant)

ETF 설정과 환매를 대행하는 증권회사입니다. 기관투자자는 AP 창구로 ETF 설정과 환매를 수행합니다. 기관투자자의 설정·환매 요청에 따라 PDF에 해당하는 주식을 한꺼번에 매매해야 하기 때문에 바스켓 주문을 원활하게 처리할 수 있는 역량을 보유한 증권회사를 선정합니다. 자산운용회사가 ETF를 출시할 때는 반드시 지정판매회사를 지정하게 되어 있습니다.

 알아두세요

바스켓 주문
여러 종목의 주식 물량이 합쳐진 주문을 말합니다.

유동성 공급자(LP: Liquidity Provider)

상장된 ETF가 원활하게 거래되도록 지정판매회사 중에서 유동성 공급자를 정해둡니다. 상장된 ETF의 거래가 원활하지 못하면 상품의 생명력이 떨어지기 때문입니다.

LP는 매수호가와 매도호가의 호가 간격, 즉 스프레드 비율이 1%를 초과할 경우 5분 이내에 양방향 호가를 100주 이상 의무적으로 제출해야 합니다.

> **스프레드 비율(%) = (최우선 매도호가 − 최우선 매수호가) ÷ 최우선 매수호가 × 100**

예를 들어 1만원에 매도주문, 9,800원에 매수주문이 나와 있을 경우 스프레드 비율은 (10,000 − 9,800) ÷ 9,800 = 2.04%입니다.

스프레드 비율이 1% 이상이므로 매도호가보다 낮은 호가를 내든, 매수호가보다 높은 호가를 내 98원(9,800원의 1%) 이내로 갭이 생기도록 주문을 내야 합니다. LP가 의무적으로 호가를 제출해야 하는 시간은 9:10~14:50입니다.

거래가 활발한 ETF 종목은 주가가 순자산가액과 유사하게 움직이기 때문에 투자자가 매매주문을 실행할 때 불이익을 볼 확률이 적습니다. 그러나 거래가 활발하지 않은 종목은 주가와 순자산가액 사이에 간격이 벌어져 있을 경우 주문을 실행하면 불리한 가격에 거래가 체결될 수 있습니다. 이러한 폐단을 없애기 위해 유동성공급자제도를 두어 매매가 원활하게 이루어질 수 있도록 하고 있습니다.

개인투자자들은 유동성공급자제도 덕분에 거래소에서 실시간으로 기준가에 근접한 가격에 쉽게 ETF를 매매할 수 있습니다. 그러나 경우에 따라서는 이론가격을 기준으로 한 호가의 범위가 넓어지는 경우도 있는데, 특히 해외지수 ETF가 그렇습니다.

ETF는 어떻게 지수를 따라갈까?

ETF는 지수를 추종하는 인덱스펀드입니다. 그런데 지수를 추종한다는 것은 무엇을 의미하며, 또 어떻게 지수를 추종할까요?

우선 지수를 추종한다는 뜻은 펀드수익률이 지수수익률과 동일하게(또는 지수+α) 되도록 운용회사가 포트폴리오를 구성한다는 뜻입니다. 이를 두고 흔히 "지수를 복제한다"라고 말합니다. 복제하는 방법에는 완전복제법과 부분복제법이 있습니다.

우리나라 인덱스펀드는 대부분 지수를 100% 추적하는 완전복제법이 아닌 부분복제법을 사용하고 있습니다.

부분복제법이란 지수 구성 종목 중 일부 종목을 샘플링하고 금융공학과 계량분석 기법을 이용해 포트폴리오를 최적화해 지수를 추적하는 방법입니다. 편입하는 종목수가 적고 불필요한 비용을 줄일 수 있기 때문에 포트폴리오 유지비용이 적게 들어 완전복제법보다 효율적인 방법이라고 할 수 있습니다.

시장참가자와 그 역할

시장참가자	주요 역할
한국거래소	• 상장, 매매 규정의 제·개정 • ETF시장 개설 및 관리 • 대상 지수 공표 및 실시간 NAV
자산운용(위탁)회사	• ETF의 법적 주체 • 지수 추적을 위한 펀드자산(주식바스켓) 설계 및 구성 종목 교체 • PDF 검토, 조정 및 공시

지정판매회사(증권회사)	• ETF 설정 및 환매 신청 창구 • 주식바스켓 구성 의무 • ETF와 현물주식시장 간 차익거래 수행 • 유동성 공급자 역할 수행(운용회사와 유동성 공급 계약 체결기관에 한함) • ETF 매매주문 창구
판매증권회사	• 투자자 모집 • 설정, 환매 신청 접수 및 전달 • ETF 매매주문 창구
일반사무 관리회사	• ETF 사무 처리를 위한 운용회사 대행 • NAV 계산 • ETF 설정, 환매 정산금액 산출
자산보관회사(수탁회사)	펀드자산(현물주식) 보관 및 관리명의개서 대행
명의개서 대행기관	발행 및 주주 명부관리 등 주식 관련 사무 대행
증권예탁결제원	• ETF 설정, 환매 관리 시스템 운용 • ETF 설정, 환매를 위한 계좌 간 대체 • ETF 예탁결제, 분배금 지급 및 권리행사
투자자	• ETF 매매(개인 및 기관투자자) • ETF 설정, 환매(기관투자자) • 차익거래(기관투자자)

* 자료: ETF투자가이드(한국거래소)

알아두세요

인핸스드 인덱스펀드 (Inhanced Index Fund)

특정 지수를 추종함과 동시에 해당 지수 대비 초과수익률, 즉 '시장수익률+α'를 목표로 하는 인덱스펀드입니다. 시장수익률과 완전 일치를 목표로 하는 퓨어 인덱스펀드(Pure Index Fund)와 대비됩니다. 우리나라 인덱스펀드는 대부분 인핸스드 인덱스펀드입니다.

운용보수

ETF 보수에는 운용보수(자산운용회사), 판매보수(지정판매회사), 수탁보수(수탁회사), 사무관리보수(일반 사무관리회사), 평가보수(평가회사) 등이 있습니다. 이 모든 것을 합하면 펀드비용이 됩니다. 일반 펀드의 경우 판매보수가 가장 높은 비중을 차지하지만, ETF는 운용보수가 가장 높은 비중을 차지합니다. ETF는 판매보수를 투자자가 직접 부담하지 않으며, 비중도 매우 작습니다.

지급배당

ETF는 주식을 담은 바스켓이므로 일반 기업의 주주와 마찬가지로 배당금을 받습니다. 다만 배당금을 지급하는 시기가 회사마다 달라 운용회사는 일정 기간 배당금을 모아두었다가 투자자에게 분배금으로 지급합니다. ETF 운용회사는 홈페이지를 통해 사전에 분배금에 관한 정보를 공시하고 있습니다.

부분복제법은 완전복제법에 비해 펀드수익률과 지수수익률 사이에 괴리가 발생할 수 있다는 단점이 있습니다. 그런데도 우리나라 대부분의 인핸스드 인덱스펀드가 부분복제법을 이용하는 이유는 보다 효율적으로 초과수익의 기회를 높일 수 있기 때문입니다.

그렇다면 ETF가 지수를 제대로 추종하고 있는지는 어떻게 알 수 있을까요? 그것은 추적오차로 판단합니다. 추적오차란 ETF가 추적하는 지수수익률과 ETF 바스켓의 수익률 차이를 말합니다. 차이가 발생하는 이유는 완전복제법이 아닌 부분복제법을 이용하기 때문입니다. 또한 운용보수, 지급배당 등의 사유가 발생해 정산하는 과정에서도 오차가 발생합니다. 만약 추적오차율이 10%를 초과해 3개월간 지속되면 상장폐지 요건에 해당합니다.

초기 ETF 가격을 결정하는 방법

ETF의 가격은 초기에 설정한 지수에 일정한 배율을 곱해 시작합니다. 이를 흔히 '이론가격'이라고 합니다. 예를 들어 KODEX200의 경우 코스피200에 대한 배율이 100배이기 때문에 현재 코스피200이 155.40이라면 KODEX200의 가격은 지수에 100을 곱한 15,540원이 됩니다. 이렇게 하는 이유는 가격단위를 어느 정도 비슷하게 맞추어 투자자들이 이용하기 편하도록 하기 위해서입니다.

해외지수 ETF는 가격을 결정할 때 환율도 함께 반영합니다. 예를 들어 KODEX차이나H의 경우 현재 추적 중인 지수가 15,100.00이고 환율이 1홍콩달러당 140.00원이라면 가격은 지수에 가격배율 0.01과 환율 140.00을 곱한 21,140원 부근에서 형성됩니다.

> **지수 15,100.00 × 환율 140원 × 가격배율 0.01 = 21,140원**

〔찾아보기〕

유망 ETF 30

최근 ETF 시장이 떠오르면서 ETF의 기초자산은 시장대표지수뿐 아니라 파생상품, 채권, 원자재, 통화 등으로 확대되고, 그에 따른 신규종목과 다양한 섹터 ETF, 테마 ETF가 출시되어 투자자의 선택의 폭이 넓어졌습니다. ETF는 개별 종목에 비해 위험이 적을뿐이지, 모든 ETF 종목이 수익을 내는 것은 아닙니다. 종목이 다양해질수록 더 큰 수익을 낼 수 있는 종목을 고르는 날카로운 눈이 더 필요한 것이죠.

장기투자를 생각한다면 지금 남들이 재미를 봤다고 자랑하는 종목은 일단 반대로 생각해 볼 필요가 있습니다. 어쩌면 일반투자자의 관심 밖에 있는 종목을 분할매수하고 기다리다 보면 의외의 수익을 거둘 수도 있으니까요.

별책부록에 소개된 ETF 종목은 각 기초자산별로 대표종목과 앞으로 경기흐름에 따라 유망 ETF로 부상할 종목 30가지입니다. 그러나 이 정보를 맹신하지 말고, 스스로 경제 기초체력을 탄탄하게 쌓아야 경제흐름을 읽는 투자자가 될 수 있음을 알아두기 바랍니다.

개요

1 | 한국 주식시장을 대표하는 200개 종목으로 구성되어 있는 코스피200의 수익률을 그대로 추적하는 종목입니다.

2 | 1주를 사도 코스피시장 전체에 투자하는 효과를 주기 때문에 한국증시의 성장을 예측하는 투자자에게 이상적인 투자대상입니다. 코스피를 추종하는 ETF 종목 중 거래가 가장 많습니다.

3 | 설정일: 2002년 10월 11일

4 | 총보수: 연 0.15%

주요 구성 종목

삼성전자	7.2	포스코홀딩스	2.3	삼성SDI	1.7
SK하이닉스	8.3	기아	2.1	신한지주	1.6
현대차	2.6	NAVER	2.1	LG화학	1.5
셀트리온	2.4	KB금융	1.9	현대모비스	1.3

(단위: %, 2024년 4월 기준)

설정규모 시가총액: 7조 236억원(2024년 4월 9일 기준)

운용회사 삼성자산운용

코스피 대비 상대수익률 추이(2014년 10월~2024년 4월 9일 기준)

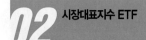

KODEX레버리지
(종목코드 122630)

개요

1 | 코스피200의 일간 등락률을 2배수 추적하는 종목입니다. 코스피200 이 일간 1% 상승하면 KODEX레버리지는 2% 상승하고, 코스피200 이 1% 하락하면 KODEX레버리지는 2% 하락합니다.

2 | 2배수로 등락하기 때문에 단기매매로 높은 수익률을 추구하는 투자자에 게 큰 인기를 얻고 있으며, 거래량도 상장종목 중 최상급에 이릅니다.

3 | 설정일: 2010년 2월 17일

4 | 총보수: 연 0.64%

운용방법 및 분배금

코스피200선물에 투자하는 비중이 90% 이상으로 압도적으로 높습니다. 파생상품에 투자하는 상품이므로 분배금은 거의 발생하지 않습니다.

설정규모

시가총액: 1조 9,408억원(2024년 4월 9일 기준)

운용회사

삼성자산운용

코스피 대비 상대수익률 추이(2019년~2024년 4월 9일 기준)

TIGER코스닥150

(종목코드 232080)

개요

1 │ 한국거래소가 발표하는 코스닥150지수는 코스닥시장의 대표성을 가지는 150종목으로 구성됩니다. 상장종목을 기술주 섹터(IT, BT, CT)와 비기술주 섹터(소재, 산업재, 필수소비재, 자유소비재)로 분류하여 비기술주 섹터별로 6개월 평균 시가총액 기준 누적 시가총액 60% 이내 종목을 선정하고 잔여 종목은 기술주 섹터에서 시가총액 순으로 선정합니다.

2 │ 코스닥지수는 성장성이 높은 중소형주 중심 시장이기 때문에 안정성보다 성장성에 비중을 둔 투자자에게 적합합니다.

3 │ 설정일: 2015년 11월 11일

4 │ 총보수: 연 0.19%

주요 구성 종목

에코프로비엠	8.5	엔켐	3.5	JYP Ent	1.4
에코프로	8.1	리노공업	2.0	셀트리온제약	1.5
HLB	7.9	HPSP	1.7	동진쎄미켐	1.3
알테오젠	5.1	이오테크닉스	1.7	레고켐바이오	1.3

(단위: %, 2024년 4월 기준)

설정규모　시가총액: 1,011억원(2024년 4월 9일 기준)

운용회사　미래에셋자산

코스닥 대비 상대수익률 추이(2019년 1월~2024년 4월 9일 기준)

04 시장대표지수 ETF **KODEX코스닥150레버리지**
(종목코드 233740)

개요

1 | 코스닥150지수의 일별수익률을 2배씩 추적하는 ETF입니다. 코스닥 150지수가 1% 상승할 때, KODEX150레버리지는 2% 상승을 추구합니다.

2 | 설정일: 2015년 12월 16일

3 | 총보수: 연 0.64%

기초지수 정보

코스닥150은 국내 코스닥시장에 상장되어 있는 보통주(상장 기간 6개월 이상) 중 시장대표성과 유동성을 기준으로 선정한 150개 종목을 대상으로 유동 시가총액에 따라 종목별 비중을 결정하여 산출하는 지수입니다. 대부분 코스닥150선물에 투자합니다.

설정규모

시가총액: 9,326억원(2024년 4월 9일 기준)

운용회사

삼성자산운용

코스닥 대비 상대수익률 추이(2019년~2024년 4월 9일 기준)

05 시장대표지수 ETF KODEX200선물인버스2X
(종목코드 252670)

개요

1 | 순자산가치의 일간변동률을 F-KOSPI200(코스피200선물)지수의 일별수익률의 -2배수로 추적하는 ETF입니다. 예를 들어 코스피200 지수가 1% 하락하면 2% 수익이 나고 반대로 1% 상승하면 2% 손실이 발생하도록 설계된 종목입니다.

2 | 증권시장이 하락대세를 보일 때 주로 활용하여 수익을 내는 종목입니다. 대세상승기에 단기수익을 노리는 것은 성공 확률이 높지 않습니다.

3 | 설정일: 2016년 9월 21일

4 | 총보수: 연 0.64%

설정규모 시가총액: 17,084억원(2024년 4월 9일 기준)

운용회사 미래에셋자산운용

코스피200 대비 상대수익률 추이(2019년 1월~2024년 4월 9일 기준)

KODEX반도체
(종목코드 091160)

개요

1 | 한국거래소가 산출하는 KRX Semicon지수로 코스피 및 코스닥에 상장되어 있는 반도체칩 제조기업과 반도체 부품 및 장비 제조 관련 20개 종목으로 구성되어 있습니다.

2 | AI 반도체, AI 의료, AI 학습, AI 소프트웨어 등 AI가 새로운 시대의 막을 열었습니다. 특히 AI 반도체에 필수적인 고대역폭 메모리(HBM), 온디바이스 메모리 등의 수요가 폭발적으로 증대되고 있어 증시 주도주로 부상했습니다.

3 | 미국 필라델피아반도체지수와 삼성전자, SK하이닉스 등 국내 대형 반도체 기업의 주가를 참고하여 투자하는 것이 좋습니다.

4 | 설정일: 2006년 6월 26일

5 | 총보수: 연 0.45%

주요 구성 종목

SK하이닉스	23.3	HPSP	3.5	주성엔지니어링	2.2
삼성전자	17.9	이오테크닉스	3.3	하나마이크론	1.8
한미반도체	9.4	DB하이텍	2.5	ISC	1.7
리노공업	4.2	원익IPS	2.3	고영	1.6

(단위: %, 2024년 4월 기준)

설정규모 시가총액: 6,793억원(2024년 4월 9일 기준)

운용회사 삼성자산운용

코스피 대비 상대수익률 추이(2019년 1월~2024년 4월 9일 기준)

개요

1 | 한국의 자동차 산업은 생산 기준 세계 5위 수준으로, 2015년를 기점으로 해외생산이 국내생산을 초과했습니다.

2 | 현대기아차는 친환경차 비중이 2024년 기준 34.7%로, 전기차 시대에 발맞추어 그 비중을 점차 높여가고 있습니다.

3 | 설정일: 2006년 6월 26일

4 | 총보수: 연 0.45%

주요 구성 종목

기아	22.8	한온시스템	4.2	세방전지	1.8
현대차	20.7	HL만도	3.0	에스엘	1.4
현대모비스	18.9	금호타이어	2.5	KG모빌리티	1.2
한국타이어앤테크놀	10.9	현대위아	2.4	성우하이텍	1.1

(단위: %, 2024년 4월 기준)

설정규모 **시가총액: 6,302억원(2024년 4월 9일 기준)**

운용회사 **삼성자산운용**

코스피 대비 상대수익률 추이(2019년 1월~2024년 4월 9일 기준)

개요

1 | 국내 금융지주회사 및 은행 10개 종목으로 구성된 KRX Bank지수의 수익률을 추적하는 종목입니다.

2 | 정부의 '기업밸류업 프로그램'은 주주친화정책으로 배당률 인상, 자사주 매입 및 소각 등입니다. 은행은 PBR이 1 이하인 기업이 많아 대표적인 저PBR 기업이라 할 수 있기 때문에 저PBR 해소의 수혜주라 할 수 있습니다.

3 | 설정일: 2006년 6월 26일

4 | 총보수: 연 0.30%

주요 구성 종목

KB금융	20.6	카카오뱅크	1.2	DGB금융지주	1.6
하나금융지주	19.7	기업은행	4.7	제주은행	0.1
신한지주	18.7	BNK금융지주	2.6		
우리금융지주	12.5	JB금융지주	2.6		

(단위: %, 2024년 4월 기준)

설정규모　　시가총액: 3,653억원(2024년 4월 9일 기준)

운용회사　　삼성자산운용

코스피 대비 상대수익률 추이(2019년 1월~2024년 4월 9일 기준)

KODEX증권
(종목코드 102970)

개요

1 | 한국거래소가 산출하는 KRX Securities지수는 국내 증권 산업의 주가흐름을 반영하는 지수로 국내 증권업종을 대표하는 11개 종목으로 구성되어 있습니다.

2 | 증권주 주가는 증권시장 대세상승기에는 상승하고, 하락기에는 떨어져서 시장이 활황일 때 투자하기 적합합니다.

3 | 설정일: 2008년 5월 28일

4 | 총보수: 연 0.45%

주요 구성 종목

한국금융지주	21.1	NH투자증권	12.5	유안타증권	1.8
미래에셋증권	17.9	대신증권	3.3	SK증권	1.5
삼성증권	17.5	한화투자증권	3.0	다올투자증권	1.1
키움증권	13.7	유진투자증권	2.2		

(단위: %, 2024년 4월 기준)

설정규모 **시가총액: 464억원(2024년 4월 9일 기준)**

운용회사 **삼성자산운용**

코스피 대비 상대수익률 추이(2018년 7월~2024년 4월 9일 기준)

개요

1 | 한국거래소가 산출하는 KRX Insurance지수는 국내 보험업과 재보험업종을 대표하는 10개 종목으로 구성되어 있습니다.

2 | 정부의 '기업밸류업 프로그램'은 주주친화정책으로 배당률 인상, 자사주 매입 및 소각 등입니다. 보험회사는 PBR이 1 이하인 기업이 많아 대표적인 저PBR 기업이라 할 수 있기 때문에 저PBR 해소의 수혜주라 할 수 있습니다.

3 | 설정일: 2011년 4월 25일

4 | 총보수: 연 0.45%

주요구성종목

삼성생명	21.0	한화생명	7.3	동양생명	1.4
삼성화재	19.6	코리안리	7.0	미래에셋생명	1.3
DB손해보험	19.5	한화손해보험	1.7		
현대해상	14.4	롯데손해보험	1.6		

(단위: %, 2024년 4월 기준)

설정규모 시가총액: 384억원(2024년 4월 9일 기준)

운용회사 삼성자산운용

코스피 대비 상대수익률 추이(2018년 7월~2024년 4월 9일 기준)

개요

1 | 기초지수인 iSelect AI반도체핵심공정지수는 유가증권시장 및 코스닥 시장 상장기업 중 AI 프로세스칩 및 시스템 반도체 산업의 구조에 따라 선정한 키워드를 기반으로 유관 기업을 분류하기 위해 자연어 처리 키워드 필터링 기술을 활용하여 종목을 편입합니다.

2 | AI 시대를 맞이해서 AI 반도체와 HBM의 수요가 급증하고, 이에 따라 반도체 장비 및 소재 기업이 시장에서 주도주로 각광받고 있습니다.

3 | 설정일: 2023년 11월 20일

4 | 총보수: 연 0.45%

주요 구성 종목

한미반도체	27.4	ISC	5.4	HPSP	4.6
이오테크닉스	9.4	원익IPS	5.4	파크시스템스	3.9
이수페타시스	8.8	솔브레인	5.2	에스앤에스텍	3.2
동진쎄미켐	6.2	하나마이크론	5.0	SFA반도체	2.1

(단위: %, 2024년 4월 기준)

설정규모   시가총액: 1,998억원(2024년 4월 9일 기준)

운용회사   미래에셋자산

코스피 대비 상대수익률 추이(2023년 10월~2024년 4월 9일 기준)

12 테마/스타일지수 ETF KODEX AI반도체핵심장비
(종목코드 471990)

개요

1 | 기초자수인 iSelect AI반도체핵심장비지수의 변동률과 유사하도록 투자신탁재산을 운용하는 것을 목적으로 합니다.

2 | 챗GPT, 로봇 등 기술혁신에 AI 반도체는 필수가 되었습니다. 장기적인 수혜가 예상되는 HBM 공정의 핵심인 AI 반도체 장비 업체로 구성된 종목입니다.

3 | 설정일: 2023년 11월 20일

4 | 총보수: 연 0.39%

주요 구성 종목

한미반도체	25.0	HPSP	8.2	심텍	1.9
리노공업	16.9	하나마이크론	8.1	파크시스템스	0.8
ISC	13.4	대덕전자	6.2	SFA반도체	0.5
이수페타시스	12.3	이오테크닉스	5.0	인텍플러스	0.3

(단위: %, 2024년 4월 기준)

설정규모 시가총액: 2,332억원(2024년 4월 9일 기준)

운용회사 삼성자산운용

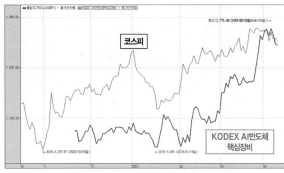

코스피 대비 상대수익률 추이(2023년 10월~2024년 4월 9일 기준)

13 테마/스타일지수 ETF TIGER글로벌AI액티브

(종목코드 466950)

개요

1 | AI 관련 글로벌 주식을 주된 투자 대상으로 하며, Indxx Artificial Intelligence and Big Data지수를 추종하는 ETF입니다.

2 | AI 하드웨어/소프트웨어 기업, 플랫폼 등 AI 산업이 성장함에 따라 실질적으로 수혜를 입는 기업들로 구성된 ETF입니다.

3 | 해외 주식에 투자하면서도 환헤지를 하지 않기 때문에 기초지수의 원화환산 수익률에 연동합니다.

4 | 설정일: 2023년 10월 10일

5 | 총보수: 연 0.79%

주요 구성 종목

킹위안일렉트로닉스	골드써킷일렉트로닉스	마쎌테크놀로지
LY Corp	버티브홀딩스	마이크론테크놀로지
후지쿠라	미디어텍	마이크로닉스재팬
ASMPT	타이완세미컨덕터	깃랩

(2024년 4월 기준)

설정규모 시가총액: 1,055억원(2024년 4월 9일 기준)

운용회사 미래에셋자산운용

코스피 대비 상대수익률 추이(2023년 10월~2024년 4월 9일 기준)

개요

1 | WISE2차전지테마지수를 기초지수로 하여 1좌당 순자산가치의 변동률을 기초지수의 변동률과 유사하도록 투자신탁재산을 운용하는 ETF입니다.

2 | 국내증시에 상장된 2차전지 관련 기업, 즉 배터리 셀, 배터리 소재, 배터리 장비 기업으로 구성된 ETF입니다.

3 | 설정일: 2018년 9월 11일

4 | 총보수: 연 0.44%

주요 구성 종목

삼성SDI	10.8	에코프로	8.9	엘앤에프	4.0
LG에너지솔루션	9.7	에코프로비엠	8.8	엔켐	3.6
포스코홀딩스	9.6	포스코퓨처엠	7.9	코스모신소재	3.4
LG화학	9.1	SK이노베이션	6.5	SKC	2.7

(단위: %, 2024년 4월 기준)

설정규모 시가총액: 12,642억원(2024년 4월 9일 기준)

운용회사 미래에셋자산운용

코스피 대비 상대수익률 추이(2018년 7월~2024년 4월 9일 기준)

KODEX2차전지산업
(종목코드 305720)

개요

1 | FnGuide2차전지산업지수를 추종하는 ETF로 대표적 성장 산업인 2차산업 전반에 투자할 수 있는 종목입니다.

2 | 2차산업의 밸류체인인 원재료, 장비, 부품, 제조 등과 관련이 있는 국내 상장기업에 분산투자하는 효과가 있습니다.

3 | 설정일: 2018년 9월 11일

4 | 총보수: 연 0.45%

주요 구성 종목

LG에너지솔루션	15.1	LG화학	10.6	에코프로	4.9
포스코홀딩스	11.7	포스코퓨처엠	7.8	나노신소재	4.5
삼성SDI	11.5	코스모신소재	6.3	엘앤에프	2.7
에코프로비엠	11.3	SK이노베이션	4.9	대주전자재료	1.8

(단위: %, 2024년 4월 기준)

설정규모　시가총액: 12,193억원(2024년 4월 9일 기준)

운용회사　삼성자산운용

코스피 대비 상대수익률 추이(2018년 7월~2024년 4월 9일 기준)

16

테마/스타일지수 ETF

TIGER2차전지TOP10

(종목코드 364980)

개요

1 | 코스피와 코스닥 상장종목 중 2차전지 관련 대표기업 10종목으로 구성된 ETF입니다.

2 | 전기차는 향후 10년간 가장 큰 성장을 가져올 산업 중 하나입니다. 배터리는 전기차 원가 중 30% 이상을 차지하며, 한국의 배터리 제조기업은 세계시장에서 선두를 달리고 있습니다.

3 | 설정일: 2020년 10월 6일

4 | 총보수: 연 0.40%

주요 구성 종목

삼성SDI	25.7	에코프로	4.9	SK아이이테크놀로지	0.8
에코프로비엠	24.7	포스코퓨처엠	3.7	에코프로머티	0.7
LG에너지솔루션	24.5	SK이노베이션	3.4		
LG화학	8.9	엘앤에프	2.1		

(단위: %, 2024년 4월 기준)

설정규모   시가총액: 3,239억원(2024년 4월 9일 기준)

운용회사   미래에셋자산운용

코스피 대비 상대수익률 추이(2020년 1월~2024년 4월 9일 기준)

개요

1 | FnGudie수소경제테마지수는 코스피 및 코스닥시장 종목 중에서 수소 경제 Value Chain에 해당되는 종목을 유동 시가총액 가중 방식으로 비중을 구성한 테마 지수입니다.

2 | 설정일: 2020년 10월 28일

3 | 총보수: 연 0.45%

주요 구성 종목

현대차	18.1	한화솔루션	7.5	현대위아	2.2
현대모비스	15.8	현대제철	6.9	효성첨단소재	2.2
두산에너빌리티	15.0	효성중공업	3.3	두산퓨얼셀	2.0
포스코퓨처엠	11.6	한온시스템	2.4	시노펙스	1.7

(단위: %, 2024년 4월 기준)

설정규모   시가총액: 2,329억원(2024년 4월 9일 기준)

운용회사   케이비자산운용

코스피 대비 상대수익률 추이(2020년 1월~2024년 4월 9일 기준)

테마/스타일 지수ETF

TIGER BBIG
(종목코드 364960)

개요

1 | KRX BBIG K-뉴딜지수는 한국거래소에서 발표하는 지수로, 유가증권시장 및 코스닥시장에 상장된 종목 중 2차전지(Secondary Battery), 바이오(Bio), 인터넷(Internet), 게임(Game), 총 4개 성장 산업군 내 대표기업으로 시가총액 상위 3종목씩 총 12종목으로 구성됩니다.

2 | 설정일: 2020년 10월 6일

3 | 총보수: 연 0.40%

주요 구성 종목

더존비즈온	9.1	삼성바이오로직스	8.5	SK바이오팜	8.0
셀트리온	9.1	넷마블	8.3	에코프로비엠	7.7
크래프톤	8.9	삼성SDI	8.1	LG에너지솔루션	7.6
NAVER	8.8	엔씨소프트	8.0	카카오	7.6

(단위: %, 2024년 4월 기준)

설정규모

시가총액: 1,648억원(2024년 4월 9일 기준)

운용회사

미래에셋자산운용

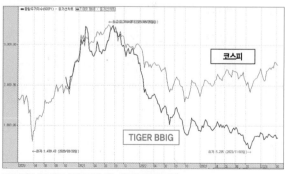

코스피 대비 상대수익률 추이(2020년 1월~2024년 4월 9일 기준)

KODEX K-메타버스액티브
(종목코드 401470)

개요

1 | 코스피 및 코스닥 상장 종목 중 메타버스 키워드 기반 머신러닝을 통한 스코어링을 이용해 메타버스와 관련도가 높은 종목으로 구성된 지수인 FnGuide K-메타버스지수를 추종합니다.

2 | 포스트 인터넷 시대를 주도할 국내 메타버스 기업군에 투자할 목적으로 국내 메타버스 관련 대표 종목들로 구성된 ETF입니다.

3 | 설정일: 2021년 10월 12일

4 | 총보수: 연 0.50%

**주요
구성
종목**

크래프톤	8.5	CJENM	5.9	JYP Ent	4.8
제이앤티씨	7.1	덕산네오룩스	5.8	에스엠	4.7
넷마블	6.9	하이브	5.8	위메이드	4.0
아프리카TV	6.7	SK하이닉스	5.6	카카오	3.9

(단위: %, 2024년 4월 기준)

설정규모   시가총액: 1,430억원(2024년 4월 9일)

운용회사   삼성자산운용

코스피 대비 상대수익률 추이(2020년 7월~2024년 4월 9일 기준)

TIGER헬스케어
(종목코드 143860)

개요

1 | 유가증권시장 및 코스닥시장에 상장된 종목 중 의약품 제조업, 의료정밀 산업군에 속하는 **20종목**으로 구성된 유동주식 가중 시가총액 방식의 지수로, 유동성, 자기자본이익률 등을 고려하여 산출됩니다. 기초지수 추종을 위해 지수를 구성하는 종목 전체를 편입하는 완전복제전략을 원칙으로 하되, 필요시 최적화 기법을 적용하여 일부종목만 편입하는 부분복제전략을 사용합니다.

2 | 설정일: 2011년 7월 15일

3 | 총보수: 연 0.40%

**주요
구성
종목**

셀트리온	18.1	유한양행	4.6	레고켐바이오	1.6
삼성바이오로직스	13.6	SK바이오팜	2.6	HLB생명과학	1.6
HLB	11.4	한미약품	2.5	삼천당제약	1.5
알테오젠	7.0	셀트리온제약	2.0	SK바이오사이언스	1.3

(단위: %, 2024년 4월 기준)

설정규모   시가총액: 2,590억원(2024년 4월 9일 기준)

운용회사   미래에셋자산운용

코스피 대비 상대수익률 추이(2009년 1월~2024년 4월 9일 기준)

KODEX바이오
(종목코드 244580)

개요

1 | 상장기업 중 바이오산업을 영위하는 국내 기업을 대상으로 시가총액과 거래대금 등의 조건을 감안해 대상 기업을 선별한 후 동일가중 방식으로 산출되는 지수를 추적하는 종목입니다.

2 | 설정일: 2016년 5월 12일

3 | 총보수: 연 0.45%

주요 구성 종목

삼천당제약	2.6	신테카바이오	2.3	셀트리온	2.1
파마리서치	2.4	제이시스메디칼	2.3	비올	2.1
원텍	2.4	휴마시스	2.3	클래시스	2.1
국제약품	2.4	휴젤	2.2	메디아나	2.1

(단위: %, 2024년 4월 기준)

설정규모 **시가총액: 1,216억원(2024년 4월 9일 기준)**

운용회사 **삼성자산운용**

코스피

KODEX바이오

코스피 대비 상대수익률 추이(2017년 3월~2024년 4월 9일 기준)

TIGER코스닥150바이오테크
(종목코드 261070)

개요

1 | 한국거래소가 발표하는 코스닥150생명기술지수를 추종하는 종목으로 코스닥150 구성종목 중 GICS 분류 생명기술에 속하는 종목으로 구성되며 매년 2회 정기변경을 실시합니다.

2 | 설정일: 2016년 12월 14일

3 | 총보수: 연 0.40%

주요 구성 종목

HLB	26.7	HLB생명과학	3.9	메지온	2.4
알테오젠	16.7	삼천당제약	3.7	오스코텍	2.2
셀트리온제약	4.7	루닛	3.2	에스티팜	1.9
레고켐바이오	3.9	휴젤	3.1	차바이오텍	1.9

(단위: %, 2024년 4월 기준)

설정규모 시가총액: 275억원(2024년 4월 9일 기준)

운용회사 미래에셋자산운용

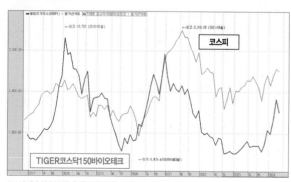

코스피 대비 상대수익률 추이(2017년 1월~2024년 4월 9일 기준)

ARIRANG고배당주
(종목코드 161510)

개요

1 | 코스피200 구성종목 중에서 예상 배당수익률이 30위 내이고 6일 거래 대금이 5억원 이상인 종목을 편입한 ETF입니다. 저금리 시대에 높은 배당수익과 주가 상승에 따른 자본이익을 동시에 추구합니다.

2 | 기초지수는 FnGuide배당주지수입니다.

3 | 설정일: 2012년 8월 28일

4 | 총보수: 연 0.23%

주요 구성 종목

하나금융지주	6.7	우리금융지주	4.9	삼성카드	4.2
기아	5.4	BNK금융지주	4.7	신한지주	4.1
KB금융	5.4	JB금융지주	4.7	SK텔레콤	3.9
기업은행	5.3	한국가스공사	4.4	삼성화재	3.9

(단위: %, 2024년 4월 기준)

설정규모 시가총액: 3,200억원(2024년 4월 9일 기준)

운용회사 한화자산운용

코스피 대비 상대수익률 추이(2016년 6월~2024년 4월 9일 기준)

KODEX배당가치
(종목코드 325020)

개요

1 | FnGuide SLV배당가치형지수를 기초지수로 하여 1좌당 순자산가치의 변동률을 기초지수의 변동률과 유사하도록 투자신탁재산을 운용하는 것을 목적으로 합니다.

2 | 배당 성향이 높으면서도, 밸류 및 수익성 지표가 높은 종목을 선정합니다. 가치주의 특징을 가지면서도 배당이 강화된 혼합형 지수입니다. 업종 대표 종목으로 구성되어 있으며 2023년부터 코스피보다 초과 수익을 실현하고 있습니다.

3 | 설정일: 2019년 5월 30일

4 | 총보수: 연 0.30%

주요 구성 종목

삼성전자	17.3	KB금융	5.4	우리금융지주	2.3
현대차	7.8	신한지주	4.7	KT&G	2.2
기아	7.7	하나금융지주	3.9	삼성생명	2.0
포스코홀딩스	5.4	삼성화재	2.4	SK텔레콤	1.7

(단위: %, 2024년 4월 기준)

설정규모 시가총액: 1,204억원(2024년 4월 9일 기준)

운용회사 삼성자산운용

코스피 대비 상대수익률 추이(2019년 7월~2024년 4월 9일 기준)

KODEX미국달러선물
(종목코드 261240)

개요

1 | 한국거래소에서 거래되는 미국달러선물의 가격 수준을 종합적으로 표시하는 미국달러선물지수를 기초지수로 하여 1좌당 순자산가치의 일간변동률을 기초지수의 변동률과 유사하도록 투자신탁재산을 운용하는 것을 목적으로 합니다.

2 | 달러당 원화 가치를 나타냅니다.

3 | 설정일: 2016년 12월 26일

4 | 총보수: 연 0.25%

기초지수

F-USD/KRW

설정규모

시가총액: 554억원(2024년 4월 9일 기준)

운용회사

삼성자산운용

코스피 대비 상대수익률 추이(2017년 4월~2024년 4월 9일 기준)

개요

1 | 나스닥100지수를 2배수로 추종하는 ETF입니다.

2 | 나스닥100지수는 미국 나스닥시장에 상장된 컴퓨터 하드웨어/소프트웨어, 통신, 도소매 무역, 생명공학 등의 업종 대표주 100종목으로 구성되며, 투자회사를 비롯한 금융회사는 편입되지 않습니다.

3 | 해외투자에 따른 별도의 환헤지를 하지 않는 환노출 상품으로, 비교지수로 사용할 때에는 원화로 환산한 지수를 사용합니다.

4 | 설정일: 2010년 10월 15일

5 | 총보수: 연 0.07%

주요 구성 종목

애플	아마존	워너브로스디스커버리
인텔	아마존닷컴	알파벳A
시스코시스템	시리우스XM홀딩스	알파벳C
컴캐스트	마이크로소프트	테슬라

설정규모   시가총액: 30,788억원(2024년 4월 9일 기준)

운용회사   미래에셋자산운용

코스피 대비 상대수익률 추이(2009년 8월~2024년 4월 9일 기준)

27 해외지수 ETF TIGER미국테크TOP10INDXX

(종목코드 381170)

개요

1 | Indxx US Tech Top 10지수(원화 환산)를 추종하는 ETF입니다.

2 | 미국 나스닥 상장 주식 중 미국의 금융데이터 기업인 FactSet Industry를 기준으로 Tech-Oriented 기업이 속하는 섹터를 선별한 뒤 시가총액 상위 10개 종목으로 구성된 지수입니다. 2023년부터 미국 빅테크 기업의 주가가 상승을 이어가고 있습니다.

3 | 설정일: 2021년 4월 8일

4 | 총보수: 연 0.49%

주요 구성 종목

애플	시스코시스템	아도베
알파벳A	테슬라	브로드컴
알파벳C	메타	
마이크로소프트	엔비디아	

설정규모 시가총액: 20,787억원(2024년 4월 9일 기준)

운용회사 미래에셋자산운용

코스피 대비 상대수익률 추이(2020년 11월~2024년 4월 9일 기준)

개요

1 | 미국 PHLX Semiconductor Sector지수를 기초지수로 추종하는 ETF입니다.

2 | PHLX Semiconductor Sector지수는 나스닥에서 발표하는 지수로, 미국 주식시장에 상장된 종목 중 산업분류벤치마크 섹터 기준 반도체에 속하는 기업으로 시가총액 상위 30개 종목으로 구성됩니다.

3 | 설정일: 2021년 4월 8일

4 | 총보수: 연 0.49%

주요 구성 종목

인텔	마이크론	텍사스인스트루먼트
마벨테크놀로지	TSMC	엠코테크놀로지
AMD	온세미컨덕터	애널로그디바이시스
퀄컴	어플라이드머터리얼즈	NXP반도체

설정규모 시가총액: 23,084억원(2024년 4월 9일 기준)

운용회사 미래에셋자산운용

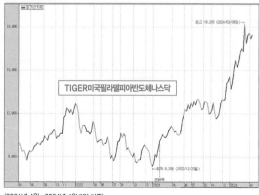

(2021년 4월~2024년 4월 9일 기준)

KODEX일본TOPIX100
(종목코드 101280)

개요

1 | 기초지수로 일본 동경증권거래소가 산출하는 TOPIX100지수를 추종하는 ETF입니다.

2 | 동경증권거래소에 상장된 기업 중 유동성 및 시가총액을 기준으로 상위 100종목을 대상으로 산출합니다.

3 | 해외투자에 따른 별도의 환헤지를 실시하지 않아 환율 변동의 영향을 받는 환노출 상품입니다. 일본 증시는 2023년 3월 '기업 밸류업 프로그램'을 시행한 후 상승세를 지속하고 있습니다.

4 | 설정일: 2008년 2월 19일

5 | 총보수: 연 0.37%

주요 구성 종목

일본통신	미쓰비시	에네오스홀딩스
MUFG	미쓰비시중공업	Z홀딩스
토요타자동차	노무라	미쓰이부동산
혼다자동차	소프트뱅크	닛산자동차

설정규모   시가총액: 405억원(2024년 4월 9일 기준)

운용회사   삼성자산운용

코스피 대비 상대수익률 추이(2020년 11월~2024년 4월 9일 기준)

해외지수 ETF **TIGER인도니프티50레버리지**
(종목코드 236350)

개요

1 | 인도 주식으로 구성된 Nifty50지수를 기초지수로하며, 기초지수의 일간변동률을 2배수로 연동하는 ETF입니다.

2 | India Index Services & Product Limited에서 발표하는 Nifty50지수는 인도 주식시장에 상장된 상위 50개 종목으로 구성됩니다.

3 | 설정일: 2016년 5월 12일

4 | 총보수: 연 0.58%

설정규모   시가총액: 592억원(2024년 4월 9일 기준)

운용회사   미래에셋자산운용

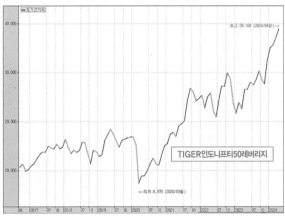

(2016년 9월~2024년 4월 9일 기준)

MEMO

이렇게 공부하세요.

선택 도구와 펜 도구를 지배하라!

GTQ 1급 문제를 풀면서 평균 10번의 선택 영역 지정과 2번의 패스를 작성하게 됩니다. 여타 포토샵의 기능들은 사용법만 정확히 알고 있으면 한 번의 클릭이나 옵션 설정으로 끝나지만, 선택 영역을 지정하거나 펜 도구로 패스를 만드는 것은 수험생 여러분이 직접 이미지의 경계를 따라 필요한 부분만 선택하거나 정해진 모양을 그리는 것이므로 충분히 연습하지 않고서는 절대 제한된 시간 안에 작업을 끝낼 수 없습니다. 포토샵을 전혀 모르면 Section 01을 먼저 공부하고 그렇지 않으면 바로 Section 02와 03을 공부하세요. Section 02는 선택 도구 사용법과 다양한 예제, Section 03은 펜 도구 사용법과 다양한 예제를 수록했습니다. 연습 문제에 정해놓은 시간 안에 작업을 마칠 수 있도록 반복해서 연습하세요.

문제	선택 영역 지정 횟수(평균)	펜 도구 사용 횟수(평균)	작업 제한시간(분)
[문제1]	1	1	3 / 5
[문제2]	2		6 / 0
[문제3]	3	0~1	9 / 0~5
[문제4]	4	1	12 / 5

레이어의 개념을 이해하고 시작하자!

포토샵은 레이어에서 시작해서 레이어로 끝난다고 해도 과언이 아닙니다. 캔버스에 보이는 이미지의 원리를 이해하고 레이어 마스크와 클리핑 마스크를 능숙하게 수행하려면 레이어의 개념을 이해하는 건 필수입니다. 절대 어려운 내용이 아니니 모의고사를 풀어 보기 전에 Section 04를 한 번만 제대로 따라해 보세요.

'2장 실제 시험장을 옮겨 놓았다!'를 세 번만 반복하라!!

문제별로 중복된 기능을 제거하면 전체 문제 풀이에 사용되는 기능은 15가지 정도이고, 15가지를 이용해서 6가지 유형의 작업을 평균 130여 번 반복합니다. 앞에서 언급한 선택 영역 지정과 패스를 만드는 것을 제외한 모든 기능은 메뉴를 선택하거나 마우스를 클릭하는 동작만으로 기능 구현이 완료되므로 손에 익숙하게만 만들면 됩니다. 두 말 말고 '2장 실제 시험장을 옮겨놓았다!'를 세 번만 반복하세요.

• **유형 1 →** 이미지 전체나 일부를 작업 캔버스에 복사하고 필터, 색상 보정, 혼합 모드, 레이어 스타일, 불투명도, 클리핑 마스크, 레이어 마스크 중 하나 이상의 기능을 적용합니다.

• **유형 2 →** 사용자 정의 모양이나 모양 도구를 추가한 후 서식 지정, 불투명도, 레이어 스타일, 클리핑 마스크 중 하나 이상의 기능을 적용합니다.

• **유형 3 →** 펜 도구로 패스를 그리고 서식, 레이어 스타일, 클리핑 마스크 중 하나 이상의 기능을 적용합니다.

• **유형 4 →** 문자를 입력한 후 서식 지정, 레이어 스타일, 텍스트 변형 중 하나 이상의 기능을 적용합니다.

• **유형 5 →** 펜 도구로 만든 모양에 패턴을 만들어 적용하고 레이어 스타일, 불투명도 중 하나 이상의 기능을 적용합니다.

• **유형 6 →** 배경색을 지정합니다.

[필터] 메뉴에서 선택하는 필터

3D
- Generate Bump (Height) Map...
- Generate Normal Map...

Blur(흐림 효과)
- Average
- Blur
- Blur More
- Box Blur...
- Gaussian Blur...
- Lens Blur...
- Motion Blur...
- Radial Blur...
- Shape Blur...
- Smart Blur...
- Surface Blur...

Blur Gallery (흐림 효과 갤러리)
- Field Blur...
- Iris Blur...
- Tilt-Shift...
- Path Blur...
- Spin Blur...

Distort(왜곡)
- Displace...
- Pinch...
- Polar Coordinates...
- Ripple...
- Shear...
- Spherize...
- Twirl...
- Wave...
- ZigZag...

Noise(노이즈)
- Add Noise...
- Despeckle
- Dust & Scratches...
- Median...
- Reduce Noise...

Pixelate(픽셀화)
- Color Halftone...
- Crystallize...
- Facet
- Fragment
- Mezzotint...
- Mosaic...
- Pointillize...

Render(렌더)
- Flame...
- Picture Frame...
- Tree...
- Clouds
- Difference Clouds
- Fibers...
- Lens Flare...
- Lighting Effects...

Sharpen(선명 효과)
- Shake Reduction...
- Sharpen
- Sharpen Edges
- Sharpen More
- Smart Sharpen...
- Unsharp Mask...

Stylize(스타일화)
- Diffuse...
- Emboss...
- Extrude...
- Find Edges
- Oil Paint...
- Solarize
- Tiles...
- Trace Contour...
- Wind...

Vidoe(비디오)
- De-Interlace...
- NTSC Colors

Other(기타)
- Custom...
- High Pass...
- HSB/HSL
- Maximum...
- Minimum...
- Offset...

텍스트 뒤틀기

텍스트는 뒤틀린 모양만 제공되고 적용된 효과의 명칭이 제공되지 않으므로 확실하게 파악하고 있지 않을 경우 이것저 것 다 눌러보다가 시험 시간이 끝나는 수가 있습니다.

기본

⌒ Arc(부채꼴)

◠ Arc Lower(아래 부채꼴)

◠ Arc Upper(위 부채꼴)

⌂ Arch(아치)

⊖ Bulge(돌출)

♻ Shell Lower (아래가 넓은 조개)

♺ Shell Upper (위가 넓은 조개)

Brush Strokes(브러시 획)

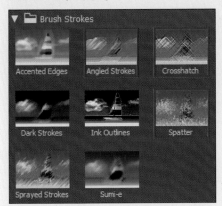

Stylize(스타일화)

Sketch(스케치 효과)

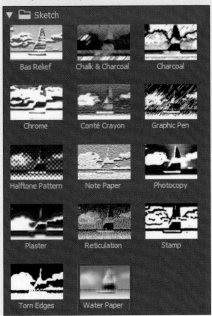

시간이 없습니다!!

4문제에 걸쳐 15가지 기능으로 130번의 작업을 90분 내에 완벽하게 처리하려면 시간이 턱없이 부족합니다. 문제 풀이에 항상 사용되는 기능은 고민하지 않고 바로 찾아 쓸 수 있도록 잘 기억해 둬야 합니다.

바로 가기 키

자주 사용하는 바로 가기 키는 몇 개 안 됩니다. 1초의 차이가 당락을 좌우한다는 것을 명심하고 꼭 외워서 사용하기 바랍니다.

기본 작업	포토샵 전체 초기화	Ctrl + Alt + Shift 를 누른 채 포토샵 실행	도구 상자	표시/숨기기	Tab
	캔버스 만들기	Ctrl + N		이동 도구(✛)	V
	저장	Ctrl + S		선택 윤곽 도구(▦, ⬭)	M
	사본 저장	Ctrl + Alt + S		올가미 도구(⬨, ⬖, ⬗)	L
	캔버스 크기	Ctrl + Alt + C		자동 선택 도구(⬗)	W
	이미지 크기	Ctrl + Alt + I		그라디언트 도구(▭)	G
	파일 열기	Ctrl + O		펜 도구(✐)	P
	눈금자 표시/숨기기	Ctrl + R		문자 도구(T)	T
	안내선 표시/숨기기	Ctrl + ;		패스 선택 도구(▶, ▸)	A
	안내선 지우기	Alt + V, D		모양 도구 (▭, ▲, ●, ⬭, ✐)	U
	격자 표시/숨기기	Ctrl + '			
	자유 변형	Ctrl + T	선택 작업	전체 선택	Ctrl + A
	복사	Ctrl + C		선택 영역 반전	Ctrl + Shift + I
	붙여넣기	Ctrl + V		선택 영역 추가	Shift 를 누른 채 선택
	채우기	Shift + F5		선택 영역 제외	Alt 를 누른 채 선택
	이전 작업 취소	Ctrl + Z		선택 영역 해제	Ctrl + D
화면 배율	창에 맞추기	Ctrl + 0	펜 작업	이전 단계 취소	Delete, Backspace
	100%	Ctrl + Alt + 0		패스 편집/선택 상태 해제	Esc 한 번/Esc 두 번
	단계별 확대	Ctrl + +		패스를 선택 영역으로	Ctrl + Enter, Ctrl + 패스 클릭
	단계별 축소	Ctrl + −			

사용자 정의 모양 도구

사용자 정의 모양 도구를 이용해 추가할 그림은 그림의 모양만 제시되기 때문에 제시된 그림이 어느 그룹에 속해 있는지 빨리 찾아낼 수 있도록 각 그룹의 요소들을 파악하고 있어야 합니다. 시간에 쫓겨 당황하면 눈에 뻔히 보이는 것도 못 찾는 경우가 있다는 것을 잊지 마세요(빨강색으로 표시된 모양은 시험에 자주 출제되는 모양입니다.).

Animals(동물)

Arrows(화살표)

Banners and Awards(배너 및 상장)

Frames(프레임)

Music(음악)

Nature(자연)

Objects(물건)

Ornaments(장식)

Shapes(모양)

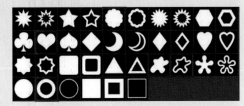

Symbols(기호)

Talk Bubbles(말 풍선)

Web(웹)

Tiles(타일)

필터

- 사용자 정의 모양 도구와 마찬가지로 필터도 필터의 이름만 제시되기 때문에 그 필터가 어느 그룹에 속해 있는지 빨리 찾아낼 수 있도록 각 그룹의 요소들을 파악하고 있어야 합니다(빨간색으로 표시된 필터는 시험에 자주 출제되는 필터입니다.).
- 필터는 종류에 따라 [필터 갤러리] 대화상자에서 선택하여 지정하거나 [필터] 메뉴 목록에서 선택하여 지정할 수 있습니다.

필터 갤러리(Filter Gallry) 대화상자에서 선택하는 필터

Artistic(예술 효과)

Distort(왜곡)

Texture(텍스처화)

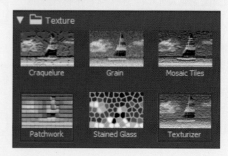

GTQ SINAGONG	GTQ SINAGONG	GTQ SINAGONG	GTQ SINAGONG
⚑ Flag(깃발)	〰 Wave(파형)	↷ Fish(물고기)	◿ Rise(상승)
GTQ SINAGONG	GTQ SINAGONG	GTQ SINAGONG	GTQ SINAGONG
⊡ Fisheye(어안)	○ Inflate(부풀리기)	⋊ Squeeze(양쪽 누르기)	⧄ Twist(비틀기)

GTQ 1급 시험, 이렇게 준비하세요.

GTQ는 Graphic Technology Qualification의 약어로 그래픽기술자격을 뜻하며, 전 세계적으로 그래픽 콘텐츠가 매우 중요한 핵심 산업으로 자리 잡은 가운데, 전 국민적 디자인 역량강화를 모토로 한국생산성본부에서 주관하는 국가공인자격시험입니다. 현재 1, 2, 3급이 시행되고 있으며 1, 2급은 국가공인자격으로 인증되었습니다.

급수	시험방식	시험시간	합격점수	사용 프로그램
1급	실무 작업형 실기시험	90분	100점 만점에 70점 이상	Adobe Photoshop CS4/CS6/CC(한글, 영문)
2급		90분	100점 만점에 60점 이상	
3급		60분		

GTQ 1급은?

GTQ 1급은 그래픽 소프트웨어의 고급 기능을 사용하여 다양한 문제를 작성하게 함으로써 디자인에 대한 대중적 이해와 수준을 한 단계 높여 역량 있는 인재를 양성한다는 한국생산성본부의 시험 목적에 잘 부합되는 시험입니다. 그래픽 소프트웨어의 고급 기능을 다양하게 평가하기 때문에 수험생에게는 학습해야 할 내용이 많다는 어려움이 있지만 시험의 난이도가 높은 만큼 더욱 도전해 볼 가치가 있으며, 실무에서도 바로 써먹을 수 있으므로 합격하면 일석이조의 효과가 있습니다. 이미 언급한 바와 같이 다양한 고급 기능을 테스트하고 작업량이 많기 때문에 정해진 시간 90분 내에 모든 문제를 완벽하게 작성하기 위해서는 정확한 시간 배분과 배분된 시간 안에 끝낼 수 있도록 철저한 반복 연습이 필요합니다. GTQ 1급은 총 4 문제가 출제되며 각 문제에 대한 세부적인 내용은 다음과 같습니다.

문제	사용 기능		배점	사용 이미지 (평균)	작업횟수 (평균)	권장 작업시간 (분)
[문제1] 고급 Tool(도구) 활용	• Filter(필터) • Clipping Mask(클리핑 마스크) • Layer Style(레이어 스타일) • Type Tool(문자 도구)	• Pen Tool(펜 도구) • Selection Tool(선택 도구) • Shape Tool(모양 도구) • Free Transform(자유 변형)	20	3	26	17
[문제2] 사진 편집 응용	• Filter(필터) • Layer Style(레이어 스타일) • Type Tool(문자 도구)	• Hue(색조) • Shape Tool(모양 도구) • Free Transform(자유 변형)	20	3	22	14
[문제3] 포스터 제작	• 배경색 지정 • Gradient(그라디언트) • Blending Mode(혼합 모드) • Layer Style(레이어 스타일) • Shape Tool(모양 도구) • Free Transform(자유 변형)	• Layer Mask(레이어 마스크) • Opacity(불투명도) • Filter(필터) • Hue(색조) • Type Tool(문자 도구) • Pen Tool(펜 도구)	25	5	38	25
[문제4] 웹 페이지 제작	• 배경색 지정 • Opacity(불투명도) • Gradient(그라디언트) • Filter(필터) • Hue(색조) • Pen Tool(펜 도구) • Type Tool(문자 도구)	• Pattern(패턴) • Layer Mask(레이어 마스크) • Blending Mode(혼합 모드) • Layer Style(레이어 스타일) • Shape Tool(모양 도구) • Free Transform(자유 변형)	35	6	44	34

⑪ 문자를 입력한 후 레이어 스타일 적용하기

작업 결과

- "Science and Technology!!", 과학기술이 만나는 녹색 미래, Motor Development Center, 사업소개, 녹색기술, 서비스를 입력한다.
- 입력한 문자열 각각에 서식을 지정하고 스타일을 적용한다.
- 각각의 문자열을 〈출력형태〉와 같이 배치한다.

- '"Science and Technology!!"' 텍스트 뒤틀기

- '과학기술이 만나는~' 텍스트 뒤틀기

나는 시험에 나오는 것만 공부한다!
이제 시나공으로 한 번에 정복하세요!

기초 이론부터 완벽하게 공부해서 안전하게 합격하고 싶어요!	필요한 내용만 간추려 빠르고 쉽게 공부하고 싶어요!	이론은 공부했지만 어떻게 적용되는지 문제풀이를 통해 감각을 익히고 싶어요!	이론은 완벽해요! 기출문제로 마무리하고 싶어요!
기본서 (필기/실기)	**Quick & Easy** 퀵이지(필기/실기)	**총정리** (필기/실기)	**기출문제집** (필기/실기)

특 징

자세하고 친절한 이론으로 기초를 쌓은 후 바로 문제풀이를 통해 정리한다.

구 성

본권
기출문제
토막강의

실기
온라인 채점 프로그램
• 워드프로세서
• 컴퓨터활용능력
• ITQ

출 간 종 목

컴퓨터활용능력1급 필기/실기
컴퓨터활용능력2급 필기/실기
워드프로세서 필기/실기
정보처리기사 필기/실기
정보처리산업기사 필기/실기
정보처리기능사 필기/실기
사무자동화산업기사 실기
ITQ 엑셀/한글/파워포인트
GTQ 1급/2급

특 징

큰 판형, 쉬운 설명으로 시험에 꼭 나오는 알짜만 골라 학습한다.

구 성

본권
기출문제
토막강의

출 간 종 목

컴퓨터활용능력1급 필기
컴퓨터활용능력2급 필기
정보처리기사 필기/실기

특 징

간단하게 이론을 정리한 후 충분한 문제풀이를 통해 실전 감각을 향상시킨다.

구 성

핵심요약
기출문제
모의고사
토막강의

실기
• 온라인 채점 프로그램
• 기출문제
• 모의고사

출 간 종 목

컴퓨터활용능력1급 필기/실기
컴퓨터활용능력2급 필기/실기
사무자동화산업기사 필기

특 징

최신 기출문제를 반복 학습하며 최종 마무리한다.

구 성

핵심요약(PDF)
기출문제(20회)
토막강의

실기
기출문제(10회)

출 간 종 목

컴퓨터활용능력1급 필기/실기
컴퓨터활용능력2급 필기/실기
정보처리기사 필기/실기